"比较经学与跨宗教对话"研究丛书

［法］魏明德（B. VERMANDER）著
谢华 沈秀臻 鲁进 陈文飞 译

诠释三角

汉学、比较经学与跨文化神学的形成与互动

复旦大学出版社

2017年上海文教结合"高校服务国家重大战略出版工程"

目　　录

作者序 ... 001

绪论 ... 001

导言　汉学、经学与神学的三角测量 ... 014
    一、耶稣会、中国经典、诠释学 ... 014
    二、经典与"他者" ... 019
    三、不断展开的相遇 ... 028
    四、儒家基督徒与欧洲经院教学 ... 030
    五、阅读经典：策略和对话 ... 034
    六、汉学的世俗化与圣经的中国化 ... 040

第一部分　耶稣会、汉学与比较经学的形成

第一章　汉学的产生、发展与挑战 ... 047
    一、汉学知识领域的形成 ... 048
    二、耶稣会士与中国：汉学的开端 ... 052
    三、今日西方汉学：一门过时的学科？ ... 056
    四、汉学对当代中国有何神益？ ... 059

第二章　地图与地盘 ... 061
    一、利玛窦：备受尊重的人物，备受争议的传教策略 ... 062
    二、译名之争与龙华民的论文 ... 067

三、经书和注解 073
　　四、从龙华民到莱布尼兹：中国人的自然神学 076
　　五、认识论上的问题 078

第三章　传教士的福传使命与汉学考察 082
　　一、语言与思想 083
　　二、星象与火炮 089
　　三、18世纪在华耶稣会士概观 094
　　四、《耶稣会士书简集》与杜赫德的《中华帝国全志》 ... 100
　　五、大学汉学教育之开端 104
　　六、钱德明和耶稣会在华第一次传教的结束 106

第四章　耶稣会第二次在华传教（1842—1949） ... 111
　　一、中国传教疆域 112
　　二、耶稣会重启汉学研究 118
　　三、法国《研究》杂志与中国 121
　　四、德日进在中国的非凡游历 123
　　五、耶稣会第二次在华传教之后的简述 127

第五章　比较性展望：学术汉学的发展 134
　　一、法国的学术汉学 134
　　二、探险与汉学 150
　　三、英国汉学、中国经书以及圣经 153
　　四、汉学在西欧其他国家 161
　　五、早期俄罗斯汉学 163
　　六、早期汉学的国际网络 165
　　七、汉学在美国 166

第二部分　从现代比较经学到当代跨文化神学

第六章　诠释学与比较经学的未来 …… 175
 一、诠释学：方法与挑战 …… 177
 二、什么是经典？ …… 180
 三、什么是跨文化诠释学？ …… 181
 四、诠释学与神学 …… 188
 五、开放的结论 …… 195

第七章　如何阅读中国经典？ …… 197
 一、中国的"正典"与"经典" …… 198
  （一）正典的演变 …… 198
  （二）文本大陆的地形学 …… 200
 二、六种阅读模式 …… 205
  （一）根据一种既定"策略" …… 205
  （二）"依照文本自身所给予的" …… 208
  （三）形式批判与来源批判的方法 …… 210
  （四）通过注经者而阅读 …… 211
  （五）结构修辞学的考虑 …… 215
  （六）经验性的阅读模式 …… 221

第八章　宗教对话与亚洲语境 …… 226
 一、基督宗教的视角与东南亚的相遇 …… 227
 二、东北亚与诠释的关注 …… 231
 三、超越宗教复兴运动 …… 234
 四、迈向一种泛亚洲的和谐神学 …… 238

第九章　智慧与启示的相遇 …… 242
 一、基督宗教传统中智慧与启示的关系 …… 243

二、智慧或"共同的空气" 246
　　三、启示与诠释 250
　　四、智慧的中国形态 251
　　五、创造一种语言 257
　　六、智慧的流动性与启示的开放性 258

第十章　跨文化神学的"应无所住" 261
　　一、作为迁徙的神学 263
　　二、神学朝向虚拟领域的迁徙 267
　　三、作为本地神学的跨文化神学 270
　　四、跨文化神学中心的历史经验 271

结语 274

参考文献 278

作　者　序

本书的问世经历了长期的工作,跨越了笔者所关注的多个研究领域。首先,我虽非历史学家,但一直关注着耶稣会在中国的历史,并撰写了多篇相关论文。① 在这个领域中的收获,对我从事的跨文化对话的哲学研究具有决定性意义。② 同时我也非常关心,当代诠释学如何更新我们对中国经典的阅读。③ 最后,我的研究以及与许多人的直接交流使我深信,最富创造性的亚洲神学家们正在创造一种神学风格,它扎根于对历史和文本的反思,激发不同学科、不同宗教和不同民族文化之间进行对话;这样的对话诚然充满困难,但却必不可少,并将结出丰硕的果实。④

我有幸受李天纲教授之邀,参与他受国家社科基金支持的 2013 年

---

① Benoît Vermander, "Jesuits and China", *Oxford Handbook of Global Religions online*, 2015; *Les Jésuites et la Chine*, Namur, 2012; "Missionnaires jésuites en monde chinois: le tournant du Concile Vatican II", in F. Douaire-Massaudon, A. Guillemin and C. Zheng (eds.), *Missionnaires chrétiens XIXè - XXe siècle, Asie et Pacifique*, Paris: Autrement, 2008, pp. 50 - 64. 本书所引著作的完整列表,参见书末的参考文献。
② 魏明德:《对话如游戏》,商务印书馆,2012 年;《比较经典与汉学的对话性》,《世界汉学》2016 年第 16 期,第 15—23 页;"Dialogue, cultures et universalité", *Gregorianum*, 2015, 96(2), pp. 303 - 318。
③ Benoît Vermander, "Comment lire les classiques chinois?", *Geschichte der Germanistik*, 2017, 50/51, pp. 38 - 65.
④ Benoît Vermander, "Speaking of Harmony in Many Tongues: The Crafting of a Pan-Asian Theology", *Revue des sciences religieuses*, 2017, 91(2), pp. 269 - 286; "Prospects for the Development of Interreligious Dialogue in China: Lessons from Neighboring Asian Countries." *Lumen*, 2013, 1(1), pp. 137 - 154; "Blessed are the Peacemakers: The Search for an East Asian Reading", in Heup Young Kim, Fumitaka Matsuoka and Anri Morimoto (eds.), *Asian and Oceanic Christianities in Conversation*, Amsterdam: Rodopi, 2011, pp. 149 - 166.

重大项目"比较经学与宗教间对话",这使我能够把上述不同思路在同一个问题意识之下统一起来。我与李天纲教授也多次围绕此项目进行讨论,使这一问题意识不断得到发展。在这趟学术征程上,我深深感谢李天纲教授的推动和一路的陪伴。

我也向与我合作多年的、本书的各位译者致以特别的谢意。陈文飞翻译了第二章至第五章的初稿。此后,我对这两章增补了许多内容,并由沈秀臻进行翻译和审订。沈秀臻同样翻译了第一章和第八章的部分内容。鲁进翻译了第九章。谢华翻译了其余部分,并对全书进行统稿,没有她的能力与耐心,这本书不可能面世。不过,应由我本人对最终的成书负责,因为我与每一位译者都进行过商讨,并通读了全书的译稿。

因其跨学科的性质,本书的工作也承担着风险。在论及历史的部分,我必须回顾一些历史学家所熟知的事实,因为它们对那些主要关注诠释学或神学的人来说并非常识。本书第二部分则恰好相反。我或许可以进一步展开对当代亚洲神学的一些见解,但我更愿意仅仅选择那些与汉学和比较经学直接相关的因素进行讨论。我在绪论与导言中对这些必要的选择作了说明,也解释了"诠释三角"(triangle herméneutique)这一可能令人感到惊奇的表达具有什么意义。可以指出的是,我并非想要单纯传递一些"信息",而是意图捍卫一个论题。因此,对某些看似基础的知识,例如利玛窦对其传教方法的构想,或者伽达默尔在《真理与方法》中辩护的论题,本书也不吝笔墨,以期能为我们的诠释之路设立路标。

虽然笔者在中国生活与教学已久,但这本书仍然带着欧洲视角的烙印。它是在与中国学者和与中国著作的持续对话中完成的,但我的特别兴趣所在,以及我展开的某些论题,仍然带着我本人的特点,并且可能会激起一些论争。不过这可以说正是我所期待的:愿本书得到充分讨论和批评,也愿在讨论与批评的游戏中,读者能透过自己的解释,把本书变成他们自己的文本,使之成为他们反思与灵感的源泉。

2018年5月于复旦大学

绪论

伽达默尔在《真理与方法》(Wahrheit und Methode)中对"理解"与"解释"之意义的考察,始于对一个具体历史处境的分析:在 18 世纪下半叶、特别是在 19 世纪上半叶,自然科学所运用的诸种"方法"被建立为一种"范式",通过这种范式对人类的知识进步、人的性质以及人的社会存在进行判断。伽达默尔对我们与经典之关系的思考,以及他在该书结尾部分对语言的思考——语言就是能够被理解的存在[①]——都植根于这一历史回顾中,这使他在不同的时代中来来往往,又一再回到那个断裂的时刻,也就是他的反思的起点。我们还可以援引另一部与之迥异的著作:在《词与物》(Les mots et les choses)中,福柯部署了一项纯粹的哲学规划,意欲表明在主体的基础参照之外进行思考是可能的;他想要从一种以给定主体表达的观念之"意义"为中心的反思中摆脱出来,以便去考察那个制造了这些观念的心智"系统"。但要这样做,只能通过漫长的历史回顾,从 16 世纪开始,遍历多个"认识型"(l'épistémè)以及它们在时间中的转化。正是对这些"认识型"及其转化的历史研究,让我们能够解释,"人"是如何同时作为知识的至高主体和中心客体而被建构起来的。

本书的写作受到伽达默尔与福柯开辟的方法的启发,虽然它的规

[①] Hans-Georg Gadamer, *Wahrheit und Methode* (in *Gesammelte Werke*,I),Tübingen: J. C. B. Mohr, 1990(1960), p. 478;参见汉斯-格奥尔格·加达默尔:《真理与方法——哲学诠释学的基本特征》(下卷),洪汉鼎译,上海译文出版社,1999 年,第 606 页。本书对《真理与方法》的引用,均直接取自德文版。

模与意图要远逊于上述著作。本书的出发点也是一个历史现象，它同时以一种开创性的断裂以及这一断裂时刻之后的某种连续性作为标志。本书认识到，对此历史现象，只有采取一种跨学科的进路，展开反思性的回顾，才能了解它对今天的意义。但本书并未止步于对历史现象的分析，而是在此分析的基础上，展开对三组问题的探讨：一、围绕着理解（特别是相互理解）的问题；二、围绕着人文科学与社会科学之地位的问题；三、围绕着同时作为历史与知识之"主体"和"产物"的"人"的问题。

在上面提到的这两本奠基性著作与当下这本小书所采用的方法之间，还存在着一个重要的区别。伽达默尔与福柯都是从精心构建的"心智的星丛"（constellations mentales）出发的：伽达默尔的星丛，是自然科学为人文与社会科学赋予范式的方法；而福柯的星丛，是相继的"认识型"所提供的思想的一贯性。相反，本书的出发点却是这些（包括西方与非西方）心智星丛的缺陷、断裂和不确定之处，这些都源于与他者的相遇，在此相遇中得到呈现；16至18世纪的这些主角们，在渐渐接近"他者"的过程中，才不断地认识到对方的"他者性/相异性"。

我将首先描绘"比较经学"（classiques comparés）这个特殊领域是如何形成的。比较经学的领域并不是封闭的或一劳永逸地建构好的，而总是开放的；相较于那些范围明晰的学科，它一直处在边缘地带。我对比较经学的兴趣，始于一个特别的问题：来到中国的耶稣会士们，曾经如何透过中国经典来重读圣经与亚里士多德的典籍，而中国的文人特别是那些皈依了基督的儒者，又是如何渐渐展开一种反向的实践，也就是如何透过上述两种西方经典来重读中国的经典？当我们考察这个领域的诞生时，将很快意识到，比较经学不是"为了自己"而现身的：它与一整套知识的生产实践相关，这些知识，对西方来说就是新兴的"汉学"，对中国士人来说则是对"西学"的研究。他们分别发现了中国正典和西方正典，但这都不是对"纯粹文本"的发现，而是对包括年表、科学技术、日常实践等等在内的一切与文本密不可分的事物的发现。此外，对经典文本的比较，在很大程度上也源于一种神学上的担心：相遇的这些信念与世界观彼此是相容的或是不相容的？这种相容性或不相容性，对于生活在不同文明中的人所接受的神圣启示的方式与内容来说，意味着什么？更进一步，比较经学这个不断变动的领域，不仅仅是由神学上的关心造就的，它本身将会产生另一个领域，也就是我们今天看到的"比较神学"，而这将构成我们研究的视野。

如果"比较经学"位居中流，那么它的上游是"汉学"，下游则是"比较神学"。诚然，这三者之间的联系要复杂得多，阐明其关联正是本书第一章的任务。在进入中心主题之前，我希望简要地澄清我们的出发点。在此，我愿对我的计划以及激发此计划的历史处境先作一概述，接下来的章节将渐次详细阐明。

（一）耶稣会士和中国儒士双方从事经典的比较阅读，对于汉学的形成、研究方法、关注焦点和传播方式，都起到了决定性作用。对他者的经典进行解读是充满挑战和考验的，需要双方各自去构思新的诠释原则。另外，观察他者如何阅读和理解自己的经典，也属于交流过程的一部分，双方由此得以对对方的知识论展开诠释。汉学正是在不同诠释观的相互影响下形成的。本书也将进一步指出，这样的思考能怎样丰富我们在当代跨文化背景中的经典阅读，同时向"比较神学"这个正在形成的学术领域投下关注的目光。由此，本书思考汉学、比较经学和跨文化神学之间共通的方法论，以及人文领域的问题所具有的对话特征。

（二）耶稣会士和中国的交流史，构成了全球文化史的一部分，涉及科学、地图学、天文学、植物学、绘画、雕塑、民族音乐学和制枪术等方面的交流。① 16 至 18 世纪，对于身处"后启蒙时代"的耶稣会士来说，"科学"和"宗教"在生活领域尚未分离。② 在此背景下，耶稣会士大多

---

① 参见 Benjamin Elman, *On Their Own Terms：Science in China, 1550－1900*, Cambridge, Mass., Harvard University Press, 2006. 中译本见艾尔曼：《科学在中国：1550—1900》，原祖杰等译，中国人民大学出版社，2016 年。
② Nicolas Standaert（钟鸣旦），"The Study of the Classics by Late Ming Christian Converts", in Denise GIMPEL, Melanie HANZ（éds.）, *Cheng-All in Sincerity, Festschrift in Honour of Monika Übelhör*, Hamburg：Hamburger Sinologische Gesellschaft, 2001, pp. 19－40.

都具备综合性的研究素养,这在很大程度上决定了他们向中国介绍天主教的方式。后世的研究者们经常强调,耶稣会士与中国的交流带来了丰富的文化创造力,特别表现在"礼仪的交织"[①]、新形态的艺术风格和宗教交流的本地化形式等方面。以上各种现象诚然相当重要,但经典文本的传播和诠释,仍是文化相遇的核心。耶稣会的"教育体系"首先奠基于对西方古典作品的耕耘:当时耶稣会在罗马教授的课程有着完善的编排,使学生能获得百科全书式的视野。在17、18世纪,耶稣会推广教育期间,深受其时代的科学和哲学的滋养,亚里士多德哲学和经院哲学的整体作品逐渐得到了更为开放的诠释。虽然圣经研究仍以传统的字意解经和寓意解经为主流,但和早先时期相比,对古典语言的研究已经巧妙地改变了阅读圣经的方式。中国的编年史学对圣经编年学的发展也起到了至关重要的作用。

(三)在某种程度上说,耶稣会在华传教事业所展现的知识形态,勾勒出了另一幅思维图景,形成了一种新的知识论。耶稣会士从中国寄出他们的论著、书信和行纪,向欧洲的读者展现了一片前所未见的思想新大陆的存在。从16世纪晚期至18世纪之前,陆续抵达中国的耶稣会士成了专业制图师,为新的疆土绘制地图:既为他们所来之处的人,也为他们所去之处的人,因为这两端的人们都希望能在地图的帮助下继续探索世界。[②] 利玛窦抵达中国后,即与中国文人们绘制了一幅世界地图,并在后来不断修改和润色,直到他逝世。地理图景的扩展,预示着新的思想图景的产生,把所谓的"西学路线"引入了中国:这条路线的规划就体现在利玛窦的护教著作和科学著作中,并通过他的继承者不断延伸。"西学"并非指纯粹在西方的科学,而是指呈现在中国思想中的西方学问,特别是西方的知识论。高一志(Alfonso Vagnone,

---

① 参见 Nicolas Standaert(钟鸣旦), *The Interweaving of Rituals: Funerals in the Cultural Exchange between China and Europe*, Seattle: University of Washington Press, 2008;钟鸣旦:《礼仪的交织——明末清初中欧文化交流中丧葬礼》,张佳译,上海古籍出版社,2009年。

② 参见 David Mungello(孟德卫), *Curious Land: Jesuit Accommodation and the Origins of Sinology*, Honolulu: University of Hawaii Press, 1989,中译本见孟德卫:《奇异的国度:耶稣会适应政策及汉学的起源》,大象出版社,2010年。

1568—1640)依据亚里士多德的范畴论从事著述,并同样将中国文化介绍给了亚里士多德伦理学界;①反之,汉语的一些词汇和表达,也被用来解释基督宗教的概念。如此树立起来的一块块里程碑,逐步构建起了中国的神学语言。

(四)耶稣会传教方式的另一特点,乃是迂回的福音传播法,即所谓"学术传教":他们首先将西方科学介绍给中国人,使中国人在肯定西方科技之精确性的同时,也肯定与科技相伴随的信仰的真理性。②利玛窦随身带来了"丁先生"(Christopher Clavius)和皮科罗米尼(Alessandro Piccolomini)的关于地球的著作。在耶稣会士曾德昭(Alvarez Semedo,1586—1658)的笔下,我们也能看到这种传教策略的成就,他所描绘的李之藻是一个"求知欲旺盛"的人,从地理学收获了极大乐趣之后,能够将"天与地"的学问结合在一起,畅谈"天主之学"。③

(五)耶稣会在传教过程中,保持着向中国价值观的开放。利玛窦撰写过一本名为《天主实义》的护教著作,其谋篇布局依据亚里士多德和经院哲学的架构,同时巧妙地运用儒家词汇和世界观来阐述自己的义旨。④利玛窦同样也致力于向欧洲介绍他在异国他乡所发现的丰富悠久的文明,并把中国经典翻译为拉丁语。反过来,中国儒士自身的关怀,也深深影响到他们如何接纳传教士带来的西方知识。徐光启孜孜不倦地研习西方的学问,是为了将其整合到他的个人追求之中,他以基督信仰和西方学问的发现为基础,展开了一项双重规划:从根本上改

---

① Thierry Meynard(梅谦立), "Aristotelian ethics in the land of Confucius: a study of Vagnone's Western Learning on Personal Cultivation", *Antiquorum Philosophia*, 2013, 7, pp. 145 - 169.

② 对耶稣会士引介的西方科学知识的概述,参见邹振环:《晚明汉文西学经典》,复旦大学出版社,2011年;张晓:《近代汉译西学书目提要:明末至1919》,北京大学出版社,2012年。

③ Alvarez Semedo(曾德昭), *Histoire universelle du grand royaume de la Chine*, Paris: Kiné, 1996(1667), p. 216,中译本见曾德昭:《大中国志》,何高济译,商务印书馆,2012年。

④ Thierry Meynard(梅谦立), "Introduction", in Matteo Ricci(利玛窦), *Le sens réel de Seigneur du Ciel*, Paris: Les Belles Lettres, 2013, pp. ix - lxvii.

变人生活的物质环境,并且同时更新人的精神源泉。① 这项规划的出发点是儒家的,但它要求以一种"创造性的忠诚"来面对儒学的经典,而这种忠诚,借用米歇尔·德·塞托(Michel de Certeau)在其20世纪70年代的著作里的表达来说,必须经由与基督宗教的一种"开创性的断裂"方能实现。②

（六）利玛窦逝世后,冲突开始浮现。利玛窦的继承人、也就是接手负责耶稣会在华传教事业的龙华民(Niccolò Longobardo, 1565—1655),对"天主"和"上帝"这两个用以称呼基督宗教的"神"的汉语译词,提出了质疑。利玛窦认为,中国古代的哲学家们本来具有对上帝的信仰,但佛教介入宋代儒学,使得当时的中国思想家走向了无神论;而龙华民反对利玛窦的主张。当时,从日本到澳门避难的耶稣会士对利玛窦的上述见解也提出了很多批评。在京城的耶稣会士与儒士学者交流热络,了解到的是被文人士大夫"理性化"了的儒家信仰,而在地方上的传教士面对的却是民间现实生活的体验,这两者之间就产生了视角的区别。1633年,新抵达中国的道明会士(Dominicains)公开向耶稣会在神学和用语上业已取得的共识发起抨击;争执日益白热化。约在1623至1624年间,龙华民撰写了一部相关论文,并于1701年出版于巴黎。③ 莱布尼茨根据龙华民论文的法译本,撰写了《中国人的自然神学》(Discours sur la théologie naturelle des Chinois, 1716)一书,但他得出的结论与龙华民这位来自西西里的耶稣会士却正好相反:莱布尼茨发现了中国人的"自然神学",并判断它比笛卡尔的哲学系统更加接

---

① 潘凤娟:《形神相依、道器相成:再思徐光启与跨文化对话》,《道风:基督教文化评论》2015年第43期,第209—233页。
② Michel de Certeau, *La faiblesse de croire*, Paris: Seuil, 1987.
③ Henri Bernard-Maître, "Un dossier bibliographique de la fin du XVIIème siècle sur la question des termes chinois", *Recherches de Sciences Religieuses*, 1949, XXXVI, pp. 25 - 79; Nicolas Standaert(钟鸣旦), *Yang Tingyun, Confucian and Christian in Late Ming China: His Life and Thought*, Leiden: Brill, 1988, p. 183, 中译本见钟鸣旦:《杨廷筠:明末天主教儒者》,社会科学文献出版社,2002年; Jacques Gernet(谢和耐), *Chine et Christianisme: action et reaction*, Paris: Gallimard, 1982, pp. 45 - 58, 中译本见谢和耐:《中国与基督教》,耿昇译,商务印书馆,2013年。

近基督宗教的精神。

（七）圣经进入中国，与其他西方正典进入中国的方式是非常不同的。众所周知，首先被传教士译为中文的，是礼仪中使用的圣经文本。在这最初的译经努力中，值得一提的是葡萄牙籍耶稣会士阳玛诺（Manuel Dias junior）的《圣经直解》（约成书于1636—1642年间），它是依据礼仪年弥撒读经的顺序而翻译的福音摘选，并附以详细评注。[1] 因此，圣经最初呈现于中国的面貌，并不是一部系统完整的典籍，中国人通过与传教士的对话，首先认识的是圣经中的一些篇章段落、图片影像和对话内容。直到19世纪，圣经才成为西方传来的"一部经典"[2]。将圣经作为一个"整体"介绍给中国人认识，艾儒略（Giulio Aleni）可谓居功至伟。艾儒略的著述由他的友人文士记录和编辑而成，涉及礼仪片段、口头宣讲，以及谈论基督信仰的日常对话与论述。[3] 艾儒略的《口铎日抄》是一部用中文写成的对话体的神学著作，在此之前，利玛窦的《天主实义》虽然也具有对话的形式，但它是一部假想式的对话，由一系列事先构思好的问题与问答构成；但《口铎日抄》中记录的问题大多是由那些真正皈依基督信仰的中国文人们提出来的，这说明了这部著作对于儒家正典的意义：书中多次提出，基督信仰的教导真正地"传达"了儒家正典所蕴涵的真理，因为这一真理在历史中

---

[1] Chen Yanrong, "The *Shengjing zhijie*: A Chinese Text of Commented Gospel Readings in the Encounter between Europe and China in the Seventeenth Century", *Journal of Early Modern Christianity*, 2014, 1(1), pp. 165-193.

[2] 不过，19世纪之前的耶稣会士的译经工作开始得到人们的重新评价。贺清泰（Louis Antoine de Poirot，1735—1813）以一种乡土语言翻译了旧约和新约，并加以丰富的注释（约占全书五分之一的篇幅），反映出中国注经的传统风格。见宋刚：《"本意"与"土语"之间：清代耶稣会士贺清泰的〈圣经〉汉译及诠释》，《国际汉学》，2015年第5期，第23—49页；郑海娟：《薪传与新诠：〈古新圣经〉的解经之道》，《比较文学与比较文化》，2014年第1期，第55—84页。

[3] Erik Zürcher（许理和）(ed. and trans.), *Kouduo richao: Li Jiubiao's Diary of Oral Admonitions, A Late Ming Christian Journal*, 2 vols, Sankt Augustin: Nettetal, 2007; Gianni Criveller（柯毅霖）, *Preaching Christ in Late Ming China, The Jesuits' Presentation of Christ from Matteo Ricci to Giulio Aleni*, Taipei: Taipei Ricci Institute, 1997, 中译本见柯毅霖：《晚明基督论》，四川人民出版社，2003年。

常常被"错误的"解释掩盖了。艾儒略也深知如何在诉诸理性的同时，发挥图像与想像的表达能力：他于1637年将基督生平付诸版画刻印。版画大部分灵感汲取自耶稣会士杰罗姆·纳达尔（Jerome Nadal）编著的、1593年出版于安特卫普（Anvers）的《福音故事图集》（*Evangelicae Historiae Imagines*）。艾儒略所完成的版画作品，代表着文艺复兴时期的欧洲艺术与中国美学观的连璧辉映。可见，经典的阅读同样涵盖了视觉维度的关注。柏应理（Philippe Couplet）以及其他耶稣会士将中国经典传到西方时，同样也伴随着视觉形象的呈现，提供了美学上的滋养。

（八）中国思想和经典文本对知识的扎实滋养，与亚里士多德哲学、经院哲学和圣经经典在中国的传播，是共同往前推进的。柏应理与恩理格（Christian Wolfgang Herdrich）、殷铎泽（Prospero Intorcetta）以及鲁日满（François de Rougemont）合作，于1687年在巴黎出版了《四书》（实际上只有三书）的首部拉丁文译本，体现了传教士在中国近一个世纪的翻译成就。其后，这四位耶稣会士的新著《中国哲学家孔夫子》（*Confucius Sinarum philosophus*）很快传遍了整个欧洲。①

（九）索隐派②的构想，可以被理解为通过对中国语言和智慧资源的探索而建立一套记录人类知识和信仰的"元语言"。作为"国王数学家"之一的白晋（Joachim Bouvet，1656—1730），在与莱布尼茨的通信中，向后者提到二进制算术系统与《易经》八卦的阴阳符码之间的对应

---

① Thierry Meynard（梅谦立），*Confucius Sinarum Philosophus* (1687): *The First Translation of the Confucian Classics*, Rome: Monumenta Historica Societatis Iesu, 2011.

② 一般而言，"索隐主义"（figurisme）指的是透过圣经中的喻像（figures）来解说历史的方法，例如将旧约解释为新约的预表；索隐派致力于从圣经中的图像、象征、数字和叙事中发掘出一些迹象，将其意义进行系统化，以类型学的方式探索事件的过去、现在和未来，阐述世界历史的发展总是处在神的调控之下。索隐派的踪迹遍及西方历史，每个年代都有一群人投身于索隐式的研究。本书论及的索隐派指的则是18世纪推崇索隐主义的耶稣会士，他们依据圣经而对易经或其他中国古籍进行诠释。

关系,认为八卦符码能够阐明元语言的模式。① 白晋的著作不仅关乎数学,而且也系统性地研究中国经典和圣经之间的对应,这方面的思考占据了他大部分的时间。白晋向这一解释体系倾注了大量心血,虽然他的工作受到修会长上与同会会士的颇多阻挠,但他仍然深信自己负有这项先知性的使命。白晋的方法论主要源于他对于《易经》的赞赏,他从《易经》中找到了一种"元语言",一把能够"打开所有学问"的钥匙:这种语言就是"大洪水之前的智者用以写作的"六十四卦卦象,透过它,神学、哲学和科学能够整合为一体。② 这套思想体系的"非正统性"并没有阻碍它对莱布尼茨产生极大的影响,促使后者展开对一种"普遍语言"的哲学追求。这种几近炼金术性质的探索,吸引那时代的才智之士络绎不绝地投身其中,然而其开路先锋可以上溯到耶稣会士基歇尔(Athanasius Kircher,1602—1680),他的研究主要依据的就是从中国典籍中整理出的信息。索隐派思潮显示出,对中国的研究不断质询着基督徒对历史、对其他宗教和对人类精神的理解。③ 在让我们看到"处境神学"的某种前兆的同时,索隐派也揭示出,对圣经文本的某种阅读,也就是17世纪圣经批判研究的进展尚未推翻的那种阅读模式,将会走入一个死胡同。

(十) 驻华的法国耶稣会会士中,大约三分之一与索隐思潮或多或少有着联系。不少人认定,中国传说人物伏羲和圣经先祖以诺(Enoch)是同一个人,另一些人则将中国古代的"五帝"视为基督的预像。他们还在

---

① David Mungello(孟德卫), *Leibniz and Confucianism: The Search for Accord*, Honolulu: University of Hawaii Press, 1977,中译本见孟德卫:《莱布尼兹和儒学》,张学智译,江苏人民出版社,1998年。
② 白晋于1698年2月28日写给莱布尼茨的书信,见David Mungello(孟德卫), *Leibniz and Confucianism: The Search for Accord*, Honolulu: University of Hawaii Press, 1977, p. 314。
③ Claudia von Collani(柯兰霓), *P. Joachim Bouvet S. J.: Sein Leben und Sein Werk*, Routledge, 1985; John Witek(魏若望), *Controversial Ideas in China and Europe: a Biography of Jean-François Foucquet S. J.* (1665 - 1741), Rome: Institutum Historicum S. I., 1982,中译本见魏若望:《耶稣会士傅圣泽神甫传:索隐派思想在中国及欧洲》,吴莉苇译,大象出版社,2006年。

《易经》中找到"世界三纪"①的表达（白晋在晚年甚至试图以此推算世界存续的年限），并在《道德经》中发现三位一体的教义。中国为一种尚未成熟的新的神学语言提供了素材。除白晋外，马若瑟（Joseph de Prémare，1666—1736）也是索隐派最具影响力的人物之一，他的中文造诣深厚，所著《汉语札记》（*Notitia linguae sinicae*）至今仍深具参考价值。马若瑟也是优秀的希伯来语学者，青年时代就饱读犹太教卡巴拉（Kabbale）之学，他对词汇的敏锐洞察大大助益了索隐派的研究，但这也使得他为"天"和"上帝"这两个词在礼仪之争中遭禁而深感痛惜，因为对他来说，只有这两个词汇传达了深隐于中国经典之中的对天主的观念。②

对于激发了本书主题的这段历史，我们在此仅能概述其开端，但已足以凸显一个根本点：随着这些相遇的发生，"解释他者"与"解释自身"这两项工作画出了一个圆——或更确切地说是两个圆，因为对话双方都画出了各自的诠释之圆，并且相交相连，这个交点就是双方参与并共同塑造出的对话。

我们还可以指出：汉学在某种程度上正是透过经典的比较阅读诞生于世的。当代中国学者也敏锐地意识到了这一事实。对致力于经典比较阅读的第一代耶稣会士进行重新评估的工作，大约是从20世纪70年代末开启的③；而耶稣会士为中国思想史发展作出的贡献，也在后来得到了一些中国学者的积极评价。④ 韩琦曾仔细研究耶稣会士与中

---

① 从鲁伯特（Rupert of Deutz, ca., 1075—1129）到约阿西姆（Joachim of Fiore, 1131—1202），并经一些方济会神学家的发扬，一种以三纪元图式呈现的历史神学——即将人类救赎历史划分为"圣父时代、圣子时代、圣灵时代"——变得流行，此种神学史观虽然遭到教会官方谴责，但一直颇具影响力。参见卡尔·洛维特：《世界历史与救赎历史》，李秋零、田薇译，生活·读书·新知三联书店，2002年，第173—188页。——译者注。

② Knud Lundbaek(龙伯格), "Joseph Premare and the Name of God in Chinese," in David Mungello (ed.), *The Chinese Rites Controversy: Its History and Meaning*, Sankt Augustin: Steyler Verlag, 1994, pp. 129-145.

③ Paola Calanca, *La Chine populaire face aux jésuites (1582 - 1723), Le début d'une réévaluation historique*, M. A. Thesis, Paris: INALCO, 1988.

④ Li Tiangang(李天纲), "Chinese Renaissance: The Role of Early Jesuits in China", in Stephen Huhalley Jr., Xiaoxin Wu (eds.), *China and Christianity, Burdened Past, Hopeful Future*, New York: M. E. Sharpe, 2001, pp. 117-126.

国儒士在科学上的合作,以及与他们相关的宗教背景与文化背景。① 如何诠释儒家和基督宗教在利玛窦《天主实义》出版之后的相遇,也是学术界关注的议题。② 在更广的范围内,"比较经典研究"也成了文学领域的研究对象。当代中国学者对耶稣会士曾在中国知识舞台上扮演的角色予以的重视和敬意,利玛窦及其后继者们倘泉下有知,必定铭感于心。

这就是我们的出发点:我们将由此远行,又不时返回,并加以更详细的阐述。这个起点所激发的问题,远远超出了单纯的历史考察。我们已经简单描述过这些问题,但在此可以进一步阐明:

首先,这一系列问题,围绕着"学术实践"(在当前情况下也就是汉学的探索)、"文本"(相遇的两种文明的经典文本)与"信念"(由神学讨论和制定的信念)之间的关系而展开。事实上,"比较经学"研究常常触到的一个暗礁,是仅仅对文本发生兴趣,而罔顾文本是透过实践、知识与信念才得到接受、理解和转化的。在某种意义上,一个文本仅仅是依据某个圈子赋予它的地位、权威乃至材料支持,才得以存在的。③ 因此,我们关注实践、知识与信念的机制,透过这些机制的操作,文本从不同的"认识型"中浮现出来,获得认可,汇聚成集,并得到比较。

其次,我们可以询问:这一套使西方传教士与中国儒生得以开始面对面阅读经典的实践机制,曾经结出了什么样的果实,并在今天继续发挥着怎样的效应?这些决定了今天跨文化对话之运作框架的知识、

---

① Han Qi(韩琦), "Sino-British Scientific Relations through Jesuits in the seventeenth and eighteenth centuries", in M. Cartier(ed.), *La Chine entre amour et haine*, Paris: Desclée de Brouwer, 1998, pp. 43 – 59.

② 孙尚扬:《明末天主教与儒学的交流和冲突》,台北文津出版社,1992 年;刘耘华:《诠释的圆环:明末清初传教士对儒家经典的解释及其本土回应》,北京大学出版社,2005 年;李天纲:《跨文化的诠释:经学与神学的相遇》,新星出版社,2007 年。

③ 关于此处言及的文本的物质特色(排版、字体、格式等视觉特点)的重要性,可以参见两个卓越的研究成果:Sophie Ling-chia Wei, " 'Jesuit Figurists' Written Space: Figurist Imitation of Chinese Literati in Their Re-interpretation of The Book of Changes", *Translation Spaces*, 2016, 5(2), pp. 271 – 287; Wu Huiyi, *Traduire la Chine au XVIIIe siècle: Les jésuites traducteurs de textes chinois et le renouvellement des connaissances européennes sur la Chine* (1687 – ca. 1740), Paris: Honoré Champion, 2017.

实践与信念，以什么方式仍然体现着其起源的烙印？在何种意义上可以说，这一起源就是它们的命运？

我们也将同样探讨由文本的交互阅读所塑造的中国经典与西方经典的对话①，并将其视为一个真正属于解释学的问题：这样的对话和比较工作，取得的成功或遭遇的失败，对于文化之间和信念系统之间相互理解的可能性，能告诉我们什么？经历了相遇和比较的文化和信念，又在什么程度上、以何种方式产生了转变？狄尔泰、韦伯，特别是伽达默尔，都曾考察过"理解"（verstehen）的性质与界限的问题，那么，当人们不是从同一传统的内部、而是在不同传统之间进行阅读的时候，"理解"之问题的提出，又是在何种程度上表现得有所不同的呢？我们对文本的理解，在交互阅读中获得了更新和分享，这样的理解在何种方式上可以看作是对这些文本的一种"再创造"呢？

最后，我们的探索还具有展望与思辨的维度：不同的文化通过对话去解释对方的奠基性文本，在此过程中，这些文化是如何运作，又是如何演进的呢？这一实践的发展，是否可能改变人文科学的任务，改变我们对那些把人类团结为一体的纽带的理解？

对这些问题，本书远不能作出详尽的回答。不过，对这三种学术工作——汉学、比较经学、比较神学——相交的历史进行反思，由此出发，我们的研究能够更清晰地提出这些问题，这并非毫无裨益。在导言中，我们将对这三个学科之间的"三角互动"作出理论上的阐明。然后，本书将在第一部分展开探讨：汉学作为独立学科的建构，如何构成了比较经学的进路。这项探索的大部分内容将沿时间顺序展开。本书第二部分将会呈现出相当不同的风格，反思下述二者之间的关系：一方面是经典的比较阅读，另一方面是信念体系及理解模式的演进。第二部分将在第一章呈现今天的跨文化诠释如何向我们提出了问题，并接着

---

① 诚然，把圣经纳入"西方经典"的范畴是有争议的：从其来源上说，圣经并非"西方"的，虽然《旧约》中的几卷智慧书与《新约》都是以希腊文写成的。然而，正是通过西方的语言与西方的诠释，圣经才得以在16世纪末进入中国。在今天的中国，回到圣经文本的多重起源，研究在6世纪进入中国的叙利亚文的圣经文本，以及关注非西方的圣经诠释研究，都为一种新的圣经诠释学开辟了道路。

展开三项个案研究,考察本书第一部分描绘的相遇产生的后续结果。如果要更为概括地描述本书的整体规划,可以说,第一部分内容涵盖从汉学的创立直到"比较经学"领域的建构,第二部分则由现代诠释学重建的比较经学领域出发,直到一种跨文化神学的浮现,并考察后者的发展可能对宗教间对话以及对文化和文明之间的关系带来什么影响。通过梳理和编织贯穿全书的这些线索,最后的结论将得以呈现。

> 导言

汉学、经学与神学的三角测量

一、耶稣会、中国经典、诠释学

  所有人都告诉我,从中国出发可以一直到达耶路撒冷。倘若果真如此,我将致信于您,慈爱的神父,汇报这一旅程需经多少里程、耗费多少时日方能竟功。

——方济各·沙勿略致依纳爵·罗耀拉
1552 年 4 月 9 日,果阿

  事实上,假使我去中国,我将出现在下述两地之一:或是在广东身陷囹圄,或是抵达皇帝所居的北京。

——方济各·沙勿略致欧洲的耶稣会同伴
1552 年 11 月 12 日,上川岛

  方济各·沙勿略(François Xavier)刚从日本回到印度海岸,又登船折返,前往中国,此时,在他脑海里涌动着一个耶路撒冷之梦,这个梦对初期的耶稣会士来说珍贵无比。"所有人"都向沙勿略神父保证有路可行,可事实上,后来在 1602 年,鄂本笃神父(Bento de Goes,1562—1607)奉命出使莫卧尔帝国阿卡巴尔宫廷,探索一条经由中亚的经济实惠的路线,以替代昂贵漫长且又险阻重重的海路。鄂本笃历经千辛万苦,最终抵达中国,但他的生命也走到了尽头,仅能在病榻弥留之际,嘱咐当时由利玛窦(Matteo Ricci)派去寻他的使者,交代利玛窦千万不要

再冒险走这条陆道。

提到耶路撒冷,就意味着把北京视为与之相提并论的另一个圣城,把中国的帝都视为福传使命的最后一个枢纽站。沙勿略神父在日本时,就耳闻人们对中国人的智慧和学问赞不绝口,因此他意识到,要让日本人信服他宣扬的福音真理,就必须面对一个问题——曾经有人就这么问沙勿略:连中国人都不知晓的福音,到底它的价值何在呢?因此,中国博得了某种近于神话的属性。北京就是亚洲的耶路撒冷。同时,考察确定一条连接此都城与彼都城之间的道路,也就是勾勒一幅崭新且宏伟的路线图,它将贯穿并且分割这个世界。

1552年12月3日,沙勿略逝世于上川岛,最终没能踏上毗邻小岛的那块大陆。不过,他留下的遗产乃是一个双重的梦:殉道者的梦和抱持"君士坦丁模式"的梦——后者即通过归化皇帝而归化整个中华帝国之梦。在沙勿略原来的念想与后来伴随这个念想的曲曲折折之间显现出的落差,让我们得以去解读耶稣会对中华大地与中华文化所怀抱的热情:沙勿略曾经勾画的那个梦想,在后继者的追寻中不断得到拓展,在接连而来的曲折事业中不时遭受背叛,它在这片"使命之地"与耶稣会形成的自我理解之间,建立起了特别的关系。接踵而至的耶稣会士生活在中国这片土地上,讲述着这片土地的故事,而中国大地也同样告诉耶稣会士,他们为何而受造,又受命要成为什么样的人。

依纳爵及其同伴创立的耶稣会,其特色的灵修精神与近代欧洲精神熔铸为一体,这块文化合金为耶稣会士在中国经验到的身份上与文化上的冲击赋予了更为普遍的意义。另一方面,通过在华耶稣会士与欧洲本土之间的书信往来,通过他们对中国的讲述,整个欧洲都将对其用以自我理解和描绘他者形象所依据的那些范畴展开反思。尽管从18世纪末开始,耶稣会士逐渐失去了在新兴"汉学"中几近垄断的地位,但他们仍然是最重要的见证者,见证了一个在不同思想模式、不同象征符号体系之间的交流体系的建立,这些符号植根于不同民族的回忆中,随着交流的展开,不同的回忆将不再能够彼此漠视。

描绘那一段曾经连接而且依然相连着"耶稣会"与"中国"的历史,事实上也是探索两个记忆的过程:一方面是一个修会的记忆,耶稣会把中国视为其理解自身及其福传使命的中心挑战;另一方面是一个文明的记忆,中国文明通过来自异国他乡的传教士所提供的工具和思路的引导,认识到自身是"众国之中的一国"。这其中也凸显出一种文化中介(médiation culturelle),通过它,欧洲与中国都同样重新定义了自己对普遍性和特殊性的视野,并决定了欧洲与中国两地之间、甚至中欧两地与世界其他地方之间的合作与冲突关系,对这些关系的辩论一直持续到今日。通过回顾耶稣会士在华的曲折历程,以及他们在中西双方引起的波澜,本书接下来将沿着这场壮阔而又未明的探险之旅,去思考历史上曾经上演了什么故事,或许这个故事今天仍在继续。

本书无法尽述耶稣会在华作为的方方面面,而是聚焦于探查耶稣会士对汉学与比较经学的诞生与发展作出的贡献。"汉学"一词,人们或已司空见惯,但有一个不易察觉的微妙问题仍需深思:究竟何谓汉学?西方依据其自身的范畴来定义和研究中国的相异性的方式,在现代世界中勾勒出了知识范畴的历史。因此,为扩展我们的讨论,我们有时会搁置对耶稣会所作贡献的研究,而关注汉学研究是如何塑造了中国与西方彼此发展起来的相互理解。由是观之,本书虽然追溯着一段历史,但同样也是谈论着人类所共享的当下与未来,而这或许是本书真正谈论的主题所在。

关于耶稣会士对汉学诞生作出的贡献、关于中国经典如何被引入西方世界以及西方经典如何进入中国,已经有了许多优秀的研究成果,包括以中文和不同西方语言撰写的专著。这一研究领域在今天甚至已变得炙手可热,一些研究已达到了相当专深与渊博的水平。然而,对细节的高度专注,有时却可能使人忽略研究对象的意义与挑战。因此,笔者将重拾跨越了漫长时空的这整段历史,突出其中一些关键阶段,并再度回顾这场历险中的那些主角。本书将根据前面所述及的兴趣问题来选择重点。在此,我们可以依照第一章与接下来的第一部分的框架,来重申下述问题:

其一,对于汉学的兴起,早期耶稣会士的确切贡献究竟何在?为何汉学的研究工作对他们而言显得如此重要?他们如何连结福传使命与汉学研究?我们穿越早期耶稣会士身处的年代,呈现他们的提问如何随着汉学研究史的展开而取得进展,如何确立众多问题的经纬。

其二,耶稣会士对中国经典的诠释,依据着什么样的解经原则?他们所采用的新的诠释方法,如何有益于建立新的研究路向也就是比较经学的解经原则?比较经学塑造的交流方式,趋近于今日我们所称的"跨文化对话"。若我们在今日将这些隐含意义众多的解经原则予以当代化,是否能够助益我们去反思自身的诠释原则?

其三,明清时期耶稣会士从事的汉学研究和解经工作,是否等同于"宗教间对话"的开启?他们与中国儒士透过什么样的交流方式储存并酝酿着我们今天所称的"跨宗教对话"? 明末清初,中国经典与西方经典之间的比较诠释,是否建立了当今不同宗教传统之间的对话原则,抑或相反,我们必须驳斥和超越那个时期文化与宗教间相遇的僵局,以期建立宗教传统之间更为丰厚的对话?

为将上述三个方面的问题连接在一起,笔者提出了"诠释三角"(triangle herméneutique)的概念,这个表达可能会令人惊奇。更为通用的术语是"诠释的循环。"但我们应当对后一用语保持审慎,因为对不同的作者来说,"诠释的循环"并不总有同样的含义。传统西方诠释学的通常观念是,只有从整体出发,才能理解部分(通过句子来理解词语,通过语境来理解句子,通过作者的全部作品来理解他的一部著作),但同时,也只有借助对每个部分的理解,我们才能理解整体。但海德格尔对"诠释循环"的用法却与此不同:在他看来,首先有"理解",也就是对外部世界的一种生存性的把握,这种理解从一开始就由作为理解者的"我"的期待和目标得到构造(例如,根据我的登山计划,我认为这座山太高了)。在这种生存性的理解之上,我展开"解释",通过解释,揭开理解的结构,并且再度开启理解的运动。海德格尔说,人进入解释的循环,就是进入一种运动,他由此运动为他的在世赋予意义。[①] 伽达默尔把海德格尔的这一观点运用到对经典文本的理解之中:正是通过意识到我对文本的先入之见,通过揭示我自身归属的传统,我在当下对此文本的解释才成为可能的。因此,诠释的循环将我所属的传统与我当下

---

① Martin Heidegger, *Sein und Zeit*, Tübingen: Max Niemeyer, 1977(1927), pp. 144-153.

完成的解释行动连接起来。这里的确有着一个循环:在对我和过去之间的关系的阐明中,涌现出了一个解释的行动,而通过这个解释行动,我"重构"了传统。① 阐明我与过去、我与我的传统之间的关系,使我能够解释文本、并赋予文本以今天的意义,但我对文本的解释会再度转变并重新开启我与过去、我与传统的关系。

提出"诠释三角",当然并不是要取代"诠释循环"的概念。"诠释三角"是一个隐喻,笔者运用这个表达,为使人注意到这相互接触、相互解释的三极——汉学、比较经学与比较神学——是怎样从一体性中逐渐分化出来,得到各自的建构;这一历史正是本书所欲讨论的话题。汉学、比较神学以及对经典的交互阅读,在源头上本是一体,虽然它们渐渐相互独立,但并未停止彼此的相遇与碰撞。尤为重要的是,它们会不断地彼此回应:要积累对另一种文化的知识(这种知识对西方人来说是汉学,对中国人来说是西学),就必定要提出问题,质疑我们理解他者的经典的方式,并且回到我们自己的经典之中。我们由此转向自己的源头,转向我们出发时所怀的信念与我们阐释自身生存意义的方式,依据我们对相异性的发现而重新解释这一意义。但对意义的重新解释又会回到对他者的一种客观知识,它不断得到丰富和转化,反过来又转化我们对经典的理解和我们对生存之终极意义的阐释;这一切都处在生生不息的运动之中,无论是个人的存在,还是历史与社会的进程,都被这一运动打下了深深的烙印。

笔者需要预先回应一个可能由这几页内容引发的反对意见:读者有权询问,对"诠释三角"的强调,是否会掩盖这一系列接触与交互解释具有的第四个维度,一个在今天可能会引起人们更大兴趣的方面,也就是通过传教士与他们的中国对话者的交流而产生的对"科学"的特殊领域——例如地图学、天文学或编年学——的再定义。笔者可以作出一个双重的回答,同时也进一步澄清其规划。

---

① *Wahrheit und Methode*, pp. 296 - 304。关于诠释循环的历史梳理,特别是海德格尔对此的用法,见 Marlène Zarader, *Lire Vérité et méthode de Gadamer*, Paris: Vrin, 2016, pp. 189 - 200。

首先,本书是在科学知识与汉学之诞生的相互作用中来讨论科学领域的;汉学曾经首先是一个关于中国的整体认知的领域,在其中,不同方面的知识——例如地理学、语言学甚至植物学等——得以相遇。安东尼拉·罗马诺(Antonella Romano)准确地指出:"历史学家对在中国的西学的观察,让我们能够重新掌握一些曾经在17世纪的欧洲把神学、历史学与天文学关联在一起的线索,并且将它们视为……旧欧洲知识体系的特征之一。"①

其次,不同领域是通过怎样的过程出现的——汉学的出现,正典的比较阅读原则的出现,以及一种由对非西方的宗教与文明的发现而得到转变的神学的出现——是我们最为关心的问题。笔者的论点可以简单归纳如下:一、当我们将上述三者放在一起讨论的时候,可以更好地思考它们的"出现";二、随着这三者渐渐将自身建立为一门独立学科,对观察者来说,它们在源头上的共通性就变得不那么明显了;三、对这些学科的困难与方法进行一种反思性的考察,能使我们重新领会其源头在今天能够带来什么样的教益。

二、经典与"他者"

我们之所以谈到汉学以及耶稣会对汉学兴起的贡献,是因为它们塑造了中国与西方之间的相互理解。中国与西方都建立了各自备受经典熏陶的文明,而经典间的对照研究,贯穿着双方相互了解或是相互误解的进程。在今天,各个文明对自身经典以及其他文明经典的本源与意义的诠释,仍然在跨文明的对话中扮演着决定性因素。汉学正是渊源于对经典的研究。

我们知道,"经典"一词的拉丁语为 classicus,而后衍生出英文的 classics 与法文的 classiques;它源于拉丁文的"阶层"(classis),指的是社会等级之间的区别。渐渐地,一个"经典"的作者(classicus scriptor)

---

① Antonella Romano, *Impressions de Chine: L'Europe et l'englobement du monde* (XVIe-XVIIIe siècles), Paris: Fayard, 2016, p. 189.

被用来指卓越的作者，以区别于那些"泛泛之辈"。同样，希腊语中的"正典"(canon)一词，原本指木匠的规矩准绳，而后应用于对文化产品的归类。《旧约》与《新约》的正典目录也是这样由教父们建立起来的，由正典去评价教会接受的其他文本是否具有权威性，是否值得被保存和复制。更一般地说，集合了文学、宗教、哲学作品的人文"正典"，将渐渐在西方（并非经由国家，而是通过教育机构）建立起来，将历世历代以来那些表达了美学、伦理与思想之菁华的著作囊括其中。然而，这样建立和传承下来的正典，从 20 世纪 60 年代开始变成了恶意批评的对象，攻击者指控它们传递着一种蔑视边缘文化和边缘阶层的伦理观与美学，并在本质上是男权中心的。但近年来，正典获得了新的捍卫者，他们指出：对西方传统经典的系统性批判，会摧毁西方文化赖以奠定其创造力、社会伦理与思想之严谨性的根基。正典或将继续在西方意识中占据首席地位，但它可能也将面对一种"另类经典"来继续建设自身，这些另类经典就是指那些表现不同人群与不同感受性的代表性作品，它们在正典的发展史上没有获得承认。此外，还有一个问题：一个文化团体，即使它并非由正典所建构，是否能够免于去制定一套正典的行为？在第七章，我们将阅读《真理与方法》中的相关内容，然后在第八章，我们将考察中国经典集的划界问题，由此继续讨论经典、传统与团体之间的关系。

　　正如"正典"一词在西方的意义一样，汉语里"经"的概念，起初也是指某种恒常的、支配性的事物，但在更宏观的尺度上指向那些贯通宇宙、身体、社会架构与民族文化的规律性。此外，可能是理雅各（James Legge，1815—1897）在 1883 年首次指出，拉丁语的"文本"(textus)一词与汉字的"经"在字源上都可溯至"编织成文的思想"[①]。"经典"的含义或许在中文语境中更为明朗，因为被确立的经典文本要用于研读与记诵，并扮演着重要的政治角色。经典的制定，关系到"国家正统性"的奠定，而与之相关的哲学反思和伦理反思则基本以经典"注疏"的形式出现。显然，现实情况要更为复杂：经典应包括哪些篇目、多少篇目，

[①] Norman J. Girardot, "'Finding the Way': James Legge and the Victorian Invention of Taoism", *Religion*, 1999, 29(2), pp. 107–121.

成了论争的焦点,并常常发生变化。"经"最终也被用来指佛教的核心典籍,虽然它们与儒家经典相去甚远;反之,某些在中国思想中占有重要地位的文本(例如《淮南子》或《管子》)却从未取得过官方经典的地位。此外,大众阶层也憧憬拥有自身的"经典",以使其宗教实践合法化,这样的憧憬通过为典籍添加"附记"的技巧以及许多其他方式传达出来。因此,经典或正典的确立,成了社会斗争与政治斗争的主题,正如在西方一样。但同时也如在西方一样,"经典"一词渐渐也被用来指文学与艺术的作品集,这些作品主要源于优裕的阶层,一切有教养的人都必须阅读并懂得如何去欣赏:对经典的认识与鉴赏,成了判断一个人是否具有"品位"的决定性因素。

总而言之,当中国与西方相遇时,双方很快就认识到,彼此的文明都是建立在"经典"的基础之上的,经典对文化面貌和社会面貌的造就起到了至关重要的作用。中西双方都以认识对方的经典作为相遇和进入他者之思想的关键,无论这是为了欣赏对方、利用对方、说服对方抑或是驾驭对方。早期耶稣会士来华传教的心境,与彼时中国儒士通过耶稣会士之中介(后来逐渐脱离此中介)而发现西方的心境,是迥然不同的。

耶稣会士抵达中国后几乎立即就认识到,要了解中国的语言、思想、宗教与历史,儒家经典是不可或缺的。因此,耶稣会士从起初就积极展开了对儒家经典的翻译。利玛窦最早承担的工作之一就是对《四书》的翻译。利玛窦之后,数代耶稣会士为建立一套拉丁语的儒家经典付出了诸多努力,并在17世纪下半叶取得了初步成就:1687年,《中国哲学家孔夫子》在巴黎面世,是《四书》中除《孟子》外其他三部著作的拉丁译文。至此,传教士的译经运动已经进行了近百年,但其中大部分译作尚未出版。柏应理、恩理格、殷铎泽与鲁日满等人在此基础上再接再厉,为毕其功。他们的译著中,除了译者引言与注释之外,还以拉丁语和中文提供了对原文的一些经典注释。[①] 编者在引言中突出的重点,并

[①] 见 Thierry Meynard(梅谦立), *Confucius Sinarum Philosophus* (1687): *The First Translation of the Confucian Classics*, Rome: Institutum Historicum Societatis Iesu, 2011。这是儒家经典首次被译为拉丁语引入西方,译文由殷铎泽、恩理格、鲁日满及柏应理共同完成(1658—1660)。

不是中国伦理的普世性——例如像拉莫特·勒瓦耶（La Mothe Le Vayer）在《论外邦人的美德》（*De la vertu des païens*，1642）中表现出来的那样——而更多地是中国经典对国家领导者的塑造作用。如果他们的译著有意面向法国及欧洲的读者群，那么这个重点就反映出耶稣会士是如何理解中国经典在政权之合法化与治国技术中起到的作用的。

耶稣会士向欧洲展现了一个广受儒家智慧陶冶的中国，呈现出一种兼具道德性与政治性的儒学。耶稣会士的传教策略，正是倚恃于儒家经典之中心地位的支撑：劳格文（John Lagerwey）认为，耶稣会士与他们所交往的一些儒家菁英之间有一种默契，即双方皆捍卫对儒家礼仪的"公民性的"诠释以及原始儒学的"一神论"，由此使民间仪式"理性化"，易于官方儒士与神职人员掌控；这个理性化的过程与诠释，也受到了中国在16世纪已经展开的"礼仪改革"的推动——对仪式进行"修正"，使之成为"纯粹象征性的"。在耶稣会士与儒家菁英对经典与礼仪持有的这一共同态度中，劳格文看到了与同时代欧洲的加尔文神学观的某种呼应：圣事并非"实在"，而"仅仅是象征"。在西方如同在中国，这样的理性化，都是通过"回归文本"与"净化仪式"而达成的。由此，托马斯主义的理性主义①与儒家的理性主义在关于掌控礼仪实践的必要性上达成了一致，希冀以理性规范的教理与政治的掌控，来取代凝聚地方团体的仪式的优先地位。②

一直到18世纪末，也就是耶稣会第一次在华传教的末期，耶稣会士在研究中国语言和文化时始终奉儒家经典为圭臬，这种看法不断地启发着那一时期的传教策略，尽管也引发我们后文将会探讨的一些争论。但从18世纪初期开始，局势就变得复杂起来：一些耶稣会士（尤其是本书将会论及的"索隐派"）对道家著作产生了特别的兴趣，将其朝

---

① 耶稣会创建早期，会士在培育阶段的神学学习扎根于托马斯主义，但这种托马斯主义奠立在对"理性"的纯粹训练的基础上，其表达已经变得相当枯竭。约在17世纪初，一些法国耶稣会士试图赋予情感、灵性体验和神秘体验以更重要的地位，但这样的做法在当时颇受质疑。

② John Lagerwey（劳格文），*China：A Religious State*，Hong Kong：Hong Kong University Press，2010，pp. 3 - 5.

着有益于基督启示的方向进行诠解,试图表明道家与圣经的契合。虽然利玛窦曾严格区分了"自然神学"(人凭借自然理性达到的对天主的认识,就此而言,儒学著作体现出了宝贵的智慧)与"启示"(信仰的对象,人的理性所不能及),但他的一些后继者在中国典籍——未必是"正典"著作——中,找到了存在圣经启示的"证据"。因此,利玛窦的后继者在两方面产生了与他不同的看法:一方面,在神学领域,他们更加突出启示的角色,强调其优于自然神学;另一方面,他们认为,启示不仅存在于基督信仰中,在其他著作尤其是中国经典中,也有着天主的某种启示存在。

同时,对中国经典的认识,也将撼动西方经典文本——首当其冲的就是圣经——的地位。中国编年学以及中国特有的宇宙观与历史观,对圣经文本的历史性与普世性提出了质疑。在华生活的耶稣会士对中国的讲述和对中国典籍的翻译,在西方引起了强烈回响,也激发了新的圣经解释学,犹如启蒙运动一般。不过,我们需要区分圣经解释的几个不同发展阶段:圣经的年代学问题,在17世纪显得格外重要,新的圣经解释学也在这一时期成形,但到了18世纪反而几无进展,直到19世纪初才真正重新起步。① 相反,儒家经典的西译以及对当时中国种种状况的描述,将对欧洲18世纪的政治哲学产生深远影响。总之,通过17、18世纪的发展,"经典比较研究"的基础逐渐奠定:耶稣会士对儒家经典的阅读和诠释,促进西方以新的方式重新展开对圣经文本的阅读;同时,耶稣会士对中国经典的阅读,也不可避免地深受西方两种"正典"传统的影响,其一是圣经本身,其二是彰显于托马斯神学与新兴科学中的亚里士多德的理性哲学著作。到了18世纪,流行在欧洲某些圈子里的对圣经的索隐式阅读,通过某些耶稣会士的倡导,也被运用到对道家经典的阅读中,索隐思潮也由此得到加强。在倡导索隐式阅读的耶稣会士中,不乏优秀的语言学家,他们同时熟谙中文、希腊文和希伯来文(卡巴拉传统对索隐思潮的影响不容忽视)。② 我们也将指出,在

---

① Pierre Gibert, *L'Invention critique de la Bible*, XVIe - XVIIe siècle, Paris: Gallimard, 2010.
② 见 John Witek(魏若望), *Controversial Ideas in China and Europe: A Biography of Jean-François Foucquet S. J.*(1665 - 1741), Rome: Institutum Historicum (转下页)

中西相互形塑的这个时期，唯一错过的"相遇"，是佛教经典与西方传统之间的交会；这场原本可能发生的相遇，在后世姗姗来迟，而且多是通过印度与日本的中介，而较少经由中国。

　　索隐派的工作应当在这种语境中得到理解，后文还将从不同的角度回到对这一点的讨论中。马若瑟曾说，中国经典是"先知之书"，有着"基督信仰最重要信理的痕迹"。在欧洲特别是在同一时代的法国，索隐式阅读法仍然存在，或更准确地说，是再度流行起来，当时一些在政治上被边缘化的詹森主义者，正是这样将他们时代的事件与圣经联合起来解读的：他们将圣经中的许多形象视为罗马教会的表征，认为其描绘了一个因不忠于基督信仰的原初规诫而败落崩坏、有待更新的教会。虽然詹森派的圣玛格罗瓦尔修院①（séminaire de Saint-Magloire）所倡导的索隐主义，与当时在华耶稣会士中流行的索隐主义，并非出自同一源头，但我们用同一个词来称呼这两个运动，也并非没有根据。索隐主义的奇特进路，没有逃过法国语言学家和历史学家弗列雷（Nicolas Fréret，1688—1749）的眼睛，他在写给马若瑟神父的信中，不无责备地说："良善的灵魂怎么能任凭自身被这种疾病败坏呢？这种病怎么能变得如此流行，以致处在地球两极的耶稣会士与詹森主义者——他们在思想上的距离甚至比他们居所之间的距离更为遥远——竟都同样受到了感染？"②此外，索隐主义还影响到身处不同地区的传教士理解本土神话的方法：在中国、美洲，以及其他地方，都有传教士把当地人的本土传说解释为一种自然知识的残留，通过类比而寻找与

（接上页）S. I，1982，中译本见魏若望：《耶稣会士傅圣泽神甫传》，吴莉苇译，大象出版社，2006年；Knud Lundbaek（龙伯格），*Joseph de Premare（1666 - 1736），s. j.：Chinese Philology and Figurism*，Aarhus：Aarhus University Press，1991，中译本见龙伯格：《清代来华传教士马若瑟研究》，李真、骆洁译，大象出版社，2009年；Claudia von Collani（柯兰霓），*P. Joachim Bouvet，S. J.-Sein Leben Und Sein Werk*，1985，中译本见柯兰霓：《耶稣会士白晋的生平与著作》，李岩译，大象出版社，2009年。

① 关于Saint-Magloire修院的影响，参见Catherine Maire，*De la cause de Dieu à la cause de la Nation. Le jansénisme au XVIIIe siècle*，Paris：Gallimard，1998。

② 1732年致马若瑟神父的信，引用自Virgile Pinot，*La Chine et la formation de l'esprit philosophique en France*（1640 - 1740），Paris：Geuthner，1932，p. 430。

之相符的圣经启示。这些索隐派,无论是耶稣会士还是詹森主义者,常常具有希伯来语造诣,对卡巴拉和《塔木德》都深感兴趣。① 在耶稣会留在北京的馆藏中我们可以找到至少两部与卡巴拉相关的著作。②

马若瑟有一部著作清晰地阐明了他采用的诠释方法与索隐计划。这部书稿于 1724 年完成于广东,原文是拉丁文,有长篇累牍的中文引用,其法译本于 1878 年在巴黎面世。书名令人浮想联翩:《中国古籍中的基督要理之痕迹》(*Vestige des dogmes chrétiens tirés des anciens livres chinois*)。拉丁语中的"痕迹"(vestigia)一词,常常被初世纪的拉丁教父特别是奥古斯丁采用,后来又进入中世纪神学,它首先指人们可以在受造物中找到的三位一体之天主存在的踪迹。例如,人最重要的官能是理性、记忆与意志,这一事实被视为一个记号,指向"三位一体的天主按自己的肖像创造了人"的信仰。因此,马若瑟冀望对中国经典的探索能植根于一种神学传统,同时从自然与历史中发现天主仁慈的亲临。他的这部作品读起来有点儿像一部侦探记:

> 一切"经"都回归于易经,如同百川归其源头。……众经包含的一切义理,都有必要归聚于一部独一而首要的经。因此,谁若找到方法,将众经归结为一个融贯的义理体系,谁就发现了众经之真义。……(然而)中国人已经完全失落了对众经之真义的认识。③

在马若瑟看来,中国经典包含的一切真理都是从《易经》中流出的。

---

① Bernard Barthet, *Science, histoire et thématiques ésotériques chez les Jésuites en France (1680-1764)*, Pessac: Presses Universitaires de Bordeaux, 2012, pp. 299-311.
② Claudia von Collani(柯兰霓), "Cabbala in China", in Roman Malek (ed.), *Jews in China: From Kaifeng to Shanghai*, Sankt Augustin: Steley Verlag, 2000, p. 532. 参见北京遣使会:《北京图书馆藏西文善本目录》,国家图书馆出版社,2009 年。
③ *Vestiges des principaux dogmes chrétiens, tirés des anciens livres chinois, avec reproduction des textes chinois*, par le P. de Prémare, jésuite, ancien missionnaire en Chine. Traduits du latin, accompagnés de différents compléments et remarques par MM. A. Bonnetty et Paul Perny, Paris: Bureau des Annales de philosophie Chrétienne, 1878, pp. 28-30.

对这一点我们可以稍作考察。对白晋来说，易学一直萦绕其心，《易经》的首要角色也在他笔下得到了进一步肯定。陈欣雨通过研究梵蒂冈馆藏的白晋关于《易经》的中文手稿，得出结论说："白晋在进行《易经》研究的过程中，客观而言，可看作是'《易经》注我'的经学义理路向，属于《易经》义理学的大范畴。但是根据白晋的宗教立场，更多是作为《圣经》诠释学的延伸，以《圣经》作为蓝本，将其主旨体现于《易经》之中，《易经》成为了《圣经》索隐的文载体。"①

因此马若瑟提出，《易经》包含的真理被掩埋在无知之中，这种无知由于古书的毁坏尤其是秦代的焚书而加剧，文本的失传又引发了后来种种伪经的产生。不过，即使古人的义理变得残缺不全，在儒者中仍然持有极为尊崇古经的观念。马若瑟引用通行的格言为证："信经不信传。"他继而宣称："经中所述圣人（在此指孔子），不自欺，亦不欺人。圣人以言传、以著授于人者，皆真善纯全。此种观念深植中国人心中，故此，他们凡在经书中发现有不合于真理或抵触良善道德之处，皆视为经典之误释、伪作或篡改。"②

马若瑟继而写道："古经之真义隐藏在各种形象与外在象征之下，如同包覆在果壳之中。这重重谜团，中国人不得解其真义。他们看见果皮，称其下隐含有奇妙果实。然何为此奇妙果实？他们实在一无所知。……写成经书的文字本身，亦是象形而难解的，它们事实上是从受造物中借来，为描摹造物主之大能与善工。"③随后，马若瑟引用了许多中国作者对中国经典——以《易经》为首——之象征性与奥秘性的钻研，作出总结：

> 可以说，所有这些经书极有可能都与一个神圣的人物有关，并以此人物作为它们的唯一对象。这个人，他的品德、功绩、善行、奥秘，他的神圣律法，他的统治和光荣，他的工作本身，都在这些经书

---

① 陈欣雨：《白晋易学思想研究：以梵蒂冈图书馆见存中文易学资料为基础》，人民出版社，2017年，第352页。
② *Vestiges des principaux dogmes chrétiens*, pp. 42-43.
③ Ibid, p. 43.

中得到讲述,这样的讲述方式在中国人看来或许是隐晦难明的,但对我们这些认识耶稣基督的人来说,却无比清晰。①

由此,马若瑟将中国注经者的盲目性与那些拒绝从圣经中分辨真实意义的犹太释经者相比较。但他又补充说,这些释经者"不应被人完全蔑视,因为:其一,他们常常执着于文本的自然含义,说出了许多美好的东西,但可能并没有很好地理解他们所说的。其二,他们或许能很好地帮助我们去评论不同的作者。其三,从他们的错误和相互矛盾之中,我们有时也能获知真理,就好像毒药也能够被用来配制绝佳的药剂一样"②。马若瑟将《老子》《庄子》《荀子》以及《淮南子》等著作视为对原始经书之"真义"的最为古老也最为脆弱的解说。令当代读者深感震撼的是,马若瑟对中国释经者的态度,在很大程度上是受到了基督徒作者——例如教父哲罗姆(Jérôme)——对旧约的拉比注经传统采取的态度的启发。

正是在此基础上,马若瑟宣告了他的中心论题:"我们能够在中国的经书典籍中找到基督宗教要理的痕迹。……这些典籍的年代极为古老,它最初很可能来源于大洪水之前的圣祖。"③因此,马若瑟致力于通过诠解《易经》《书经》和《诗经》,发现基督信仰的一切要理的痕迹以及整个救恩史的痕迹。我们不可能在这里详细描述他所构造的那个复杂而又脆弱的象征与寓言体系。但他的论证不管显得多么奇怪,都展示出一种精细的知识、一种对中国经典和圣经文本的共有的激情。对此可以简单地举个例子:在其著作的结尾,马若瑟依据《诗经·国风》中的颂诗,在文王的形象中看到了耶稣的谦卑,而在武王身上看到了作为互补形象的得胜的基督。"我们可以在一种双重性中设想圣人的形象:他是被剥夺的人,又是万王之王,他谦抑自下,而又光荣显发。在第一个层面,他是文王;在第二个层面,他是武王。他尽其一生,谦卑而

---

① *Vestiges des principaux dogmes chrétiens*, p. 47.
② Ibid., p. 49.
③ Ibid., p. 51.

服从;在复活之后,尊高而号令万有。因为光荣生于谦卑,故此,文王乃为武王之父。"①这种解释方法,虽然完全忠实于最为经典的基督教神学,但也同时是一种跨文化的神学,一种在与他者的相遇之中得到酝酿和重建的信仰言说。我们在今天重读马若瑟,不应过于注重他那一套似是而非的释经学建构,而应更多关注信仰经验通过这种诠释方法产生的新表达。

三、不断展开的相遇

耶稣会士贡献的对中国的知识,促动了 17 世纪末至 18 世纪末西方思想的演进。在法国,人们对中国的兴趣经历了几个发展阶段,表现出不同的着重点。法国人一开始探索中国,是为了把中国的知识引入始于 1685 年的神学与哲学辩论中。(对儒家正典的认识,如对中国地理与政治的认识一样,变得越来越清晰;而其他方面,例如对佛教的认识,仍然非常模糊。②)至 1750 年左右,主要出于美学上的考虑,中国的学问成了时尚。1760 年以后,人们再度研究中国,试图借此构想能够解决君主政体危机的政治方案。然而,到了 18 世纪中叶,对中国的倾慕大大缓和下来,许多作者开始公开质疑中国是否真如人们曾经想像的那样完美。换言之,"作为对象的中国"(l'objet Chine)一直随着风尚演变与思想发展而不断改变着。传教士们呈现于欧洲的中国,首先是一个"通情达理的"(raisonnable)中国。《耶稣会士书简集》(*Lettres édifiantes et curieuses*)从传教士的书简中剔除了所有可能使人怀疑中国人的德性与理性的内容,例如有关民间信仰或鬼神传说的记述,而只留下了关于道德建树的书信。同样,《中国志》(*Description de la Chine*)也删去了巴多明神父(Dominique Parrenin)记载的所有不可思议的事物,以防削弱"某种原初的启示曾经直接被中国人领受,但后来

---

① *Vestiges des principaux dogmes chrétiens*, p. 485.
② 关于 18 世纪法国对中国佛教的认识,见 Jeffrey D. Burson, "Unlikely Tales of Fo and Ignatius: Rethinking the Radical Enlightenment through French appropriation of Chinese Buddhism", *French Historical Studies*, 2015, 38(3), pp. 391–420。

渐渐衰弱了"这一论题。中国促使欧洲人以另一种方式去阅读圣经,但也同样滋养了一种有神论的或者说自然神论的①精神,即相信人类具有一种对天主的"自然"认识,是直接从天主那里接受来的,而整个宇宙和人类都是源于这同一个造物主。维吉尔·毕诺(Virgile Pinot)在谈及耶稣会的汉学对伏尔泰产生的影响时,很好地总结了如此发动的这条智性轨迹的模糊性:

> 在《普遍历史》(Histoire universelle)的开篇,伏尔泰就非常确定地指出:中国的编年极其古远,不可能与圣经的编年协调一致。由此他提出了相当尖锐的见解:那些不信教的民族的编年,远远超越了圣经编年的范围,因此圣经编年不可能作为世俗历史的范式。……(然而)伏尔泰将会成为耶稣会士的坚定同盟,毫无二心地一起反对贝勒(Bayle),并且坚称:中国哲学家并非无神论者,无论在中国还是在法国,哲学与无神论之间都不可能调和。②

正如前文所指出,"作为对象的中国"促使西方人对圣经文本的字面意义提出疑问。不过,这方面探索的进展远非直线式的。1658年,卫匡国(Martino Martini)出版了对中国古代的编年《中国上古史》(Sinicae historiae decas primas),承认在圣经记载的诺亚时代的大洪水之前,中国就早已有人居住。这一结论立刻被人们——特别是依萨克·沃修斯(Isaac Vossius,1618—1689)——用来质疑圣经的编年。柏应理神父于1686年出版了《中国君主制年表》(Tables chronologiques de la monarchie chinoise),他像中国历史学者一样,区分了伏羲之前的"神话"时期与伏羲之后的"历史"时期,进一步加深了

---

① 在这里我们不去阐述中译"自然神论"(déiste)和"有神论"(théiste)的微妙区别,因为重要的是,它们共同指向一种思想信念,即,既肯定"有"一位造物主天主/神的存在,同时也强调人通过"自然"(本性)的方式而非圣经启示获致的对天主/神的认识。——译者注。
② Virgile Pinot, *La Chine et la formation de l'esprit philosophique en France*(1640 - 1740), Paris: Geuthner, 1932, p. 659. 参见维吉尔·毕诺:《中国对法国哲学思想形成的影响》,耿昇译,商务印书馆,2013年。

对圣经编年的质疑。但柏应理展现出比卫匡国更为审慎的态度,他的编年尤其促发了谐和主义(concordiste)的工作,即在圣经中看出人类的普遍历史,与中国特有的编年史能够相互阐明。这样,人们就不再能够简单地说,对中国历史源泉的认识削弱了圣经文本的权威,而是能够借助中国的源泉,依据一种新的阅读原则逐步解释圣经。一个例子即是,《创世纪》第六至九章记载的大洪水是否涉及了世上的一切民族,关于这个问题的辩论一直持续到了1730年左右。①

四、儒家基督徒与欧洲经院教学

耶稣会士在探索中国经典的过程中,体会到这种探索对他们诠释自身传统产生的效应,与此同时,中国儒者这边的情况又是如何呢?相形之下,中国儒者对西方经典的探索较为艰难,因为他们并非直接置身于西方的语境中。中国儒者探索的第一本西方"经典"是一部科学著作,即欧几里德的《几何原本》,其前六卷的译义由利玛窦和徐光启通力合作完成,但晚至后世才发挥出全面的影响。但不管怎么说,对中国儒者而言,"西学"最初并不是由文本构成,而是由公理、定理、论证法所组成,即那些掌控机械、地理学、天文学、弹道学的原理,它们都是西方传教士飘洋过海带来的,在某种意义上,也是传教士寄望传达基督讯息为真理的"证据"。那些简短的论文里阐述的"科学方法",成了中国士人最早发现的西方"经典",而圣经要晚至19世纪才成为一部从西方传来的"经"。此前,审慎的传教士们意识到中国人在接纳圣经文本的过程中可能遭逢的文化障碍和政治障碍,因此采用三种方式来传授圣经的内涵:首先,采用口头讲授的方式,通过会面、提问和回答,使基督宗教的启示并非作为一部成文经典,而是作为一种生活的现实,向人呈现出来;其二,传教士们很快编写了一些"教理问答",以简单的问答形式来

---

① 关于耶稣会士从事中国年表编撰工作的来源与发展,参见 Nicolas Standaert(钟鸣旦),"Jesuit Accounts of Chinese History and Chronology and their Chinese Sources", *East Asian Science, Technology and Medicine*, 2012, 35, pp. 11 - 87。

介绍信仰的要点,有时还添加一些插图;其三,他们将礼仪中特别是弥撒中需要使用的圣经内容翻译成中文。因此,中国儒士在与传教士们打交道的过程中首先遇到的,并不是系统化的整部典籍,而是一些碎片、图像、对话;圣经最初并非作为一部"经典",而毋宁说是作为一种灵活而形式多样的现实,进入中国人的视野的,可以说近于一种"口述文本"、一系列的图像和灵魂上的印象。

不过,来华的传教士们与皈依基督的中国儒者相互合作,逐渐将西方正典的另一部分——也就是欧洲经院教学采用的亚里士多德的或是后亚里士多德的文本——翻译成了中文。① 因此,自17、18世纪以来,西方正典就渐渐以片段化的方式低调地输入了中国。换言之,对西学的吸收在那时并没有致使中国人质疑自己对中国经典的诠释,要晚至19世纪下半叶,这个问题才浮现出来。因此,东西方的相遇是真实的,虽然它历经了漫长岁月,同时充满阻碍。看起来,早期皈依基督宗教的中国儒士深怀这样的观点:只要对双方经典的诠释秉持一种灵活、渐进、审慎的态度,那么中西经典的相遇就不会引起什么问题。这似乎也同样是利玛窦、金尼阁(Nicolas Trigault,1577—1628)以及其他耶稣会士所抱持的信念。虽然也有人,例如龙华民,认为中西双方的经典充满矛盾,但他的同会兄弟与中国士人对此丝毫不愿承认。从17世纪初以降,激起传教士们针锋相对、剑拔弩张的这些辩论,已经涉及某种"诠释的冲突",我们还将在后文进行回溯。

亚里士多德逻辑与经院逻辑的术语如何被翻译成中文,这个问题近年来引发了极大的兴趣。② 从这些研究中引出的结论仍然很艰涩:

---

① Thierry Meynard(梅谦立),"Aristotelian Ethics in the Land of Confucius. A Study on Vagnone's Western Learning on Personal Cultivation",*Antiquorum Philosophia*,2013,7,pp. 145 - 169;"The First Treatise on the Soul in China and its Sources",*Revista Filosófica de Coimbra*,2015,47,pp. 1 - 39.
② 不计其数的相关研究中,值得特别一提的是 Han Qi(韩琦),"F. Furtado (1587 - 1653) S. J. and His Chinese Translation of Aristotle's Cosmology",*História das Ciências Matemáticas*:*Portugal e o Oriente*,Fundação Oriente,2000,pp. 169 - 179;Thierry Meynard(梅谦立),"The First Treatise on the Soul in China and its Sources"(转下页)

最早将亚里士多德译为中文的尝试是非常片断化的,并且一再受挫于术语翻译的问题,很长时间里举步维艰,而对于引介西方哲学的重要性、或者应当侧重哪一种哲学体系,传教士们所持立场也各不一致。此外,传教士们主要依据的还是他们在欧洲学习时使用的哲学与逻辑学的教材,尤其是葡萄牙的科英布拉(Coïmbra)的耶稣会学院所编撰和采用的教科书,并非希腊原文著作。另一方面,很明确的是,传教士们的思想结构本身也渗透了经院哲学与亚里士多德主义,虽然耶稣会的培育远非处在托玛斯主义的单一影响之下。因此,我们更多地通过传教士们对译作的组织和论证方式,而不是通过某个文本的具体翻译,才能看出他们把西方逻辑学与哲学引入中国的方法。事实上,在16世纪末和大半个17世纪里,来到中国的法国传教士们更多地怀着笛卡尔的思想,甚于带着亚里士多德的色调。尤为重要的是,传教士们开始受到中国文化本身更深的浸染,特别是《四书》,自从它被翻译以来,就自然而然地改变了传教士们的论辩风格。因此,我们不应只是狭隘地着眼于某个概念是如何被翻译成中文,或者这一翻译是如何演变的,以免陷入一种过度语文学的或概念化的分析风格。更好的做法是:将译成的文本视为一个不断被理解、被散播的作品,关注它的流传,辨明它逐步产生的效果,例如它对中国的科学实践、对中国基督徒的礼仪行为产生了什么影响;或者从传教士这方面来看,它对基督信仰的讯息与圣经的"处境化"发挥了什么作用。在这一整合性的变迁中,在难以标明其具体阶段的整体性转化之中,亚里士多德的概念与经院哲学的概念并非呈现为一片孤立的大陆;翻译用语的意义即使一时有所误解,也并不表示中西的思想体系就失之交臂,或者不能渐渐产生变迁。

不过,确实也产生了关于概念的争论,尤其是亚里士多德的概念"因"(cause)与中国一切古代哲学的基本概念"化"之间的冲突。这两

(接上页),*Revista Filosófica de Coimbra*,2015,47,pp. 1 - 39;John Witek(魏若望),"Principles of Scholasticism in China: A Comparison of Guilio Aleni's Wanwu Zhenyuan with Matteo Ricci's Tianzhu Shiyi",in Lippiello, Tiziana and Roman Malek (eds.), *Scholar From the West: Giulio Aleni S. J. (1582 - 1649) and the Dialogue between Christians and China*,Nettethal:Steyler Verlag,1997,pp. 273 - 289.

种逻辑之间的对立也为利玛窦与艾儒略的写作打下了烙印,并在基督徒对创世的理解方式上产生了强烈回响。查理·琼斯(Charles Jones)恰如其分地总结了这一冲突的哲学性质:

> 耶稣会士从他们所学习的亚里士多德读本中,获得了如下观点:事物的确从一个变化成另一个。但这里有一个关键区别。中国人把事物的转化过程视为平顺的、流畅的,而耶稣会士在一个事物与其衍化物之间设定了一个断裂:气不会化为火,它回归于微妙的存在状态,再从中显现为火。他们坚持转化者与生成者之间的断裂,确保了因与果之间的分离。①

今天,亚里士多德的逻辑学已不再是构成基督教神学推理的必要元素,并且它还可能扭曲希伯来文《创世纪》的编撰者为天主的创造行动赋予的意义。如果对当时投身论辩的基督教传教士与中国儒生来说,概念之争曾是最令人困惑、而终又最令人失望的,那么当我们在漫长时间的另一端去重读这些争论的时候,至少能收获一个益处:从相对于论辩者的位置去看待围绕着词语与概念的论争,以便能够首先理解论辩者的外在经验与内在经验。例如,当耶稣会的传教士通过依纳爵《神操》中的某些范畴——依纳爵论述人的自我省察时用这些范畴来说明那些搅动意识的运动——去阅读《四书》尤其是《中庸》的时候,这样的经验便得以产生。② 这种解释的尝试与一种翻译的尝试密不可分,但未能最终完成,并且可能是部分无意识地进行的,也可能会产生一些误解。但这种解释不仅是创造性的,而且也忠于一种真正的儒家直觉:拒绝将默想从行动中剥离,反之亦然。在此基础上,耶稣会的观

---

① Charles B. Jones, "Creation and Causality in Chinese-Jesuit Polemical Literature", *Philosophy East and West*, 2016, 66(4), p. 1265.
② 见梅谦立:《从西方灵修学的角度阅读儒家经典:耶稣会翻译的〈中庸〉》,《比较经学》2003年第2期,第63—90页;Nicolas Standaert(钟鸣旦), "The Spiritual Exercises of Ignatius of Loyola in the China Mission of the 17th and 18th Centuries", *Archivum Historicum Societatis Iesu*, 2012, 81(161), pp. 73 - 124。

点与儒家的观点得以相遇相合：他们都强调主体的内在经验与主体施于外部世界的行动之间的基本关联，这一点超越了概念上的种种差异。本书第二部分将再度回到这个话题上来。

五、阅读经典：策略和对话

前文论及了经典比较阅读的一些不同策略，现在我们设法对传教士的策略所体现的立场加以总结：

第一种策略反映出传教士面向中国人的态度：他们基于那些被西方读者在其历史中广泛接受的经典文本，试图为中国经典提供一种诠释方法，彰显西方经典确实对中国经典具有滋养和补充作用。

第二种策略反映了传教士面对欧洲和基督宗教的态度：他们关心如何逐渐向西方介绍中国经典，并且缩短存在于中国经典和西方信仰及知识论之间的距离，同时使用"自然神学"所提供的资源，暗示中西经典可能达致的调和。

第三种策略与第一、第二种策略相反，它着重于探讨中国经典及其生活处境与基督信仰和价值观之间存在的根本差异，最终目的在于确保基督宗教的语言、教义和仪式的完整性。这一策略在发展初期最值得关注的案例，就是龙华民的论著，它不仅是基于龙华民对中国经典的个人阅读，并且还基于他对众多中国文人的"实地考查"。然而吊诡的是，他的论著却透过莱布尼兹富有洞见的解读，帮助了当时的欧洲读者去理解中国信徒的"灵修神学"；龙华民本人未能看到这一点，或是因其在翻译词汇选择上的顾虑以及经院哲学的思维所限，无法深入理解中国的灵修所致。

第四种策略体现出索隐主义的贡献：面对中西双方的读者，索隐派梦想开发一种"元语言"以调和语言的多样性，因为天主正是借着语言揭示真理。

上述第二、第三和第四种策略，皆有着研究方法上的关注，对汉学在初期的形成贡献良多，而第一种策略虽然面对的是中国读者，但它扮演了一个决定性的角色：首先，它帮助传教士们学习中国经典，并将中国经典作为研究和护教的基础；其次，它引导传教士们关注和观察中国读者的回应，由此塑造并不断重塑他们对中国经典的理解；最后，它在某种程度上也帮助传教士们顺应自身所处的异国文化来传播信仰。整体而言，对这些策略的解读，深远地影响了西方汉学、神学诠释学和哲学诠释学，增加了世界文化的多样性。

不过，传教士们几乎一致同意，中国经典传说中的某些形象对基督信仰的宣讲能够起到很大的帮助。马立凯（Roman Malek）指出了在传教士的写作中表现出来的商代创始者成汤的重要地位。[1] 我们知道商汤在中国史书中的威望，有关他的传统曾大大震撼了传教士们的想象。这一传统源于《尚书》中的《汤诰》，商汤王在这篇演说中肯定每个人身上都有一种"道德品格"（衷/忠）的存在，证明他伐桀救民乃是受之于天命，并恳愿一切有关的罪恶都只归在他一人身上。

> 王曰："嗟！尔万方有众，明听予一人诰。惟皇上帝，降衷于下民。若有恒性，克绥厥猷惟后。夏王灭德作威，以敷虐于尔万方百姓。尔万方百姓，罹其凶害，弗忍荼毒，并告无辜于上下神祇。天道福善祸淫，降灾于夏，以彰厥罪。……尔有善，朕弗敢蔽；罪当朕躬，弗敢自赦，惟简在上帝之心。其尔万方有罪，在予一人；予一人有罪，无以尔万方。呜呼！尚克时忱，乃亦有终。"

王的这种"牺牲性"原则，也在其他文本中（特别是今已部分佚失的皇甫谧的《帝王世纪》）得到进一步发展，并在帝王的献祭中达到顶峰：帝王向上帝祈祷，愿以自身为祭，以结束干旱之灾。上天似乎悦纳了帝王的献祭，他的祷告尚未结束，便降下丰沛甘霖，滋润了大地。这部著作同样也讲述了帝王奇迹般的诞生，以及他道德教化的能力，尤其是通过推行礼乐来激发人民的嘉德懿行。在《书经》之外，传教士对成汤历

---

[1] 接下来的相关论述主要基于 Roman Malek, "The Christian *Carrière* of King Cheng-Tang," in Denise Aigle et al. (éds.), *Miscellanea Asiatica*, *Mélanges en l'honneur de Françoise Aubin*, Sankt Augustin: Steyler Verlag, 2010, pp. 719 – 752.

史的了解,部分来自于此类零星的传统,部分则来自于朱熹的撰述以及司马光的《资治通鉴》;他们很早就发现了成汤使命的牺牲性质。艾儒略在《口铎日抄》中,首次把成汤作为受辱和被钉的基督的一个"预表"(figure)呈现出来,以期打消某些中国基督徒心中的疑虑,因为他们难以相信天主之子竟能如此谦抑自下,以致死在十字架上。利类思(Ludovico Buglio,1606—1682)在《不得已辨》和《天主教原由》中,把成汤视为基督徒节制和守斋的一个典范(史载汤王每次宰牲祭天之前皆行斋戒)。《不得已辨》中唯一的插图,即是成汤身着斋戒的礼服下跪的画面,这幅图是为了支持利类思对杨光先(1597—1669)的驳斥,因为杨光先在《不得已》中认为耶稣是一个罪犯因而被钉死。利类思反驳道,如果我们赞赏汤王的牺牲,那么更应该加倍地赞赏在十字架上自我牺牲的那一位。此外,利类思正是第一个尝试更深入进行礼仪本土化的人,他在1670年将罗马弥撒经书译为中文,即《弥撒经典》,这也是拉丁文的特利腾礼典首次被翻译为一种外语,以使中国司铎的祝圣礼仪能够更加顺利地举行,免除了后者学习拉丁文的义务。① 同样,1668年,安文思(Gabriel de Magalhaes,1609—1677)也提到了成汤的使命,为回应道成肉身的奥秘引发的一些困难。他写道,中国人"非常欣赏我们用他们的历史和书籍为例来证明我们宗教的真理"。他又补充说:"当中国人难以理解道成肉身的奥秘的时候,我们就用这个例子来说服他们:汤王身披着羔羊皮献祭,为求上帝宽恕他子民的罪过,但他的尊位并不因此而减损,反是更显尊荣。"②

李明(Louis Le Comte,1655—1728)也以成汤为例,证明他所说的中国原初宗教之真理性与卓越性。柏应理在《中国哲学家孔夫子》的前言中同样引用成汤的事迹,以证明中国人很早就认识了真天主,

---

① Audrey Seah, "The 1670 Chinese Missal: A struggle for indigenization amidst the Chinese Rites Controversy", in Anthony E. Clark (ed.), *China's Christianity: From Missionary to Indigenous Church*, Leiden: Brill, 2017, pp. 86 - 120.

② Gabriel de Magaillans [de Magalhaes], *Nouvelle Relation de la Chine, Contenant la description des Particularités les Plus Considérables de ce Grand Empire*, Paris: Claude Barbin, 1688, p. 114f (cité par Malek, op. cit, p. 731.),中译本见安文思:《中国新史》,何高济、李申译,大象出版社,2004年。

并认为其中记载的七年饥馑就是《创世纪》第四十一章中记载的饥荒。传教士们以不计其数的文字在欧洲四处传播成汤的历史。某些作品提到了成汤自讼的"六过"的细节:成汤承认自己可能犯下哪些过错(依据某些版本,他直接担当了这些过错),这一事实为这些作者提供了汤王具有高超的道德分辨力的明证。索隐派的白晋进而将这一类比体系化了:在《古今敬天鉴》中,成汤生于处子,他取代了暴虐的君王,正如耶稣战胜了亚当的罪过;上天垂听了成汤的祷告而降下甘霖,代表着天门洞开,恩宠降临于得救的人民;成汤身兼祭司和帝王,正如《创世纪》第十四章中的撒冷王和大司祭默基瑟德,是耶稣基督的完美预表。①

成汤的例子让我们看到,并非只有索隐派才热衷于阐发中国经典中的"基督预表"。正是在这里,有着当前传教士研究的一个对位主题(contrepoint),因为近来对这一时期的传教士写作的研究,常常趋向于强调他们如何通过亚里士多德主义和托马斯主义的架构来重新解释中国经典,但忽略了圣经的架构也同样隐含地或显明地存在于其作品中,并同样参与了解释中国经典的建构。

本书无意归纳由中国儒者发展起来的阅读策略,但显见的是,中国儒者采用的阅读策略之间存在不同,虽然包含着多种因素的影响,但主要来自于他们采信或不采信基督信仰的程度。人们经常强调,某些致力于寻找儒家经典的"原初"含义并反对宋明理学(认为理学最终将损害中国的道德架构)的、通常在后来皈依了天主教的中国儒士,在这方面与耶稣会士有着共通的态度,这一态度助益了新兴汉学原则的建立。若要对皈依天主教的中国儒者的阅读策略作出进一步分析,我们还必须注意当时人们对于"经学"概念所提供的多种多样的解释方法,以及佛教诠释学体现出的"入世"的程度。明朝晚期,当西方经典逐渐被引入中国时,人们对"实学"的兴趣,以及对于王朝的强盛与传承的关注,

---

① Roman Malek,"The Christian Carrière of king Cheng-Tang", in Denise Aigle et al (eds.), *Miscellanea Asiatica*, *Mélange en l'honneur de Françoise Aubin*, Sankt Angustin: Stevler Verlag, 2010, pp. 719 – 752.

决定了中国对西方经典的接受和理解。对传教士而言,强调中西方经典的"共通性",还是强调其"不兼容性",是两种相互矛盾、但同样富有吸引力的策略。不过,类似索隐派的诠释策略并没有在中国落地生根。

在某段时间内,索隐派的失败经验使得在这时期出现的"比较神学"的初始尝试难以发展下去。比较神学自有其研究焦点和研究方法的界定,是一门新兴的学科:从事比较神学研究的人,一般首先在一个既定的宗教传统中辨识出自身的立足点,由此出发,探究其他的神学传统,并探寻自身传统与其他传统之间有哪些相似和不同之处,构成了这两个传统之间的连结或者对照,继而带着新的问题和视野回归自身的传统。神学家投身于某个特定宗教传统的身份,以及进行拓展研究的宗教背景,都能够被清晰地识别出来。比较神学的研究尝试,一般具有对话的性质,研究者必须从既定的传统趋近另一种传统,在这个过程中,两个宗教传统之间动态的变化关系格外得到重视。① 这样的研究精神部分奠基于先驱者的成果之上,包括雷蒙·潘尼卡(Raimon Panikkar),正如他所说:

> 对话(dialogue)通过对他者的信任来寻求真理,正如辩证法(dialectics)是通过对事物的秩序、理性的价值与论证的力量来寻求真理一样。辩证法是理性的乐观主义;对话则是心灵的乐观主义。辩证法相信,依靠观念的客观一致性,它能够接近真理。对话则相信,依靠对话伙伴的主观一致性,它能够沿着真理的道路前进。对话并不追求达成一种"对谈"(duo-logue),也就是双方话语(logoi)的二重奏,因为那仍将是辩证法式的;对话追求的是"通过-话语"(dia-logos),穿透逻各斯,以达到超越话语的真理。②

---

① Francis X. Clooney, *Comparative Theology: Deep Learning Across Religious Borders*, Malden, MA and Oxford, UK: Wiley-Blackwell, 2010.
② Raimon Panikkar, *Myth, Faith and Hermeneutics*, New York: Paulist Press, 1979, p. 243.

当然，利玛窦没有区别潘尼卡所说的"心灵的乐观主义"和"理性的乐观主义"。潘尼卡提出的问题和区别，虽然与当年传教士和中国文人之间存在的分野不尽相同，却也不无类似之处：交流的"风格"（style）与传教士的交流"方法"以及对话者显示出的诚意和信赖，是密不可分的。如果我们把上面列出的这些"传教策略"同时也视为以特殊方式运用某种文学范畴——对话、系统性的论述、论战性的散文、历史考察，等等——的"文本策略"的话，那么也能够从对传教策略的研究中，得出潘尼卡的观点。

显然，我们前面提到的第一、第二和第四种传教策略，关注的是将具体呈现于某部经典中的神学教义传入中国，为中国呈现一个新的领域；而彼时西文向中文的翻译，其语汇来源由儒家经典所界定，而非参考佛教和道教典籍，虽然后者在今天反而成了比较神学热衷的研究领域。在某种程度上，汉学不仅推动了比较神学的最初尝试，而且比较神学在起初所关注的问题，同样也帮助汉学开始界定其领域，勾勒出其研究途径。从某种角度来看，汉学相关知识的形成、经典的比较阅读，以及比较神学的最初尝试，这三者之间相辅相成，构成了一个"诠释学的循环"。

从19世纪至20世纪上半叶，这样的诠释学循环研究尚未得到广泛开展。从20世纪30年代开始，一些中国哲学家运用新的方式和工具，再度尝试进行诠释学循环的探索，但他们的关注点已和前辈截然不同，因为他们所面对的西方经典经过了19世纪西方哲学家的调整和丰富的解读。相反的是，中国经典的范围依然一成不变。因此，中西方经典的关联性再度成为争论和关注的焦点。

对汉学的对话性质的关注，与我们探讨的主题息息相关。对汉学研究进行一番考古溯源，或许可以揭示汉学从初始阶段延续至今的意义及其蕴涵的丰富性，但这只有将汉学当作思考的前提并且回顾汉学的目标时才可以见到。在此，笔者尝试提出一些总结性思考，以增进我们的反思。

对话交流考验着知识领域，检验人们从各自领域出发所分享的知识能否达成共识，而且在某些情况下还考验着知识的生存活力。"知识"大致可以分为两类：一类是特定的科学，比如物理学；另一类则涵盖对人类本性和对社会环境的思考。对第一类知识而言，对话交流与真实世界息息相关，它由数学公式所引导与推论，确保关于物质世界的知识进程。对第二类知识而言，真理与数学并无重要关系，而是被置于历史和文化的背景中，只有通过对话才能找到趋近真理的路径。对于第二类知识来说，对话式的交流不能流于机械化的过程，而旨在建立与众多的"他者"之间的关系：交流同样意味着体验聆听的实践，双方转化的过程与达致真理的过程不能分而视之。交流双方的文化在世界的影响范围正是由其"经典"所界定的，交流的开展也常常得益于经典。因此，对经典进行比较的重要性就在于能使人们热诚地投入对话中，帮助双方的文化得到发展。

进而言之，所有对话的尝试都具有流动性与一体性的特征，因此我们能够将其视为一个连续体、一场不断进行的谈话，虽然人们进入这场谈话的方式各有不同。对经典的"对话式阅读"，探索着全球对话的广度与限度；这场对话将苏格拉底、孔子、老子、耶稣、佛陀等各大思想之源的门徒们联结起来，走向一个全球性的对话体。因此，对汉学研究进行一番考古溯源，能够帮助我们反思现今的研究如何参与全球的对话建构。

六、汉学的世俗化与圣经的中国化

19世纪，在中西两种文明达致的相互理解之中，中西双方的"正典"的地位都得到了重新定义。首先，社会与汉学逐渐经历的世俗化，使人们不再那么重视与正典的"宗教"诠释相关的问题，而更多地转向关注其他经典，例如文学经典或医学典籍。然而悖论的是，正是在这个时代，借着基督新教日益茁壮的影响，圣经真正地深入了中国语言和中国社会之中。不过，圣经与日俱增的重要性也与其影响力的某种"世俗化"齐驱并进。首先，在20世纪初，中国人并不是完全将圣经视为一本纯粹的宗教书籍，而视其为一部涵盖了一系列主题、影像、历史故事以及人类学概念的著作，它们深刻而有力地启发了西方文化与西方文学，也深深影响到其他文化,中国文化自身也渐渐地受到了它的召唤。其次,在这个困难时期,传统上赋予儒家经典的近乎宗教般的尊崇,渐渐受到了不仅来自中国人、也来自西方人的挑战。最后,传教士对普罗大众的关注,以及汉学家对中国文化展现出的多样性的关注,使他们在一定程度上将经典在中国民众生活中的重要性相对化了,也使他们在某种意义上从经典的魅力中摆脱了出来。换句话说,生活胜过了传统。

同时,我们在理雅各身上看到,汉学、经典的比较研究以及某种形式的比较神学在持续地相互滋养。理雅各把自己描述为"温和的加尔文主义者"和"伟大的劳动者",而不仅仅是一个转行做了翻译家的传教士。他与麦克斯·缪勒(Max Müller)的工作紧密相关,并参与了后者主持系统编译的《东方圣典》(Sacred Books of the East),从而成为作为一个独立学术领域而呈现的"比较宗教学"的创始人之一。尽管缪勒的思想很快也遭到了一些质疑,但这部五十卷的巨著,将设立由"西方"所划定的东方(与西方)"正典"的疆域。

诺曼·吉拉多特(Norman Girardot)对理雅各这一充满冲突与含糊性的双重生涯作出的总结,富有启发性。[①] 理雅各身兼翻译家和传教士,他在中国经典中的"天"和圣经中的"上帝"之间作出的对照,受到诸多同行的批评,而他对那些能够被用来指称希伯来圣经中上帝"圣名"的中文称谓的研究,也一直饱受争议。他于1876年被任命为牛津大学首席中文教授并任职直到逝世,但他的比较研究又引发了来自大学里新同行的另一系列攻击。在其生涯的第二阶段,尤其在他刚逝世不久的一段时间里,理雅各的作品遭受了双重的攻击:攻击首先针对中国经典能否真正作为"灵性的"文本来阅读的问题,理雅各肯定这一点,但他的翻译却使许多人将中国经典视为非宗教的也就是理性主义的;攻击其次针对经典文本是否具有一贯性(包括不同版本之间的关系与地位),在理雅各逝世同年继任剑桥中文教授之职的翟理斯(Herbert

---

[①] Norman J. Girardot, "'Finding the Way': James Legge and the Victorian Invention of Taoism", *Religion*, 1999, 29(2), p. 107 - 121; Norman J. Girardot, *The Victorian Translation of China: James Legge's Oriental Pilgrimage*, Berkeley et Los Angeles: University of California Press, 2002.

Giles，1845—1935)，将圣经研究领域中的来源批判方法运用到对中文经典的研究中，从而引发了这样的问题。理雅各曾不惜一切代价地——有时不无笨拙地——为中国经典文本的内在一贯性以及他的翻译原则辩护。吉拉多特写道①，这一处境使理雅各成了某种"过渡性的"人物，但最终是翟·理斯的质疑(他认为《道德经》是东汉时期的伪作)使理雅各的"考古"发现前功尽弃。

莱布尼兹与理雅各的工作都以各自的方式表明，由神学问题激发的"交叉阅读"同时是丰产的和脆弱的。他们以及本书接来下将提到的一些人物的工作，应该被作为一个连续体来看待，在其中存在着一种对话本身的"未完成性"，它有待通过其他的对话者、以别的形式、在另外的处境中来继续。这样，孔子的《论语》、苏格拉底的辩论与福音书中的对话也将被再度开启，而正是对话的开放性和不确定性使对话能够继续下去。对话的脆弱性本身赋予对话以持久性，对话总是可能被打断和再度开始，一再重新发动，得到继续。这既是交流的原则(各方就对话展开的方式达成一致，也同意对话的术语需要不断重新协商)，也是其期待的结果——对话的内容受到质疑、获得重新解释，并且重新开始。

神学的存在本身也是这样。在根本上，"神学"(théologie)这个词，将一种建立在理性——逻各斯——之上的言说关联于一种永不会归顺于言说的事物：神(theos)，而这种言说，只有在某种契机(kairos)闪现之时，才能够接近神，否则就会将那永远不应当被对象化的神变成一个客体。因此，神学的工作必须在历史的经纬中展开，由历史来讲述它的"不配"——它的方法配不上它的"对象"(或更好地说是对象的"缺席"：上帝，或其他任何对绝对性的称述，都不能建构起一个"对象")，在对绝对者的追寻中，任何语言和任何思想模式都配不上它们所追求的那一位。尽管它们彼此达成的一致对于解决这个谜题很重要："只有历史是真理的语言。真理使自身抽离那接受真理的东西；它总是超出述说真

---

① Norman J. Girardot, "'Finding the Way': James Legge and the Victorian Invention of Taoism", *Religion*, 1999, 29(2), p. 112.

理的'我'或'我们';它在语言中被人承认,但又在语言本身的伤口中,呈现自身。"①

  比较神学诞生于经典之间的相遇。经典本身的语言和思想模式看似都已建构完成,而比较神学的方法与目标,却正是去挖掘和问询那种本质上的未完成性,正是这种未完成性能够打开并激活那难以封闭的正典。在我们的交流之下,掩盖着历史的交流,对历史交流的"考古",阐明了那种使一个对话的社团得以缔造的动力:一个反复由活泼的阅读、交流、转变交织而成的生动网络,通过不断的失败、复兴、重启而扩展,由此,它追求的目标再也不能与其追寻的方式分离。

---

① Michel de Certeau, *La faiblesse de croire*, Paris: Seuil, 1987, p. 45.

第一部分

耶稣会、汉学与比较经学的形成

第一章
汉学的产生、发展与挑战

人们通常用"汉学"一词来翻译法语的 sinologie 或英语的 sinology。实际上,sinologie 或 sinology 的含义及用法往往不是那么精确,在西方世界,汉学的定义仍是辩论的主题。长时期以来,"汉学"一词都被用以指称"中国学"(chinese studies),也就是有关中国的所有知识的总和。后来大家又开始避免使用"汉学"这个词,因为它含有某种"东方学"的味道。在今日的欧洲大陆,人们在几乎同样的意义上谈论"汉学"与"中国学"的范畴;而在美国,"中国学"一词则更为常见,而"汉学"多用以专门指称对中国古典思想、古汉字以及古代经籍文本的研究。今日,特别是在澳大利亚,人们也用"后汉学/新汉学"(new sinology)的说法,来谈论以跨学科的视野和进路开展的对中国现实的研究,这种新的研究路径力图打破学术领域的专门化造成的学科之间的隔绝。换句话说,"后汉学"的倡导者认为,虽然存在许多研究中国各领域的专家,比如研究某个朝代的历史学者、文献学者、训诂学者、研究中国经济的专家或是中医的专家,等等,但是,能够称得上是汉学家(sinologist)[①]的人,必须具备一种跨学科的研究视角,能够提供对古代中国或当代中国的全方位理解的关键线索。这种视角要求研究者必须去理解中文世界里生成的所有语言,包括汉语口语和书面语、古代汉语

---

① 汉学家(sinologist)一词大约出现于1838年,而汉学(sinology)一词却在1860年左右才出现。参见苏格兰传教士兼汉学家湛约翰的文章:《汉学是一门学科吗?》(John Chalmers, "Is Sinology a Science?", *The China Review*, 1873, 2(3), p. 169.)湛约翰将汉学归类为"语言学/文献学"(philology)。在当时,汉学本质上是一种通过语言和文本而进行的对现代以前的中国的人文研究。

和现代汉语、普通话与各地方言、少数民族的语言,甚至图像的书写以及通过新型交流媒介的书写;这不仅意味着要在其多样性中理解这些语言,也意味着要根据这些语言产生和发展所依赖的生活方式去解释它们。我们可以如此定义这样的研究视角:"'后汉学'乃是描述与当代中国——实际上也是与整个华语世界——的强有力的接触,触及其所有的复杂性,无论是地方的、区域的还是全球的复杂性。后汉学肯定对话的重要性,也强调具备坚实的学术基础以展开对中国古典语言、现代语言及其他方面的研究,同时也鼓励一种开放的态度,以统合丰富多样的学科和研究进路,无论是注重实证性的还是偏向理论性的进路。'新'(new)这个字能够强调汉学的革新,但毋庸置疑的是,汉学作为一种智性探索具有其独特性。"①

一、汉学知识领域的形成

让我们回到"汉学"这个词的原始内涵:17世纪,随着中欧交流的不断发展,"汉学"一词应运而生。最初,在西方语言里,所有那些由表示"逻各斯"的词根-*logie*构成的词,指的都是系统而有条理地建构起来的关于一个整体对象的言说,例如,"宇宙论"(cosmologie)、"人类学"(anthropologie)、"生理学"(physiologie)、"语言学"(philologie)这些词,分别指的是有关宇宙、人类、身体以及语言的学问。这样看来,我们必须直接面对一个研究对象,把它与世界其他部分分离开,将其作为一个存在于自身的整体来进行描述,并力图使这样的论述在其整体功能上把握这个对象。因此,"汉学"一词的出现本身,就表明了如下两个重要的史实:

其一,在文艺复兴末期与启蒙时代,展现于欧洲的中国,乃是一个自足的世界、一个在西方之外独立发展起来的文明。在欧洲人看来,中国宛如另一个宇宙,服膺着另一套前所未闻的运行规则。中国为欧洲

---

① Journal Editorial Office, "On New Sinology", *China Heritage*, 2005, http://chinaheritage.net/journal/on-new-sinology/.

带来了与发现美洲新大陆绝然不同的经验,因为美洲似乎让欧洲人亲历了"原始人类"的情境,向他们反映出人类先祖的面貌。不妨说,对美洲的发现成就了人类学的滥觞,而对中国的逐步了解则导致了"文化研究"(études culturelles)之肇始。

其二,当时的西方需要在"科学"(science)一词的现代意义上阐明其对科学的理念,也就是说,需要从认识论的角度对支配着一整套已知现象的普遍法则展开反思。从这层意义来说,汉学是文艺复兴即将谢幕时期所结出的果实,绝非偶然。

同时,汉学的发展也并未脱离于"欧洲的东方学"(orientalisme européen)的整体发展之外。①对印度和梵文研究、对巴利文的研究、对中东古籍和古代语言的研究,与汉学研究一样,都是始于16世纪中叶,并且同时向前推进。但是,对于"东方学"这一表述,我们切勿将它过于密切地置于与欧洲帝国主义的辩护立场的关系中来理解,尤其不能这样去把握发展初期的东方学的内涵。东方学在发展中首先关心的是,如何将圣经中关于人类起源的叙述,与在探险家的旅程与文本的翻译过程(翻译工作的困难与必要性,使语言学成了东方学之母)之中发现的多种多样的宗教、谱系与神话的叙述对应起来。欧洲人对东方文化的兴趣,与欧洲人重新思考其自身历史与圣典的方式,是密不可分的。通过不断的努力,欧洲人力图在比较研究、对文本的科学研究,以及对人类不同传统的批判研究的基础上,达成对"普世性"的一种新观念。②

汉学作为一种认识领域的形成,来自于相对欧洲而言的一种新鲜现实:早在16世纪末之前,确实就曾有一些旅行者(其中当属阿拉伯及波斯的旅行者最为有名)抵达中国③,有不少叙事文献都提到中国,

---

① 关于东方学的经典论述由萨义德(Edward W. Said)提出,历来颇受争议,见 Edward W. Said, *Orientalism*, 1978;相关主题更早的作品,参见 Raymond Schwab, *The Oriental Renaissance*, 1950;较晚近的作品可参见 Dorothy Figueira, *Translating the Orient: The Reception of Sakuntala in Nineteenth Century Europe*, 1991。
② Urs App, *The Birth of Orientalism*, Philadelphia: University of Pennsylvania Press, 2015.
③ 参见陈垣:《元西域人华化考》,上海古籍出版社,1999年。

马可·波罗(Marco Polo,1254—1324)的著作很可能就是这些文献资料的汇编,其中充满了珍贵的信息。① 关于中国的最早作品,可以上溯到中世纪,诸如《马可波罗游记》(La Description du monde)、方济会士柏朗嘉宾(Giovanni dal Piano dei Carpini,1182—1252)的《蒙古行纪》(L'Histoire des Mongols appelés par nous Tartares)②,以及方济会士罗伯鲁(Guillaume de Rubrouck,1215—1285)的《东行记》(Le Voyage dans l'Empire Mongol)③等,所有这些著述都饱含对访游之地的赞叹,在读者眼中宛如奇幻的方外故事。亚洲是一个处在现实边缘的世界,旅行者叙述的亲身见闻也几乎没有改变欧洲人心目中对亚洲的"奇幻"观感。④然而这一时期也有着真实的交流,其中最深刻的当属由方济会士孟高维诺(Giovanni da Montecorvino)的传教(约从 1250 年持续到 1350 年左右)所开启的交流。然而,1348 年,黑死病的肆虐颠覆了欧洲人的生活,传教事务不再具有优先性,而 20 年后中国明朝的建立,更进一步使这条交流的线索被切断了。⑤

继马可波罗以及其他中世纪旅行者之后,首批被派往中国探险的

---

① 参见英国汉学家吴芳思(Frances Wood)的(1996)著作 Did Marco Polo Go to China? 该书的结论受到了很强烈的批评。中译本见弗朗西丝·伍德(吴芳思):《马可·波罗到过中国吗?》,洪允息译,新华出版社,1997 年。

② 柏朗嘉宾返回欧洲后,于 1247 年以拉丁文撰写了 Ystoria mongalorum(《蒙古行纪》),后由 Christopher Dawson 译成英文,参见 The Mongol Mission, Narratives and Letters of the Franciscan Missionaries in Mongolia and China in the 13th and 4th Century, New York: Sheed and Ward, 1955。

③ 罗伯鲁在 1255 年写下了拉丁文版的 Itinera(《游记》),后由 Chistopher Dawson 译成英文。

④ Mark T. Abate, "The Reorientation of Roger Bacon: Muslims, Mongols and the Man Who Knew Everything", in Albrecht Classen (ed.), Fundamentals of Medieval and Early Modern Culture: East Meets West in the Middle Ages and Early Modern Times, Transcultural Experiences in the Premodern World, Berlin and New York: Walter de Gruyter, 2013, pp. 523 – 573.

⑤ 关于交流的真实性,旅行游记为我们提供的信息有时还不如图像文献来得丰富和真切。对当时的图像文献进行考察,使我们能够了解在这个时期人们通过艺术作品产生的艺术交流。关于蒙元与欧洲的艺术交流,参见 Lauren Arnold, Princely Gifts and Papal Treasures, The Franciscan Mission of China and its Influence on the Art of the West, 1250 – 1350, San Francisco: Desiderata Press, 1999.

是葡萄牙人。1575年，明廷颁发敕令，允许葡萄牙人在澳门居留。澳门海港于是成了欧洲通向中国的桥头堡。1559年，葡萄牙籍道明会士卡斯帕·德·克鲁兹(Gaspar da Cruz)出版了《中国和霍尔木兹概说》(*Tratado dos cousas da China e de Ornuu*)一书，该书虽然很快就被人遗忘，但它为后来另一本反响热烈的名著提供了素材，即西班牙奥古斯丁会士胡安·冈萨雷斯·德·门多萨(Juan Gonzales de Mendoza)所著的《中华大帝国史》(*Historia de las cosas mas notables ritos, costumbres del gran Reyno de la China*)。蒙田也是此书的读者。这本著作于1585年在罗马出版，随后于1588年被译为法语。法语版序言指出，这位奥古斯丁会士曾于1577年、1579年和1581年三次抵达中国并短暂居留，在此期间，他为著作搜集了诸多资料。门多萨的著作同时也参考了西班牙奥古斯丁会传教士马丁·拉达(Martin Rada，1533—1578)的记述，后者曾于1575年探访福建省。在16世纪最后的15年中，这本著作被译为欧洲不同的语言，并出版了三十多个版本。① 我们还可以举出其他探险先驱的例子，诸如葡萄牙传教士伯来拉(Galeote Pereira)，他虽然曾于1549年至1552年间在福建沦为阶下囚，但他对中国城市之壮丽和富庶的仰慕之情并未因此而消泯。②

　　这些著述对中国的溢美之辞，鲜少有直接观察的依据，而且首先注重宗教意义的揭示，这尤其体现在门多萨的著作中。那些途经美洲大陆的传教士们肯定，正如"新西班牙"的情况一样，中国人的起源也应该从以色列失落的那些支派中去寻找——并且，向中国人揭示他们的起源，引他们回归来自起源的信仰，这就等于迈向所有民族在时间终末的大和解。③ 这个主题在18世纪被耶稣会的索隐派重新发现，并且得到

---

① 关于这一时期的远东游记见闻，参见 C. R. Boxer, *Some Aspects of Western Historical Writings on the Far East, 1500 - 1800*, Oxford: Oxford University Press, 1961, pp. 307 - 321。

② 参见 C. R. Boxer, *South China in the Sixteenth Century*, Oxford: Oxford University Press, 2006, 中译本见 C. R. 博克舍编注：《十六世纪中国南部行纪》，何高济译，中华书局，1990年。

③ Pascale Girard, *La Chine de Mendoza*, 1995, pp. 163 - 173。

丰富和拓深。

在利玛窦及其耶稣会的同伴来到中国之前,中西方的接触一直是断断续续的。至 1583 年止,中国紧闭的口岸已经拒绝了接踵方济各·沙勿略而来的二十五位传教士,怀疑他们是西班牙和葡萄牙帝国妄图征服中国的先遣队。①中国朝廷的担忧不是没有理由的,葡萄牙曾一度梦想入侵中国,这个计划如果不是因为同一时期出现的西班牙经济危机、弗兰德斯的紧张局势以及西班牙与英国的冲突而遭到全面破灭的话,很可能会在 1580 年西班牙合并葡萄牙之后,就得以开展了。

因此,我们可以毫不犹豫地将汉学的诞生时间确定在利玛窦来到中国之际。②正是因为利玛窦曾经接受过数学、制图学、天文学等多个学科的教育,他才得以在后来那个被命名为"汉学"的知识体系内融会贯通地阐述他的发现。1583 年(万历十一年),利玛窦抵达中国的澳门,随后于 1584 年踏上了中国内陆,1601 年来到北京居住,1610 年于北京与世长辞。现代汉学的开端,与基督宗教的传教史特别是耶稣会的传教史,是密不可分的。

二、耶稣会士与中国:汉学的开端

为什么耶稣会士能够在后继的探索中发挥主导性作用呢? 在此我们需要提及几个重要的历史事件。耶稣会建会之初,经历了一段晦暗而充满磨难的时期,那时还只有依尼哥·罗耀拉(Iñigo López de Loyola,1491—1556)孤身一人。依尼哥也就是后来的依纳爵(Ignatius),他本是一位依附于西班牙王室的巴斯克(basque)贵族,1521 年法国军队攻占潘普洛纳(Pamplona),他在溃散的西班牙军中试图自充临时指挥官,但不幸腿部受到炮火重创。他经历了一段漫长的

---

① Joseph Sebes, "Les prédécesseurs de Ricci", in Michel Masson (ed.), *Matteo Ricci. un jésuite en Chine*, Paris: Editions facultés de Paris, 2011.
② Paul Demiéville, "Aperçu historique des études sinologiques en France", *Acta Asiatica*, 1966, 11.

康复期，但这同时也成为促使他内心深刻皈依的契机。后来，他从西班牙出发向耶路撒冷步行朝圣，一路行乞为生。他任凭天主来教导自己，随着天主的引领而观察自己灵魂的运动，并以一种祈祷的方式年复一年地把这些记录组织起来，这样就形成了《神操》(Exercices Spirituels)。《神操》倡导人发动想象的能力和回忆的资源（"想象"和"回忆"这两个词频频出现在依纳爵的笔下），力图找到天主在人生活中留下的轨迹，并在生活中作出改变，以使人们能够日益接近天主。依纳爵鼓励团结在他周围的朋友们按照《神操》的方式进行祈祷，特别是在他就读巴黎大学的日子里，他与其他九人聚在一起，组成一个"社团"，这群伙伴就是耶稣会的前身。他们本打算登船渡海前往耶路撒冷，但未能成行，最终在罗马安顿下来，并着手制定《会宪》。耶稣会的灵修方法相当成功，激励着团体迅速壮大。他们所倡导的天主与人的关系，乃是扎根在文艺复兴的精神之中。这种关系使人能够从其自然能力的充分发挥中看到天主的工作本身，教人如何在"万事万物之中"寻找天主，从而赋予科学、艺术和文学实践以崭新而高贵的内涵。耶稣会的学校兴起，很快遍布欧洲，清晰地展现了这种精神理念。但耶稣会士并未将自身的使命局限于教育领域：他们同时为人做灵修陪伴、照顾病人、进行和平谈判、从事出版及研究等等工作；他们随时准备着去做一切服务。无论他们在哪座城市出现，都有教堂建筑、舞台戏剧以及礼仪圣乐与之伴随，从而表现出他们对艺术的热爱与品味。

在圣依纳爵早期的同伴中，有一个人在耶稣会的亚洲传教尤其是中国传教事业的开创中扮演了关键性角色。此人就是方济各·沙勿略，他原是西班牙纳瓦拉的一名贵族。耶稣会刚得到罗马批准成立，教宗便要求依纳爵派遣一些会士"去印度"（后来还包括去其他地方：北欧、埃塞俄比亚、拉丁美洲，等等）传教，于是依纳爵不得不在没有准备的情况下，选派他最亲密的挚友方济各·沙勿略，担任正在形成中的"印度省"（当时人口达全世界的一半）的省会长。从1540年到1552年的十二年间，从印度到印度尼西亚，从日本到中国，沙勿略的踪迹遍至亚洲的大海。他是首位抵达日本的耶稣会士，在当地建立起基督徒社团，基督信仰一度在日本兴盛繁旺，直至17世纪教案的发生。

在日本居留期间，沙勿略对日本人表现出的对中华文化的尊崇感到惊叹不已。日本文字的书写系统和哲思体系渊源于中华文化，正如日本的佛教信仰源于中国一样。经常有人反问沙勿略："你们的教诲如果不为中国圣贤所确证，那么怎么可能是真的？"因此，沙勿略坚信，日本乃至整个远东的皈依，都取决于中国的皈依。于是他登上一艘帆船，打算秘密进入广东。这艘帆船将他带到了广州外海的一座小岛上。但在这里，数日持续不断的高烧夺走了他的生命，辞世之时，他的脸庞仍然望向中国的海岸。

三十年之后，耶稣会士才真正踏上了中国的土地。虽然他们得到持有保教权（padroado）的葡萄牙当局的帮助（保教权虽然涉及对传教事业的监管，但同样具有政治性，由罗马分派给西班牙和葡萄牙两国，亚洲传教的保教权那时属于葡萄牙），但这样的监管却常常成为他们的沉重包袱。①

1582年，利玛窦，一位年轻的意大利传教士，抵达澳门。利玛窦于1552年生于马切拉塔市（Macerata），1578年负笈罗马，进入耶稣会修道。他在罗马研修自然科学以及人文科学的课程。他接受的教育在我们今天看来是百科全书式的，并具有一种"虔信的人文主义"的特征，对按照天主形象创造的人所具备的灵性能力、认知能力以及伦理能力都深具信心。虽然在利玛窦启程前往亚洲后不久，在文艺复兴行将结束之际，知识界的气氛已经变得焦虑不安，对人类的本性以及获得知识的前提条件也提出了更多质疑，但在利玛窦求学的时代，罗马的大学里传授的学问博大精深，分门别类，条理清晰。利玛窦所掌握的记忆法，以及在他到达中国之后表现出来的对秩序和方法的敏锐感知力，一度令

---

① 举例而言，1613年，利玛窦的继任者龙华民写信给罗马说"全中国都害怕葡萄牙人"，耶稣会士因为被认为是从"澳门来的"而吃尽了苦头。参见 L. M. Brockey（柏理安），*Journey to the East：The Jesuit Mission to China（1579 - 1724）*, Cambridge：Harvard University Press, 2007, p. 64. 中译本见柏理安：《东游记：耶稣会在华传教史(1579—1724)》，陈玉芳译，澳门大学出版社，2014年；柏理安：《东方之旅：1579—1724 耶稣会传教团在中国》，毛瑞芳译，江苏人民出版社，2017年。

人惊叹不已。①

利玛窦请求前往印度传教。请求获准后,他先抵达科钦(Cochin),并于1580年在该地晋铎为神父。他在信中表示,果阿(Goa)的耶稣会学校所在的殖民地普遍存在着封闭的精神与狭隘的思想,这令他深感失望;他还支持耶稣会同样给予印度本地人晋铎为神父的可能性。当他被派往澳门后,便立刻学习汉语,并与他的同胞罗明坚(Michele Ruggieri,1543—1607)一同编撰了第一本汉葡小字典,同时针对汉语编写了一套严密的罗马拼音系统。罗明坚对中国礼节的娴熟,赢得了粤省当局对他们的好感。② 1583年9月,利玛窦获准在广州附近的肇庆安顿下来,并借助在数学和天文学上的造诣,开始结交儒士。肇庆知府王泮对利玛窦的大力支持和保护,可能源于一件轶事:王泮求子已久,他看到圣母抱子像与佛教的送子观音像有些相似,于是向圣母祈求,一年以后果然喜获贵子,他深信这是圣母代求的功效。利玛窦在粤居住十二年,其中在韶州的日子格外困难,一些群众针对耶稣会闹事,并致使两名耶稣会士丧生。利玛窦又在江西南昌居住了三年,其后旅居南京和北京,稳固地建立起一套向知识分子传教的方法,并在后两地收获了丰盛的果实。1601年,利玛窦与另一名耶稣会士庞迪我(Diego de Pantoja,1571—1618)一同抵达北京,并将精心准备的礼物呈献于万历皇帝,包括宗教绘画、书籍、古钢琴、自鸣钟、镜子、犀牛角等。万历皇帝恩准两位传教士在北京居住,并且派人为他们绘制画像,以便不失礼节地仔细审视其相貌。1605年,耶稣会士在北京获得了一座宅子和一块地,建起了京城的第一座教堂(南堂)。

---

① 众所周知,史景迁对利玛窦的记忆法十分推崇。参见 The Memory Palace of Matteo Ricci,1984,中译本见史景迁:《利玛窦的记忆之宫:当西方遇到东方》,陈恒、梅义征译,上海远东出版社,2005年。不过,在最近的一本传记中,夏伯嘉大为减低了利玛窦的记忆法的影响力的重要性,参见 A Jesuit in the Forbidden City,Matteo Ricci,1552-1610,Oxford: Oxford University Press,2010,中译本见夏伯嘉:《利玛窦:紫禁城里的耶稣会士》,向红艳、李春园译,上海古籍出版社,2012年。
② 在很多方面,罗明坚都是耶稣会在华开教的先锋。但他于1588年受任回到教宗身边工作,部分原因可能是他与范礼安之间的歧见;此外,他的身体状况也不允许他再度回到中国。

利玛窦在生命的最后九年里,坚持不懈地继续进行跨文化和跨宗教的工作,与他的朋友徐光启(1562—1633)通力合作,翻译了欧几里得《几何原本》的前六卷,为中国绘制了好几版最早的世界地图,并与当时的士大夫文人结下了深厚的友谊。利玛窦具有卓越的与中国文士合作的能力,这种能力从一开始就为新生的在华传教事业打下了自主的知性和德性之基础。身为卓著的政治家、农学家和科学家的徐光启,与另外两位士人李之藻(1565—1630)和杨廷筠(1557—1627)一起,被利玛窦称作"中国天主教三柱石",这个名称流传至今。此外还有其他许多皈依的信徒,也在早期在华传教史中扮演了重要角色,其中包括不幸枉死的孙元化将军(1581—1632)。孙元化是徐光启的学生,他率先购买并铸造葡萄牙大炮,以西洋炮术加强军防,像其他许多信徒一样,为挽救摇摇欲坠的晚明而竭尽全力。但后来,孙元化因兵败并遭人构陷而入狱,受尽折磨并被判处死刑。汤若望(Johannes-Adam Schall von Bell,1592—1666)乔装为送炭工才得以入狱探望,为他行了临终圣事。

中国天主教徒们所扮演的领导角色,后来由徐光启和他的家族所发扬光大。徐光启于1603年领洗,1608年因父亲去世而回上海守制,是年他聘请郭居静(Lazzaro Catttaneo,1560—1640)到上海为其家人宣教。1609年,徐光启介绍六十人领洗进教,他的住宅也成了天主教的传教中心。徐光启的孙女徐甘地大(1607—1680)后来在全国建造了三十多座教堂。至1703年,上海已有两座大教堂以及三十座小教堂,由四名耶稣会士负责。我们将在下一章回顾这段历史。

三、今日西方汉学:一门过时的学科?

利玛窦逝世于1610年。置身于四百年后的今天,我们或可以问:对当代世界而言,汉学的任务是什么呢?或更严谨地问,汉学这个词,是否依然适用于今日世界?抑或它反映的只是一个过时的事实呢?

自17世纪以来,中国对欧洲而言不仅是一块有待探索的土地,也是哲学和神学的思考对象。帕斯卡一直试图调和中国历史与圣经历史的编年矛盾,他曾这样写道:"中国使人蒙昧不清,然而其中也有明晰性可寻;好好地去寻找吧。"① 正如我们前面所言,欧洲人眼前突然呈现出一个未曾受到欧洲影响的文明和智慧,这在欧洲激起的层层涟漪,甚至是发现美洲新大陆的影响所不能及的。换句话说,与"作为对象的中国"的相遇和冲撞本身,颠覆了西方思想的范畴体系。

诚然,今日的中国不再是与世界其他地方割裂的时空。要是没有参与全球化的进程,中国就不会有最近四十年来的迅速崛起,而全球化正是与西方的经济、消费模式、传统以及思想都紧密相连的。同样地,若非全球化的推动力在这个确切的历史时刻突飞猛进,那么中国的崛起或许也无法以这样的方式或节奏现身。从这一观点上讲,如果"汉学"这个词还有意义的话,汉学的新任务可能就在于致力提供一套框架,让我们去理解今天中国所经历的、也是中国与世界各地所共同经历着的这个历史时刻。如果真的这样去做,结合汉学资源对中国与世界各地的关系作出反思性的考察,将会以今天的经验丰富我们对历史的理解。

贯穿全书的还有一个至关重要的反思:今日,中国不仅仅通过她的经典文本,也同样通过她在艺术、文化与社会各方面的种种实践,引发世界各地进行思考。中国带给西方观察者的思考,也不仅仅限于差异性、对立性和他者性的范畴,而是使得西方观察者通过不一样的视角去看待那些贯穿人类历史、造就人类共同未来的历史浪潮。而且,为了纠正汉学领域过于"理智主义"的倾向,我们有必要强调,文本是不能与那些赋予文本意义的实践活动相割裂的;正是通过不断地从文本走向现实世界,中国让西方观察者学会了理解。一位年轻的法国汉学家说:"随着全球化的资本主义在共产主义中国的急剧发展,一个真正的探索领域在我们眼前展开——在一个迥异于我们的地理空间内的智性实践的探索。"②

---

① "La Chine obscurcit, mais il y a clarté à trouver: cherchez-là.", in Blaise Pascal, *Pensées*, Br. 593. 译文引自帕斯卡尔:《思想录》,何兆武译,商务印书馆,1985 年,第 266 页。
② Frédéric Keck, Une querelle sinologique et ses implications, à propos du *Contre François Jullien* de Jean-François Billeter, *Esprit*, 2009, 2, pp. 61 – 81.

西方的"后汉学"还有一个任务需要完成,我们将看到这个任务对中国本身也富涵高度的研究旨趣。但我们仍需强调,过去五十年特别是四十年来有目共睹的是,过去所称的"汉学"经历了真正的飞跃发展:研究人员和出版成果在数量上呈现指数级的增长,再加上各学科及其分支越来越庞杂,这一切都使得人们难以捕捉汉学的内容,同时确立汉学未来的趋势也变得更加困难。可以说,汉学归根结底永远牵系于一种人文主义精神,这种精神使得专业化的研究——比如对中国古代的丧葬习俗与祭品的研究、对某一时期中国文学的研究、对天文学、语言学、音律学、历代或是现代的行政管理、针灸学、中国数学发展史的研究,等等——之间能够相互对话和相互连结,并且通过寻求文本、语言和实践之间的文化关联与历史关联,来维持这种专业连结。同样地,一个真正具有人文主义精神的研究者,从不会放弃思索自己的研究对当今世界所具有的意义。

因此,在"学科"这个词具有的狭义范围上,汉学不应被视为一门学科,毋宁说,汉学通过它积累起来的知识库存,同样也通过培育能够讲中文和阅读中文的、具备对中国文化和历史的全面知识的社会学家、历史学家以及语言学家,从而帮助人们梳理中国对各个专门学科——诸如社会学、人类学、语言学等——作出的贡献。但是汉学还不止于此,它还是一根"红线",从中国的思想与中国的"感受性"(sensibilité)的视角出发,穿越并连结这些专门学科,跨越过于狭隘的学科分类界限。汉学的极端专业化曾经受到鲁伯特·霍德(Rupert Hodder)的批评,他认为汉学家们通过术业专攻的分隔,确立了中国的"殊异性"(exceptionnalité),即不同于其他任何文化的形象,而与此同时,他们也建立起自己的独一性,甚至将自己包裹在一种奥秘的光晕里。说到底,他们也将自己视为与中国一样不同凡响……①

---

① Rupert Hodder, *In China's Image*, *Chinese Self-Perception in Western Thought*, London: MacMillan, 2000.

四、汉学对当代中国有何裨益？

关于汉学史的研究，以西方语言出版的著作不胜枚举，尽管其中鲜少足够具有系统性或批判性的作品。[①]今天我们也有了不少相关的中文著述，但在这里可以合理地提出一个问题：对今天的中国人而言，涉足西方的汉学研究到底有什么益处呢？事实上，我们可以列举出汉学研究的诸多益处：

（一）可以认为，汉学构成一项合作事业的一部分，旨在帮助人们更好地理解中国的文明和历史。关注其他国家在汉学领域的贡献，将带来很大助益。但为了确切理解我们所运用的他人的工作成果，为了评估这些成果的长处和不足，我们需要了解这些汉学作者及其著述的写作背景。

（二）汉学也以可被视为一项"解读意义的事业"。中国古代文本正是在经注之中即在一种解释之内获得了它的意义，而注疏之浩繁和见解之丰富则在很大程度上帮助我们更好地欣赏文本的多样性及其潜在的含义。正因为这样，对于柏拉图或者亚里士多德的文本诠释而言，其诠解者是希腊人、德国人、中国人、美国人还是埃及人并不重要，对于庄子和孔子的阅读也是如此。今天的中国读者也必将有自己的一套阅读和解释的思路，但随着庄子或孔子所提出的问题变得日益普遍化，各种各样的评论皆有权被提出并且被关注，至少可能得到关注。

（三）西方汉学使我们从他者的眼光中迂回反观自己，赋予我们审

[①] 其中最有帮助的莫过于海淙铎（Harriet T. Zurndorfer）的著作 *China Bibliography, A Research Guide to Reference Works about China Past and Present*, Leiden: Brill, 1995（尤见 pp. 1 - 44），以及韩大伟（David B. Honey）所著 *Incense at the Altar: Pioneering Sinologists and the development of Classical Chinese Philology*, New Haven: The American Oriental Society, 2001。这本书的研究角度与经典汉学的精神相近，但却对区域研究的发展抱持相当保守的视角，这样的视角受到其他研究者的批评。参见蒲立本（E. G. Pulleyblank）的评析，*Journal of the American Oriental Society*, 2002, 122(3), pp. 620 - 624。关于20世纪中期的汉学简史，法语界曾有一本佳作，见 José Frèches, *La sinologie*, 1975，不过现在显得略为过时。

视自身的另一种眼光。西方的眼光可能引起震惊甚至带来激怒,因为它带着时代和文化的偏见,但它同时也打开一个反思的空间,滋养一种内省的功夫。借助法国哲学家保罗·利科(Paul Ricoeur)的话说,汉学让我们能够"注视自己宛如注视他者"①。

(四)研究西方汉学可以让中国人更深入地理解西方世界。汉学研究描述对中国的发现是如何震撼了西方思想,呈现西方面对一个全然陌生的世界所展露的偏见、盘算、热诚与激情,通过这一切,能够促进我们对西方思想和西方精神的整体研究。

(五)如前所述,中国在一个全球化的世界里占据着什么样的位置、承担着什么样的使命,在这个问题的讨论中,汉学是一个重要的构成部分。今日中国所面临的选择,无法与其身份认同的持续辩论脱离开来。事实上,从19世纪下半叶中国遭受的创伤开始——这创伤首先是由不平等条约施加的,继而是由中西方在政治、技术与意识形态领域的相遇而引发的关于中国文化的"体"与"用"的质询所带来的——关于身份的辩论,伴随着中国的历史,1898年失败的戊戌变法,1911年的辛亥革命,1919年的五四运动,1958年的《为中国文化敬告世界人士宣言》②等,都包含着这种身份的质询,即,中国询问自身的存在、询问自身在世界民族之林中的位置和使命。人们可能认为,随着近来中国力量的崛起,这样的辩论业已过时,然而它会周期性地现身,并且表明,要达到对历史的理解——一种能被不同文化共享的、由始终公正的辩论滋养的历史理解——是很重要的,而汉学正是致力于向我们提供这样的理解。

这趟关于汉学的诞生、发展以及挑战的介绍之旅,行进至其结尾,我们已经能够投身展开另一趟历史旅程。但重要的是首先对这趟旅程进行一番清理和检查,使之不仅是各领域知识的简单累积,而且有益于我们去分辨那些不断塑造着汉学演进的宏大问题,诸如中西方的关系问题。

---

① Paul Ricoeur, *Soi-même comme un autre*, Paris: Seuil, 1990。中译本见保罗·利科:《作为一个他者的自身》,佘碧平译,商务印书馆,2013年。利科此语并非针对汉学而发,但颇能启发我们对汉学研究的理解。
② 张君劢、徐复观、唐君毅、牟宗三共同发表了一篇关于儒学现代性的诠释文章,在随后几十年内影响深远。

第二章

地图与地盘

"地图不是地盘"①,普通语义学的创始人阿尔弗雷德·科日布斯基(Alfred Korzybski)曾这样写道。这句话如果是在 16 世纪说出,恐怕很难取得共鸣,但它确实指出了我们的认知框架与各种现象构成的流动现实之间的沟壑,而后者正是当时耶稣会士肩负使命去探索的。对他们而言,绘图术是一门主宰性的学科。于是,光学仪器以及透视法的技巧也成为了传教的手段。在当时耶稣会士修习的课程中,透视法被视为数学的一个分支,与几何学、宇宙学和地理学并驾齐驱。②绘制一幅地图,并且将其结合地理学与透视法的资源加以妥善运用,就使一块新的"地盘"得以浮现。绘制中国的地图,就尤其构成了传教士与中国士人之间的一个"合作项目"③。

绘图术也可以作为一个隐喻,来比拟耶稣会士在其他知识领域进行的活动:他们的论著、书信与行纪都向欧洲的读者展示着这片思想

---

① "地图"与"地盘"的关系,也可以类比于一个语词与它所指称事物之间的关系,也就是说语词不能完全涵盖其所指事物本身。见 Alfred Korzybski, *Une carte n'est pas le territoire*, Paris: Editions de l'Eclat, 2010(1998), p. 64.

② Nicolas Standaert(钟鸣旦), "The Classification of Sciences and the Jesuit Mission in Late Ming China" in Jan A. M. De Mayer, Peter M. Engelfriet(eds.), *Linked Faiths: Essays on Chinese Religions & Traditional culture in Honor of Kristofer Schipper*, Leiden: Koninkliike Brill NV, 2000; Chen Hui-hung(陈慧宏), "Chinese Perception of European Perspective: A Jesuit Case in the Seventeenth Century", *The Seventeeth Century*, 2009, 24(1), pp. 97 – 129.

③ Theodore N. Foss, "A Western Interpretation of China: Jesuit Cartography", in Charles E. Ronan, Bonnie B. C. Oh. (eds.), *East Meets West: The Jesuits in China 1582 – 1773*, Chicago: Loyola University Press, 1988, p. 209.

的新大陆,他们绘制疆土地图,既是为了欧洲,也是为了中国。利玛窦抵达中国后,即与中国文人们合作绘制了一幅世界地图,并不断修改,直到他逝世。地理图景的扩展预示着思想图景的开拓。利玛窦的护教著作与科学著作,为他的对话者描绘出了"西学"的路线。为了让人理解基督宗教的基本概念,疏通教义的语言之路,利玛窦可谓筚路蓝缕,尽管他对中文词汇的选择颇具争议性,但树立了重要的里程碑;他以托勒密模型为基础而绘制的天体图,显示出星象的体例规则,提升了这些外方来客对天象预言的准确性。其后,耶稣会士奉御旨绘制中国地图,其成果使中国皇帝与欧洲公众同样获益;耶稣会士以中文撰写简单的教理问答集,并配以插图,借助透视法使所绘形象栩栩如生,使人仿佛身临其境。① 最后,耶稣会士选择翻译并介绍到欧洲的中国学问,与他们向中国引入的西学语汇一样,二者彼此构成文化坐标,通过这样的坐标,中欧这两个相互陌生但同样丰饶的陆块之间才得以自我定位和相互解读。

一、利玛窦:备受尊重的人物,备受争议的传教策略

利玛窦和罗明坚采取的传教策略,首先是建立在"顺应当地的风俗习惯"基础上的,该策略实为驻远东及印度之巡阅使范礼安神父(Alessandro Valignano,1539—1606)首创。利玛窦和罗明坚不仅以极大的热诚学习中国官话,而且顺应儒家士人的生活习俗,效法他们穿上儒服。在1595年之前,由于缺乏对中国国情的理解,他们还披过僧袍。

耶稣会传教方法的第二个原则,是走"精英路线",即以朝廷和地方上的文人士大夫为中心展开传教,这就要求他们必须熟识那些构成科举考试之基础的儒家经典。利玛窦特别与亲近东林党的儒者建立了笃厚的友谊。东林党十分厌恶佛教对儒家道统传承的移花接木,意图重新阐释儒家经典,以还其"本来要旨"。利玛窦曾明确写道:"在他们对

---

① 在中国印刷出版的福音版画集中,基督的画像传达着救世主的意义,而透视法的艺术在视觉上强化了圣像的表现效果。

儒家典籍琢磨不透的地方，我们提出有益于我们的阐释，此举能够吸引爱慕孔子的儒家主流人物，使其赞同我们的观点，这对我们确实大有帮助。因此，我们的观点获得了那些不拜偶像的儒者的青睐。"① 我们可以料想，这样的进路并非全无误解：利玛窦与他的中国朋友们没有注意到，他们有时是沿循着各自不同的规划在行进，或者他们相信彼此达成了共识，实则却对此共识给予了不同的解释。然而，他们的相遇仍然是富有创造性的，启发并且转化了对话双方起初所持的观念。② 他们之间存在的误解，并未阻碍双方从交流中各自受益，相互改变。

在士大夫阶层中的传教工作一旦受到欢迎，针对中下阶层民众的传教也就迅速地推展开来。耶稣会士想要归化精英人物的理想，充分体现在后来由郎世宁（Giuseppe Castiglione，1688—1766）为北京一座教堂绘制的图画中，该图画描绘了君士坦丁大帝因十字架而大获全胜的场景。耶稣会士相信，中国皇帝的皈依，将促使中国基督化，就如君士坦丁曾使罗马帝国基督化一样。

除了顺应本地风俗以及着重向精英传教这两方面之外，耶稣会传教的另一特点，乃是"间接传教"或所谓"学术传教"的方法。他们首先将西方科学和科技——诸如天文学、钟表学、几何学、制图学等——介绍给中国人认识，意图使中国人在肯定西方科技的精确性的同时，也体认到与科技相伴而行的基督信仰的真理性。③ 例如，利玛窦随身带来了"丁先生"（Christopher Clavius）的著作《论球形世界》（*Traité de la sphère du monde*，1570）和皮科罗米尼（Alessandro Piccolomini）的《球形世界》（*Sfera del Mondo*）。几年以后，丁先生又寄来数本新作，包括《日晷测时》（*Gnonomices*，1581）和《星盘》（*Astrolabium*，1593）。耶稣会士曾德昭（Alvarez Semedo，1586—1658）见证了这种传教策略的成就，他如此描述皈依天主教的李之藻："我们的良（Léon，李之藻的

---

① Pasquale M. D'Elia., *Fonte Ricciani*, 1942, t. II, n. 709.
② Yu Liu, *Harmonious Disagreement: Matteo Ricci and His Closest Chinese Friends*, New York: Peter Lang, 2015.
③ 对耶稣会士引介的西方科学知识的概述，参见邹振环：《晚明汉文西学经典》，复旦大学出版社，2011年；张晓：《近代汉译西学书目提要：明末至1919》，北京大学出版社，2012年。

教名)不仅思维活跃、心灵热切,而且求知欲旺盛。在与我们这些神父的谈话和交往过程中,这份求知欲让他大步前进。当他品味到我们所介绍的科学之优美与有序,特别当他从地理学中获得纯真的愉悦和探索的乐趣之后,可以说他舍不得离开我们。他通过将天与地融合在一起的方式,将天主之学与人间之学结合在一起谈论。他热心了解世界各国的形势,也热衷学习耶稣天国的律法。"① 显然,这种方法绝非毫无风险,自利玛窦开始,耶稣会士就以溢美之辞描绘着欧洲的图像,俨然以之为繁荣与和平的典范。

最后,耶稣会在传教中保持着向中国价值观的开放。利玛窦所著《天主实义》,延续了亚里士多德和经院哲学的架构,但巧妙地运用儒家词汇和世界观来阐述自己的义旨,以期自己的言论能被中国语言与文化接纳,并在其中占有一席之地。② 反过来,利玛窦也用同样的方式向欧洲介绍他在异国他乡发现的丰富悠久的文化传统,这一点我们在绪论中已作了阐明。

以上皆是传教的"方法"或"策略",而不是简单的"战术"。即使利玛窦不算专业的神学家,但他坚定的信念与敏锐的直觉,显然巩固了他的传教路径。随着中国与利玛窦所来自的欧洲之间的根本差异逐渐为人们所揭示,利玛窦本人也成为身处中欧差异锋线上的第一人,然而这样的差异似乎并未威胁到他的信仰,相反,事实证明,这种差异恰恰成了一个积极因素,促使他去追寻和探索人性的共通土壤。在这块土壤上,利玛窦尽施其学,大展身手:他借助绘图术的专门之学,为中国人呈现出一个独特的世界,使中国人认识到中国乃是万国中的一国;③他运用几何学的知识,与徐光启一起翻译欧几里得的《几何原本》,并在翻

---

① Alvarez Semedo(曾德昭), *Histoire universelle du grand royaume de la Chine*, J. P. Duteil (tr.), Paris: Kiné, 1976(为1667年里昂 H. Prost 出版社的 *Histoire universelle de la Chine* 之再版), p. 216。
② 利玛窦的思想和论述以当时盛行的人文主义为基础,富含拉丁语修辞学以及柏拉图对话的特色。他虽然受过经院哲学的培育,但其思想的广度与深度早已超越经院哲学的架构。
③ 值得指出的是,利玛窦绘制的世界地图乃是与中国儒士及中国工艺家共同合作的果实,并且刊印了传说中闻名于中国的神秘岛屿。

译中找寻一种"共同语言"——即科学理性与技术理性的语言——的基础,以揭示人类的深层本性,也就是天主赋予人的理性;他立足于神学与辩证法的学问,通过《天主实义》中构想的中士和西士之间的生动对话,力图使人信服"独一天主"的观念。事实上,利玛窦想说服所有与他相遇的人相信,他们之间共通的人性就是这样一块园地,人们应当在其中去追寻并且发现天主。同时,他也想让欧洲了解到他在中华大地上发现的内涵丰富的文化宝藏,并让欧洲在这块宝藏里找到一个赞美天主的新理由,尽管从表面看来,天主的临在因人类语言和文化的多样性而被切碎分散了。利玛窦对普遍性的热情,在各种差异性交融的熔炉中得到了验证,他同时拥抱"普世"与"差异",以令人惊叹的毅力坚持自己的行程。这种坚韧不拔的精神尤其表现在语言学习中:利玛窦对于语言的差异必定要钻研到底,透彻掌握。他深知,自身肩负使命去传达的那种普遍性,恰恰需要通过语言的殊异性来开凿路径。他早早就预感到,中文的书写文字不只是简单的沟通工具,更是承载着一种与文字结构本身密切相关的世界观和宇宙观。正是由于娴熟中国语言,利玛窦才得以深入中国经典文本的意义与品味。

也正是借助语言和文字上的造诣,利玛窦得以广交朋友,并培育起与之相伴终身的友谊。利玛窦的灵修是从圣依纳爵的《神操》中得到滋养的。《神操》鼓励人与基督对谈,就像"朋友与朋友之间对谈一样"。凡相遇之人,利玛窦都以如此的友情相待,这构成了他人格品性的基础。这种友情首先是在耶稣会内部得到发扬的。我们从相关见证中了解到,年轻的利玛窦曾热心帮助来到罗马的耶稣会学子适应并融入新的居住环境。耶稣会士之间的友情需要不断地得到培育,这个主题也是他留给那些到北京与他会合的同伴们的最后嘱托:

> (当时,一些耶稣会士围在利玛窦的病榻前。)其中一位神父问利玛窦,他是否清楚,他的离开会把这些兄弟们抛在什么样的处境下,因为他们是如此需要他的援助。他回答说:"我留给你们的,是一扇开启的大门,通向丰功伟业,但途中不乏艰辛险阻,也需要不断努力。"另一位神父则恳求他在此刻晓谕众人,教大家如何报答

他感人至深的恩情。他回答说:"你们友善对待那些将从欧洲新来的神父,就是对我的最好报答;你们还应该使这种友情加倍增长,使他们在你们每个人身上体会到尽可能深的感情。"在他最后的光景里,利玛窦神父就是这样喜乐地讲论着,有时与我们同会兄弟倾谈,有时与刚入教的教友交谈,直至五月十一日。那一天,他端坐在卧榻中央,向天主奉上自己的灵魂,安详的身躯不见任何颤抖或转动。他任凭眼睑缓缓垂下,最后闭上双眼,在上主的怀抱里安然长眠。①

从各方面来看,利玛窦推动的交流模式仍不失为当代的楷模。因为这种模式不仅将友谊作为人际关系的基础,而且按照一种严格的程序推进友谊发展。利玛窦首先认识到,有许多疑问是人类所共有的:科学的探索、关于神和世界的思索、对社会道德根源的考查,等等。由此出发,他认为,人们为应对这些问题而运用的文化资源具有多样性,这是一个显见的事实:中国经典所展现的那个宇宙与圣经所揭示的宇宙是大为迥异的。继之,不同的文化资源通过对话得到交流、彼此评价,对话构成了《天主实义》的经纬架构。最后,经过交流而得到的对人类上述疑问的回答,见证了使人类相聚一堂的那种普世性,但即便如此,这些回答也仍然保留着文化差异的印记。因此,利玛窦当之无愧地被公认为基督信仰本地化的伟大先驱之一。

下述事实使这个先驱者的身份进一步得到明证。这种本地化的模式,并不是一蹴而就地从利玛窦的头脑中产生出来的,而是一系列交流互动的结果:既有与范礼安、罗明坚的交流,也有与他结识的中国儒士之间的交流,后者尤为重要。选择哪些文本进行翻译,如何解释中国经典,应赋予几何学与制图学以什么样的重要性,这些都是他们所期待的交流成果。因此,利玛窦绝不是一个"孤独的天才";我们也不应当低估

---

① Matteo Ricci(利玛窦), Nicolas Trigault(金尼阁), *Histoire de l'expédition chrétienne au royaume de la Chine*:1582-1610,1978,pp. 659-660,中译本见利玛窦:《耶稣会与天主教进入中国史》,文铮译,商务印书馆,2014年。

他那由文艺复兴巅峰时期各种伟大综合所滋养的思想所具有的连贯性。

同时,利玛窦在北京的成功不能抹杀他的同会兄弟在京畿之外快速展开的传教行动(利玛窦逝世时,在中国的耶稣会士总计十一人,估计有两千五百名信徒,五年后,人数增加了一倍)。在京城结交达官显贵,或是在各省直接传教,如何保持两者的平衡,很快在利玛窦的后继者中间激起了扰攘不断的争论。利玛窦还在世的时候,在中国的某些耶稣会士就尝试一种更为"积极"的福音传播方法,尤其针对农村地区。直接向人们解释何谓"天主十诫",教导人们在基督圣像前的虔诚姿态,发放念珠和圣牌等等,都是这种宣教策略的重要内容。传教士将通常以问答形式编写的简短的教理手册发放给识字的人,在他们领洗之前会询问他们是否明了其中的内容。后来,这样的传教方式也被用来发展圣母会以及其他献身团体,将最为热忱虔敬的信徒组织起来,以推动和确保教会持续稳定的成长。在传教士被驱逐出境之后,这些善会团体肩负起了维系信仰和延续宗教生活的重任。然而后来,这些延续多年的团体中的女性领导者却与1842年后重返中国的传教士们格格不入,因为后者急于再度确立他们在教会事务上不可挑战的权力。

二、译名之争与龙华民的论文

在随后的一个半世纪里,耶稣会传教士与中国朝廷一直保持着密切的关系。他们主要承担钦天监的工作,同时作画、雕刻、作曲、铸炮,在中俄两国之间担任谈判使节,在中国推广绘图术,发行宗教书籍与科技书籍,并且向欧洲学术院校源源不断地传回大量关于中国艺术、科技、思想学说、植物学和地理学等诸多方面的回忆录。同时,当在地方上传教的耶稣会士遇到棘手的状况,这些与朝廷关系密切的传教士能够设法为之辩护纾困——尽管中国人对外国传教士带来的一切深感好奇,但仍有很多人担忧他们对中国传统文化以及传统政治体系所施展的影响力。再者,其他一些修会,包括一些耶稣会士本身,并不像利玛窦及其后继者对中国礼仪——尤其是对孔夫子的祭拜以及对祖先牌位的供奉——的态度那样通融。"译名与礼仪之争"(querelle des termes et des rites)使得年轻的中国教会动荡失衡,教会内部纠纷不断增多,甚至滋生了不少儒士与官吏之间的敌意。汤若望和南怀仁(Ferdinand Verbiest,1623—1688)就因在皇帝身边担任要职,而在教会内甚至在自己的修会内都受到了强烈批评。

利玛窦逝世后,质疑的声音和激烈的冲突立即浮现。来自意大利西西里的龙华民(Niccolò Longobardo,1565—1655)[1]接任利玛窦,成为耶稣会中国传教区的负责人。[2]龙华民对以"天主"和"上帝"两个词称呼基督徒的神的做法,心存疑窦。更大的争议则源于利玛窦本人的主张——利玛窦确信,中国古圣先贤本来信神,只因佛教在宋代渗入了新儒家的学说,导致后来的中国思想家走向了无神论。龙华民否认利玛窦为中国智识历史建立的这种模型,也不是没有理由的,他基于一种颇具现代性的诠释观,拒绝把经书与注疏分而视之。[3]再者,龙华民曾经在韶州、陕西、杭州、北京以及山东等多个地方传教,与在京城的耶稣会士之间已经产生了视角差异。在京的耶稣会士与儒者官吏密切交流,而在各地传教的耶稣会士面对的,却是由这些儒者官吏们所"理性化"的民间信仰在大众生活中的体验。即使这两者间的对立并非壁垒分明,但生活经验的差异也确实解释了耶稣会士之间的分歧,以及后来

---

[1] 龙华民的生卒年月至今尚未完全确定。他大约在1565至1567年间出生于意大利西西里,十七岁进入耶稣会,1596年4月抵达中国。直至1611年之前,他奉命在韶州传教。接任中国耶稣会会长(1610—1617)之后,龙华民建立了陕西教区。1621年,他于杭州短居。1623至1640年间,他成为在京耶稣会士的负责人。1636年,他创建了山东教区。约在1654年或1655年,龙华民逝世于北京。

[2] 中国传教区起初从属于日本教省,1619年成为一个副省(vice-province),处在设立于澳门的负责远东传教的耶稣会巡阅使的监管之下。

[3] 龙华民的方法是证明"现代中国人"的"无神论",然后推导出"古代中国"的学说也属"无神论",因为现代中国和古代中国的文化是一脉相传的。这样的看法,与利玛窦分辨"古儒"与"今儒",肯定古代的"帝""天"而否认宋明儒学中的"性""理"的做法,秉承着完全不同的思路。龙华民认为古儒是"无神论",认定他们拜天道是"异端",而莱布尼兹则认为,即使是宋明理学中的"上帝""性"和"理",也还是具有神圣性的"自然神"。见李天纲:《中国礼仪之争:研究方法及其拓展》,收录于《再-解释:中国天主教史研究方法新拓展》,台湾橄榄出版社,2014年,第41页。

在传教修会整体之间甚至是在中国儒士和中国司铎之间的争执。耶稣会内部举行了多次协调会议。①自 1633 年开始,争执变得公开化了,新抵达中国的道明会士公开抨击当时在神学和语言上业已达成的适应化的共识。很可能是在 1623—1624 年间,龙华民撰写了一篇内部论文,在中国境外不胫而走,由葡萄牙语原文辗转翻译为法文,1701 年出版于巴黎。在中国译名与礼仪之争中,这一译本立刻就被用来反对"文化适应"的政策。然而,我们在后文将会看到,莱布尼兹却反其道而行,以这篇论文为据,论证中国古人已经发展起来了一种"自然神学"。本书下面讨论所依据的也正是这个法译本。②

事实上,这篇论文能够刊行于世,已经是一件惊人之举。1627 年,在华耶稣会士召开嘉定会议,约十年后,耶稣会各省会长下令焚毁龙华民论文的所有抄本,以平息译名与礼仪之争的痕迹。然而,法籍耶稣会士江儒望(Jean Vialat,？—1696)在龙华民的北京寓所找到了一份手抄本,并将其转交到方济会士利安当(Antonio de Santa Maria Caballero,1602—1669)手里。江儒望自 1660 年开始就在山东传教,而山东也是利安当的传教区。龙华民手稿的原文很可能是葡萄牙语,利安当将其译为了拉丁文(原始译稿现保存于传信部在罗马的档案馆,译稿的一份忠实抄本则保存于巴黎外方传教会的档案馆)。无论如何,这篇论文的原初面貌不甚清晰,一直到其西班牙语的译文面世,收录于道明会士闵明我(Domingo Fernnadez Navarette,1618—1689)编著的

---

① 据估计,1603 至 1665 年,耶稣会召开了 74 次会议,协商适应策略,即讨论中译词语的选用以及中国礼仪的性质。参见 J. Metzel, *Die Synoden in China*, *Japan und Korea 1570 - 1931*(1570—1931 年间中日朝教区会议),1980, p. 12.

② Niccolò Longobardo(龙华民), *Traité sur quelques points de la religion des Chinois*, chez Jacques Josse, Paris: Jacques Josse, 1701. 关于这篇论文的不同译本及收录版次,参见 Henri Bernard-Maître, "Un dossier bibliographique de la fin du XVIIème siècle sur la question des termes chinois", *Recherches de Sciences Religieuses*, 1949, XXXVI, pp. 25 - 79; Nicolas Standaert(钟鸣旦), *Yang Tingyun, Confucian and Christian in Late Ming China: His Life and Thought*, Leiden: Brill, 1988, p. 183(中译本见钟鸣旦:《杨廷筠:明末天主教儒者》,香港圣神研究中心译,社会科学文献出版社,2002 年);Jacques Gernet(谢和耐), *Chine et Christianisme: action et réaction*, Paris: Gallimard, 1982, pp. 45 - 58.

《中华帝国的历史、政治、伦理和宗教概论》(*Tratados Historicos, Politicos, Ethicos y Religiosos de la Monarchia de China*)一书中,1676年于马德里刊行。此书在欧洲成为论战的武器,用以反对天主教的神学和礼仪中对中文译名的采用。除此西班牙语版本之外,巴黎外方传教会会士路易·尚平翁·德·西榭(Louis Champion de Cicé, 1648—1737)将龙华民论文的拉丁译文翻译为法语,成为莱布尼兹的研究依据。最后,论文的英译本于1704年在伦敦面世,收录在题为《航海旅行集》(*Collection of Voyages and Travels*)的汇编集中。

龙华民的论文开篇就富有洞察力,让我们得以明了争论兴起的缘由:

> 利玛窦神父已经过世,我接替他的位置,如同他一样担负起传教的全部重任。我收到日本巡阅使巴范济(François Passio)神父①的一封信,信中向我提出警示,列举了我们在华的神父们编写的书籍中包含的一些错误,指出其跟异教徒的错误不相上下。他还说,这些书籍对在日本的神父和传教士造成了不少困扰,因为当他们批驳异教徒的错谬时,异教徒却用我们神父写的书来为自己辩护。因此,巴范济神父特别叮嘱我与其他在华传教士一同详察此事。他还告诉我,尽管他不愿意相信写这些书的神父们(他们都是优秀的神学家)会出错,无法清楚地分辨异教徒的不同教派的教义,但他直率地坦承,我们在日本的神父们的确对这些异教源别的义理和原则进行过深入研究,并且能够看懂中文书籍,他们确信在华神父们的著作中存有谬误。此事在他脑海里留下了深刻印象。巴范济神父的意见,加深了我原有的疑问,于是我尽其所能地寻求真相,并寻求时机将真相公诸于世。②

---

① 巴范济奉命前往日本之前,曾与罗明坚一起造访广州。巴范济前往日本之后,罗明坚和利玛窦共同合作,推动澳门以外的传教事业深入发展。
② Niccolò Longobardo(龙华民), *Traité sur quelques points de la religion des Chinois*, Paris: Jacques Josse, 1701, pp. 2-3.

关于龙华民的文字见证,我们需要做几点解释:首先,大部分从日本被驱逐到澳门避难的传教士都能够阅读中文的护教书籍,因为远东地区文化交流的载体正是古典汉语。1597 年,日本发生第一次教案后,驻日本的传教士被驱逐到澳门和菲律宾,日本政府与天主教会之间的冲突已达到无法挽回的地步。其次,方济各·沙勿略曾在日本以直接宣讲的方式传教,在他的影响下,驻日耶稣会士在神学上和语言上的选择不如利玛窦那么通融,尤其是在翻译基督徒的神的名称时,他们使用的是拉丁语的音译。最后,如前所述,从 16 世纪末至 17 世纪初这段时期的神学,比起利玛窦负笈求学时代的神学来说,显得更为悲观。因此,日本会省几乎所有的耶稣会士,以及中国副省的部分耶稣会士,经常强烈反对已经达成共识的在译名和礼仪上进行的调适,甚至威胁要将此事告上马尼拉的宗教裁判所。但中国的耶稣会在金尼阁与高一志(Alfonso Vagnone,1568—1640)的主持下,大部分会士还是忠于传教奠基者利玛窦所制定的适应策略。1627 年 12 月起,耶稣会在上海附近的嘉定召开会议,召集了十一位涉及译名与礼仪之争的会士,会后,巡阅使帕尔梅罗(André Palmeiro,1569—1635)决定批准使用"天主"一词来称呼基督徒的神,但摒弃"上帝"与"天"这两个利玛窦也曾使用过的词语;反之,基督徒参加祭祖与祭孔仪式的合法性得到了认定。今天我们很难想象会议的争论达到了何等剑拔弩张的地步。嘉定会议数月之后,"上帝"这个词的最热诚捍卫者金尼阁的精神受到了沉重打击,不久便撒手人寰。这一悲剧性的结局最终陷入了沉默。

本书无意在此详述中国译名和礼仪之争带来的的深远影响。这场争论持续一个多世纪,几乎使得在华福传事业前功尽弃。应该采取或者创造怎样的名称来谈论天主,以及应当怎样表达"天使"和"灵魂"?祭孔以及祭祖仪式的本质究竟是宗教性的还是世俗性的?围绕着这些问题,各个修会、儒家文人、中国朝廷以及罗马教廷代表之间展开了唇枪舌战。罗马的态度一直犹豫不决,颁发了一连串教宗谕令,前后传达的决定却自相矛盾;教廷的调查从 1639 年就展开了,然而直到 1742

年,才由教宗本笃 14 世最终明令禁止祭祖祭孔的中国礼仪。①这道禁令直到 1939 年才由罗马教廷宣布解除。在中国方面,康熙皇帝于 1692 年颁布了"容教令",但在其随后的御旨中,对教会的敌意与日俱增,并且不时伴随着对教会的压制,1724 年,雍正帝谕令将凡不在宫廷任职的传教士悉数驱逐出境,1746 年,禁教与反教形成了常态。

传教士的处境一直动荡不安。早在 1616 年的南京,高一志(当时名为"王丰肃")因为传教热情过分外露,衙门将他处以鞭笞刑罚,关在囚车里押解到广东,与其他五位同会修士一起,驱逐到澳门。南京教案险些对耶稣会的传教事业造成致命打击,因为共计八位欧洲籍会士以及六位中国籍会士受到波及,其中两位还在后来被罚服苦役。不过,在奉教儒士的努力下,流放令在 1623 年左右不再被执行。南京官府不仅指控传教士传播的教义近于白莲教一类的邪教末劫信仰之流,还指控他们与澳门的葡萄牙人在政治和经济上有所牵连。或许传教士以及奉教儒者急于涉入朝廷修历的改革,招致了许多人的反对,反对的原因既有政治利益上的考虑,也是担忧传教士们会使天文学真理与神学真理之间相互印证。②

不过,地方上的传教事业仍然取得了一番成就。约在 1633—1636 年间,中国教会有了显著增长,皈依人数达三万八千之众(其中至少有 120 位皇亲国戚以及 120 名宫中的太监)。1650 年左右,皈依人数接近十五万。③ 1634 年,耶稣会共有十二个会院④,分布在中国当时十五个省中的七个省内。传教事业最为卓越的成就,是在徐光启的孙女徐甘

---

① 自 1742 年天主教罗马教廷以一纸通令,禁止教徒行祭祖敬孔的仪式,也禁止再讨论相关议题以来,仪式问题呈冻结状态。见陈聪铭:《1930 年代罗马教廷结束'礼仪之争'之研究》,《近代史研究所集刊》第 70 期,2011 年 12 月,第 97—143 页。
② Ad Dudink(杜鼎克), "Opposition to the Introduction of the Western Science, and the Nanjing Persecution (1616 - 1617)", in C. Jami, P. Engelfriet and G. Rule (eds.), *Statecraft and Intellectual Renewal in Late Ming China. The Cross-cultural Synthesis of Xu Guangqi (1562 - 1633)*, Leiden: Brill, 2001, pp.191 - 223.
③ 这里估计的数目不一定准确。1662 年,耶稣会的一份资料记录的人数是 114 000。
④ 会院(résidences)在这里指的是供耶稣会士在传教途中暂住并得到良好维护的寓所,它们构成了修会的"不动产"。

第大的积极活动下,在上海一带地区取得的。在陕西,出生于法国阿维农的耶稣会士方德望(Etienne Faber,1597—1657)成就卓著,在他善终后,人们举行了极为隆重的葬礼,教内外民众皆视之为圣徒,甚至为他修庙立像。直到1935年,他的一位同会兄弟还如此描述说:"人们至今仍在传讲这位圣徒曾经行过的奇事。在无数宝塔里,在许多大道或小径之侧,都可以见到方神父的雕像,神似菩萨的模样,脚下还伏着一只虎。"①

三、经书和注解

以上就是龙华民撰写此篇论文的整体背景。论文展现出龙华民对中文经典具有卓越的认识,甚至超乎利玛窦之上;他对中国儒者——包括基督徒与非基督徒——展开的询问和调查,也使得论文备受瞩目。因此,该论文是龙华民向其同会兄弟们提交的一项严肃的研究工作,文献依据详实,论证坚实可靠。然而,并非所有反对中文译名和中国礼仪的人都具有如此严谨求实的精神,其中很多人仅仅是言辞犀利的论战者而已。今天的读者或许有时会讶异于龙华民所捍卫的立场,但不可否认的是,对龙华民本人而言,学术研究者的品格与实地考察者的精神集于一身。

值得关注的是,龙华民的论文不仅在内容上真实可信,而且开启了经学的论战空间。关于其可信度,我们可以举一例子:龙华民对叶向高的观点的评论,在后者的《苍霞余草》集子里的《西学十诫初解序》中得到了肯定。②然而,龙华民的论文还深具论战性,虽然他对叶向高的引述是准确的,但他对所引内容的选择,都有利于护卫他自身的立场。龙华民要证明的是,中国人不承认存在着一种不同于物质规律的精神

---

① 引用自传教年刊《中国关系》(*Relations de la Chine*),1935年,第242页。早在1870年,《公教传教》(*Les Missions catholiques*)期刊也叙述了同样的事件(1870, vol.3 - 4, pp. 701 - 702)。
② Nicolas Standaert(钟鸣旦),*Yang Tingyun, Confucian and Christian in Late Ming China: His Life and Thought*, pp. 186 - 188.

原则,而是认为物类复杂的众多表象在实质上是一体的,也并不存在不朽的灵魂,而且最有学问的中国人都是无神论者。这使得龙华民对皈信基督的中国文人的思想以及他们对经书的诠释策略,都产生了非常片面的理解。实际上,三位最著名的基督徒儒者——杨廷筠、李之藻、徐光启——早在领洗进教之前,就对汉朝的经典编纂与经典评注怀抱着极大的研究兴趣,而"实学"潮流之兴起和蔚然成风,则是更晚的事。值得一提的是,徐光启设法调和汉代经注与宋代经注,这尤其表现在他的《毛诗六帖讲意》之中,很可能编著于1604年之前不久。广而言之,他们的作品中表现出的整体态度,是一种伟大的开放性,敞向经典的各种可能的诠释,并为此运用和调动丰富多样的古籍资源。因此,这些奉教的中国儒者首先是将新的诠释方法应用于古籍经典的研究,然后,他们的好奇心与研究兴趣延伸到"实学"诸领域,包括数学、农学、天文学,以及自然神学的领域。① 对于当时的经注,杨廷筠表现出了积极而审慎的态度,例如对"万物一体"之原则的诠释,他如王阳明一样,以"仁"这个概念为基础,认为"仁"具有将生命万物凝聚为一体的创造力。从这个角度来理解万物的一体性,杨廷筠并非像龙华民怀疑的那样,在物性、人性与神性这三者之间建立等同关系,更一般地说,杨廷筠在秉持耶稣基督作为赎罪救世者之特殊地位的同时,拒绝贬低中国圣贤教诲的价值。杨廷筠秉持的立场非常微妙,龙华民难以理解,因而强烈质疑杨廷筠的言论乃是十足伪装的物质主义,且倾向将所有的宗教教诲(基督宗教、儒教、佛教、道教,甚至伊斯兰教)不加区别地置于同一层次。②

然而龙华民并未注意到,这正是一个使基督宗教与宋明新儒家的正统传统同时得到塑造的过程。这一正统性奠基于内在体验,将儒家

---

① Nicolas Standaert(钟鸣旦),"The Study of the Classics by Late Ming Christian Converts", in Denise Gimpel, Melanie Hanz (eds.), *Cheng-All in Sincerity*, *Festschrift in Honour of Monika Übelhör*, Hamburg: Hamburg Sinologische Gesellschaft, 2001, pp. 1940。中译本见钟鸣旦:《晚明基督徒的经学研究》,李天纲译,《中华文史论丛》第64辑,上海古籍出版社,2000年,第23—50页。

② Nicolas Standaert(钟鸣旦), *Yang Tingyun, Confucian and Christian in Late Ming China: His Life and Thought*, pp. 188-209.

的静坐功夫作为默观一个位格神的入门,它所开启的道路,引人达至对神之爱、对己之爱和对他人之爱的紧密结合。内在的体验超越了名称的争论,或者更确切地说,在这样的体验中,人们认识到,那超越一切观念的神圣者被人赋予的一切名称都只不过是相对性的称谓。正是出于此,中国士人面对译名之争普遍表现出宽容的态度,而这引发了龙华民的愤怒。然而,中国儒者的态度并非一种混和折衷主义,而是来自一种信念:唯有静默才能道出语言所不能及的一切。然而,尽管龙华民怀疑他们是否会暗中损害基督信仰的真理,但有三个方面应该使他确认他们的信仰正统性:其一,是他们赋予苦行、祈祷和圣事生活的重要性;其二,是他们严肃而积极的道德生活,包括建立各种善会(société de bienfaisance)体现出的社会道德意识;其三,是默观与行动的某种结合,使许多奉教文人成了富有影响力的社会人物。

同时,龙华民的调查呈现出的严谨的系统性,也令我们深感兴趣。龙华民将耶稣会士与中国儒者对经典文本之意义作出的不同诠释以及中国儒者之间的不同诠释,并排进行对照。他将所有的观点划分为四类:首先是耶稣会内部的两派观点,一派是以高一志、庞迪我为代表的"利玛窦路线",认为应该遵循古典经书,无须参考宋代的注释;另一派以龙华民本人、意大利籍耶稣会士毕方济(Francesco Sanbiasi,1582—1649)以及客居澳门的日本省耶稣会士为代表,主张对古经的理解特别是对其中晦涩难懂之文段的解释,必须以宋代经注为依据。其次,龙华民多年以来所咨询的中国儒者也被分为两派:皈信基督的儒士们一致认为没有必要调合古经原文与后世注疏,而应直接选用最有益于基督徒的诠释方法,无需他虑;而非基督徒的儒士们则认为后世经注传达了经典文本的真理。

按照龙华民的说法,"利玛窦路线"的追随者提出四项论据捍卫其立场:首先,经书本身比注释更为重要;其次,在经书原本编著完成后的各个年代里,输入中国的其他宗教,影响到了宋代注经者对古经的理解;再次,应当采纳基督徒儒者的建议,依循有益于基督教义的方向来诠释经书;最后,利玛窦采用的方法与圣经《宗徒大事录(使徒行传)》第十七章所载圣保禄(保罗)在雅典卫城对雅典人演讲时所执行的方法相呼应。然而,在龙华民看来,相反的论证才是"最确凿且最稳健"的:首先,古经文字往往晦涩难解,若不借助注释,难以明了其原义;其次,既然中国人十分注重经注,并且将其用于科举考试,那么传教士也应当遵照同样的做法;再次,如果传教士撇开后人注释来解读古典经文,中国儒者便会直接认为基督徒不懂经典的意义;最后,既然那些疑难的经文不能以有利于基督徒的方式得到解读,那么圣保禄的方法就无法在中国得到运用。

与此同时,龙华民也向基督徒儒者的立场提出四项批评,并加以论证:第一,他们不明白龙华民追寻的是真理本身,而不是某种"最饶益"的解释;第二,他们意在自我保护,担心旁人责难他们依从了违背祖宗道统的学说;第三,他们自己在撰写关于经典的著述时,却总是以宋代注释的观点为依据;第四,当他们需要证实自身的学说与基督信仰的相符性时,却不再以宋代经注为据。

无论如何,被龙华民贬到最低的,是遵循"利玛窦路线"的耶稣会士与中国奉教儒士的共同立场所具有的研究旨趣与独创性,双方都忠实支持他们那个时代的重释经典运动,主张回归经书原文,与历史上层层累积的注解拉开距离。通过回归原文,经书诠释的新策略得以浮现。由此,接下来非常有趣的是,我们将检视莱布尼兹是如何紧跟龙华民的论文,但却归纳出了与龙华民完全不同的结论。

四、从龙华民到莱布尼兹:中国人的自然神学

莱布尼兹终其一生对中国的事物怀有极大热情。当他读过1701年刊行的龙华民论文的法语版之后,对书中的论证完全无法信服。莱布尼兹认为,中国的情况与其他基督教国家一样,经书的注解所传达的只是相对的真理,而且会随着时代更新而改变。

> 我倾向于认为,他们[中国人]的作者特别是古代的作者,有着某种合情合理的意义,要把这种意义传达给他们,并不费力,无论这时代的某些人的感觉如何。正如对基督徒而言,不一定总要依

循经院学者、注释者以及后世的研究者们赋予圣经、古代教父以及古代律法的诠释与意义。在中国,这一点更是如此,因为君王是圣贤的领航者,也是法律的生命,似乎钦定了古人学说的合理解释。……只要[利玛窦路线]对古人的这些解释确实站得住脚,这就够了,因为当代中国人的观点看来是飘忽不定的。①

随后,莱布尼兹对龙华民所提到的中国作者的各种观点进行解读,指出中国作者论及神与宗教的观念既"自然"又"理性"。莱布尼兹颇具手段地把当时中国注经者的观点与笛卡尔的观点相比照,因为笛卡尔一直试图将精神实体缩减为物性的特质,这正是莱布尼兹极力反对的。无论在中国或在欧洲,莱布尼兹这个时代的作者都越来越倾向于以一种物质主义的方式来解释古代的作者,而对中西的解释者来说,回归古代文本,都是建立一种既富科学性又富灵性的哲学的良好方法。

实际上,莱布尼兹进一步表示,应用与他自己同年代的西方方法来诠释中国古籍,能够传达出后者无比深邃的内涵。"看起来,假使我们欧洲人足够通晓中国文学,再借助逻辑学、批评学、数学,以及我们比中国人更为明确的表达方法,我们就可能在中国如此久远的古老经典中,发现许多连当代中国人都并不知晓的东西;甚至对那些被视为经典的注释者来说,这些事物也是陌生的。"②莱布尼茨以他自己与白晋合作的方式为例来说明这一点,他认为他们成功地统合了当代数学与对易经八卦的解释。在很多方面,莱布尼兹在阅读龙华民论文的过程中,发现的是莱布尼兹自己的神学:神是存在的,是从虚无中造出世界的创造者;世界是以一种道德价值的等级体系架构起来的;灵魂是不朽的。不过莱布尼兹也意识到,他自己的哲学体系与中国思想之间的呼应关系并不完备,更多是一种类比式的对应,而非逻辑上的对应;但这种不

---

① Leibniz, *Discours sur la théologie naturelle des Chinois*, *Lettre de M. G. G. de Leibniz sur la philosophie chinois à M. de Rémond*. 此处引文为第一部分第一节(I),见 http://fr.wikisource.org/wiki/Discours_sur_la_théologie_naturelle_des_Chinois。

② 同上,LXVIII。

完备性——既是中国思想的不完备,也是莱布尼兹本人思想体系的不完备——是与莱布尼兹思想的根本理念相谐的,亦即:"既然天主是无限的,他就永远不能被人完全认识。"①

另外,莱布尼兹借助对龙华民论文的阅读,也向我们传递出一种真正的解经方法,可以归纳为如下几点:

● 如果对经典的当代解释在欧洲人看来存在问题,而经典文本自身并未呈现出同样的问题,那么当代注释的观点可以忽略不计。

● 对于一个在历史上、伦理上和政治秩序上远比欧洲更为悠久的民族,去谴责他们的自然神学,这将是一种粗鲁冒昧的举动。因此,最好的办法是为他们的自然神学寻求一种合情合理的解释。

● 为此目的,最好的方法是为那些具有歧义的段落赋予一种寓意的解释。我们必须更加重视文本整体的秩序与和谐,甚于逐字逐句地计较其含义。

● 当我们在文本中遇到一些相互矛盾的论断时,应当优先肯定与系统整体思想最为相谐的那种论断,并且也要考虑是否有第三种解释方法来调和矛盾。

● 一些人声称中国人的自然神学具有非理性的特征,在审视这些人的论证时,我们应当仔细考查文本,看看他们的论断是否能在阅读中得到证实,是否能被理解,抑或仅仅是一种假设。

● 在追寻文本的真正意义的过程中,我们应当始终记得,经典的真义常常是被后来的注疏者所遗忘或者所扭曲的。

正是基于这样的解经方法,莱布尼兹同样使用龙华民作品所提供的信息,却推出了与龙华民完全相反的结论。

五、认识论上的问题

我们在此检视龙华民这篇论文的历史意义。尽管耶稣会在整体上

---

① *Vernunftprinzipien der Natur und der Gnade. Monadologie*,1982,p. 25。参见 Rita Widmaier,"Leibniz and China:From Natural Theology to True Philosophy",*Actsdu Vie Colloque de Sinologie Chantilly 1989*,Taipei,Paris,SanFrancisco:Institu Ricci,1995。

继续忠实于利玛窦所主张的适应策略,但他们还是割舍了一些耶稣会在传教之初所使用的词语。耶稣会士之间也展开了一场深刻的神学辩论,讨论不同宗教与文化之间的相容性,这样的争论可以说直到今天尚未结束。对于欧洲而言,龙华民的论文成了最重要的信息来源之一,使欧洲人普遍获得了一种对中国经典及其注疏的整体理解。

同时,正因为龙华民调查的基础是严谨而系统的,他的论文才能揭示出奠定了当时在华传播的基督宗教神学之根基的经院哲学的局限性。传教士们力图在中国的思想概念与经院哲学的范畴之间建立起逐词对应的关系,这样的做法导致了诸多误解,也未能使奉教的中国儒者进一步尊崇和发扬他们所理解的天主教教义;基督徒儒者们认为自己正当地理解了传教士们所宣讲启示的深刻内涵,同时也肩负着责任,将此启示再度"转译"为能够向中国人民传达出真正灵性意义的范畴。然而,龙华民以及与他具有同样想法的传教士们担忧,中国信徒对基督启示的认识,是否只是一种误解,是启示的一个空幌子。译名之争的根本问题,是"内"与"外"之间的关系之争,即内在的理解与外在的概念化表达之间的关系之争。这实际上也是关于语言的局限性的争论。

将中国经典翻译为欧洲语言,这不仅需要更深刻地理解中国的思想,也考验着亚里士多德范畴的普适性。这是一项艰巨的任务,尤其因为它必须以中世纪以来传承亚里士多德思想的那种语言——拉丁语——进行。因此,中国经典的西译,开始对拉丁语的使用带来了颠覆性的挑战。约在1670年,四位汉学家着手翻译《论语》,由弗莱芒人柏应理主持。柏应理生于1612年,1656年曾抵达中国[1],他与恩理格、殷铎泽以及鲁日满携手合作,于1682年在巴黎出版了《四书》(实际上只有其中三书)的首部拉丁文译本,并题献给法国国王。殷铎泽在1662年翻译了《大学》和一部分《论语》[2],后来又译了《中庸》(于1669年在果阿出版)。尔后,这四位耶稣会士的新作《中国哲学家孔夫子》风靡了

---

[1] 1693年,在果阿附近海域,柏应理在暴风雨中被船只的重物击中后逝世。
[2] 殷铎泽的著作 *Sapientia Sinica*(《中国智慧》,出版于江西建昌)是四书部分翻译为欧洲语言的首次译本,书中序言明确指出该书形同入门书,目的在于提供给所有在中国文化圈工作的传教士使用。

整个欧洲。在该书前言中,柏应理满怀热情地评价孔子:"我们可以说,哲学家孔夫子的道德体系有如高山之巍峨。孔子言词简练,行事敏锐,受到自然理性源泉活水的丰沛滋养。前所未见的人类理性,倘无神明之启示,绝难出现如孔夫子学问之高深与严谨。"由此,孔子这位中国哲学家卸去了中国宋代注经者的重重诠释,他的思想也成了通向基督启示的最佳门径。后来不久,1696年,另一位耶稣会士李明出版了《中国近事报道》(*Nouveaux Mémoires sur l'état présent de la Chine*),该书写作风格鲜活,对地理学、植物学以及风土习俗观察入理,而且在后来扮演了一个出人意料的角色,因为在1700年时,索邦大学神学院判定此书过于支持中国礼仪而将其查禁。李明在书中盛赞中国古代宗教的卓越性,认为其中充满着"自然神学"的真理:

> 比起世上其他一切民族,中国有着最为幸运的开端,从其古老宗教的真理源头与圣贤中汲取滋养。作为诺亚散布在远东大地上的子孙,作为中华帝国的缔造者,中国人在大洪水中亲身见证了造物主的全能,将其知识传于后世,将其敬畏注入子孙的心中。……中国最为贤能的解经家认为,在佛教带来的不敬与迷信散播开来之前,民众之中从未见有任何偶像或神像存在。①

在这里,李明重述并申明了这样一种观点,即世上所有民族都是诺亚的后裔,在大洪水之后流散到全世界,其中一些人就来到中华大地定居。中国远古神秘的帝君尧舜,其德行足以显示这些定居中国的诺亚后裔纯正地保留着对上帝的自然知识,但这种知识在后来先是被道家思想所蒙蔽,后来又因佛教入华而雪上加霜地被掩盖了。李明的这种乐观的神学,似乎重视人类理性甚于神的启示,受到詹森派以及博絮埃(Jacques-Bénigne Bossuet)的强烈批评,围绕着他这本著作的战火一直燃烧到他逝世之后。

---

① Louis Le Comte, *Un Jésuite à Pékin*, *Nouveaux mémoires sur l'état présent de la Chine 1687-1692*, Paris: Phébus, 1990(1701), pp. 358-359.

然而，我们应当更上层楼，从西方哲学范畴本身的根基加以思考。值得注意的是，从17世纪晚期至18世纪早期，来华的法国传教士们意欲向中国人介绍的，是一种不同于经院传统哲学之中的、关涉基督教理的西方思想逻辑。白晋就是这种潮流的代表，他曾明确声称他是"依据现代风格"①来进行推理和教导。他与南怀仁一样，希望通过由西方自然科学向哲学的逐步推进，说服中国皇帝皈依信仰。但与南怀仁不同的是，白晋认为，比起翻译经院哲学的著作，他更乐见法国哲学家杜阿姆尔（Jean-Baptiste Du Hamel，1624—1706）的作品被翻译为中文，因为杜阿姆尔将笛卡尔的方法与展现上帝存在的经典证据结合了起来。②作为索隐派最著名的代表人物，白晋的倾向显示出索隐派研究的一个特征：对中国思想的发现，不仅颠覆了圣经编年学和基督教神学的阐述方式，同时也鞭策西方哲学逻辑进行自我革新。在这里就体现出了与龙华民截然相反的立场。

因此，龙华民的论文不言而喻地见证了西方关于其自身思想范畴是否具有普遍性、甚至关于人类思想是否能够在普遍性的框架内运作的犹疑。就此而言，他的论文即使带着某种偏见和限度，也是一项在知识人类学领域内的严肃研究。虽然论文所持立场在历史上业已过时，但其提出的诸多问题，以及追寻答案的路径，在今日仍然具有惊人的现实性。

---

① 白晋引述自己1691年10月20日写给李明的信，参见Joachim Bouvet, *Journal des voyages*, Taipei: Ricci Institute, 2005, p. 14。
② Ibid., p. 22.

第三章

传教士的福传使命与汉学考察

起初,在华工作的耶稣会士基本都是欧洲人,这一情况到 18 世纪中期方有所改变。1629 年,在中国的耶稣会士共计二十六位,参与传教工作的五名中国人皆只具有助理修士的身份。第一位成为神父的中国人并非耶稣会士,而是来自福建的道明会士罗文藻(1616—1691),他于 1656 年在菲律宾晋铎。1685 年,罗文藻被任命为主教,他也是 20 世纪之前唯一的中国主教。罗文藻于 1688 年祝圣了三名中国籍耶稣会士为神父,其中有吴历(字渔山,1632—1718),清朝最著名的画家及诗人之一,他以澎湃的情感积极投身于中国美学与基督徒灵修之间的相会。与吴历同领圣职的另两位同伴是刘蕴德(字素公,1628—1707)与万其渊(1631—1700)。不过,在他们之前已经有一位中国籍耶稣会士于 1664 年晋铎,即出生于澳门的郑维信(1633—1673),教名郑玛诺,人称 Manuel de Siqueira。在中国人晋铎的敏感话题上,耶稣会内部也产生过言辞尖锐的交锋。① 穆迪我(Jacques Motel,1619—1692)曾对此持反对立场,他基于两个理由:如果有中国神父毁弃独身的誓愿,而官府会支持他的决定,如同他们处理佛教僧侣的方式一样,因为在中国,人们可以"随心所欲"地决定出家或者还俗;由此,中国神父们很快就会将天主教的教律与"摩尔人与僧侣们"②的教律标准混淆不清。不过,

---

① 从传教事业一开始,众多来自澳门的中国人常被接纳为助理修士。
② 引言参见 L. M. Brockey(柏理安),*Journey to the East: The Jesuit Mission to China, 1579 -1724*, Cambridge: Harvard University Press, 2007, p.147. 中译本见柏理安:《东方之旅:1579—1724 耶稣会传教团在中国》,毛瑞方译,江苏人民出版社,2017 年。

支持中国人晋铎的一方最终获得了胜利。到 18 世纪后半叶,在华耶稣会士中大约有三分之一是中国人,而且几乎全数成为神父。

1640 年,传教工作的扩展以及政治局势的恶化,让罗马教廷不得不将中国副省一分为二:北方由艾儒略负责,南方则由葡萄牙人傅泛济(Francisco Furtado,1589—1653)负责。傅泛济是一位天才的语言学家,曾将亚里士多德的部分著述及后人对亚氏的评述译为中文。艾儒略被选定为北方教区的领导,则似乎有些出人意料。艾儒略曾居于杭州(得益于杨廷筠的保护,杭州于 1620 年左右成为耶稣会在华传教的桥头堡之一),之后在江西以及福建开辟传教基业。虽然艾儒略同时也是在山西开教的先驱之一,但山西的宣教工作已由高一志在 1624 年接替,高一志本来在南京教案中被遣返澳门,后来他更换中文姓名①,再度进入中国内地。艾儒略将直接宣教与和儒士的对话相结合,在这方面,他可能是最为成功的耶稣会士。在艾儒略为我们留下的众多著述中,关于礼仪的丰富内容令人瞩目,尤可称道的是收录于《口铎日抄》中的记录。该书是关于基督信仰和基督其人的日常对话,由艾儒略的儒士朋友们记录整理而成。② 1637 年,艾儒略又将基督生平尤其是基督降生成人的事迹付诸版画,成就了欧洲文艺复兴艺术与中国美学连璧辉映的壮举。后来,明王朝覆灭之后,艾儒略作出了与他在北京的同会兄弟们迥然相异的选择,留在中国南方,跟随南明政权。

一、语言与思想

金尼阁追随利玛窦的步伐,热衷于解决将中国语言罗马拼音化所遭逢的种种问题。金尼阁来自法国杜埃(Douai),1610 年抵达澳门,

---

① 由王丰肃更名为高一志,后以高一志闻名于世。
② 《口铎日抄》的英文版由许理和(Erik Zürcher)翻译编著而成。*Kouduo richao, Li Jiubiao's Diary of Oral Admonitions, A Late Ming Christian Journal*, Sankt Augustin: Nettetal, 2007. 请同时参见柯毅霖关于艾儒略教理对答的传教方法以及基督论的详细介绍: Gianni Criveller(柯毅霖), *Preaching Christ in Late Ming China, The Jesuits' Presentation of Christ from Matteo Ricci to Giulio Aleni*, Taipei: Ricci Institute, 1997.

1611年赴南京,1613年抵达北京。同年,他返回欧洲,肩负呈报传教事业以及招募人力的双项重任。他将利玛窦的日记整理翻译为拉丁文,冠以《基督教远征中国史》(De Christiana Expeditione apud Sinas)的题目,于1615年出版,即今所见的《利玛窦中国札记》。① 金尼阁的编译态度总体上是审慎求实的,但他有时也的确对原文进行了改动,或许是出于对出版的体面性考虑,他将利玛窦论及中国社会的卖淫、纳妾以及同性恋等情况予以了最大程度的简化。其他一些修改,则是针对利玛窦开始遭受的过于袒护中国礼仪的指责,而捍卫他的立场。举例而言,在意大利语的原稿中,利玛窦记叙的祭孔典礼包括献香和使用动物牺牲,但他否认这样的仪式具有宗教性,金尼阁在翻译中则删除了以动物献祭的描述,也省略了一切具有祭献性的礼仪的描述。②

金尼阁返欧期间,从教宗保禄五世那里获得了以中文举行弥撒的许可,但后来却并未付诸实施;这道许可是连同中国人晋铎的许可一起颁发的,然而准许晋铎之事一再延宕,致使以本地语言举行弥撒的许可也一直形同虚设。不过,基于对中文弥撒的许可,弥撒经书和其他礼仪文本得以由利类思神父和中国儒士一同翻译成了中文。1619年,金尼阁经澳门从欧洲返华,在他悲剧性地离世之前,开创了两处的传教事业。他也是将《伊索寓言》以及其他不少西方作品变为汉语的翻译者。他的代表作《西儒耳目资》出版于1626年,是第一部比较准确的汉字拼音化方案,至今仍是西方研究汉语的奠基性著作。金尼阁在编写该书的过程中,得到了两位中国儒士的大力相助,一位是韩云,教名斯德望

---

① 利玛窦的意大利文原稿标题为 Storia dell'introduzione del christianesimo in Cina (《基督教进入中国史》)。金尼阁的拉丁文译本出版于1615年,欧洲其他各国语言的译本均以该拉丁文本为底稿,从1616年开始出版:法语版(1616, 1617, 1618, 1978)、西班牙语版(1621),意大利语版(1622)以及英语版(1625, 1942)。区分哪些是利玛窦的原文,或是哪些是金尼阁添加的部分,并不困难。添加的内容往往都是从利玛窦每年写给欧洲耶稣会士的书信中借用过来,也是直接撷取于利玛窦本人的文字。

② 参见 Matteo Ricci(利玛窦), Nicolas Trigault(金尼阁), Histoire de l'expédition chrétienne au royaume de la Chine 1582 – 1610,施省三(Joseph Shih)的前言,1978重印,pp. 17 – 18;另见 Jacques Gernet(谢和耐), "'Della Entrata della Compagnia di Giesù e Cristianità nella Cina de Matteo Ricci' (1609) et les remaniements de sa traduction latine (1615)", Académie des Inscription and Belles Lettres, 2003。

(Étienne)，另一位是王徵(1571—1644)。①该书提供了一套有两种检索法的语音表，包含了汉语的所有音节，这两种检索法一种以首字母检索，另一种以尾字母检索。这一套以语音分析为基础的检索方法使得汉字能够依发音归类，并以拉丁字母为标示。

对中国思想的认识，与对作为思想基础的中国经典文本的认识，二者相辅相成、并驾并驱。前文已经提到，柏应理主持了《中国哲学家孔夫子》一书的译介工作，该书出版后流行于整个欧洲。柏应理继其同会会士张诚(Jean-François Gerbillon，1654—1707)之后，也推动了欧洲对满语的认识，尽管在此领域的决定性贡献最后是由南怀仁完成的，即后者所编著的《满语要素》(*Elementa linguae tartaricae*)一书，1696年出版于巴黎。柏应理归纳的《中国历史年表》(*Tabula Genealogica*)堪称中国历史年表的先河，以庞大的树形谱系表的形式，列出了中国历代帝王以及相关年代。

柏应理返欧为耶稣会在华教务辩护期间，有两位中国信徒随行，他们成了首次到访欧洲的中国人，其中一位是沈福宗。1684年9月，路易十四的告解神父拉雪兹(la Chaise，1624—1709)安排沈福宗晋见国王，这次相遇成绩斐然：路易十四决定向中国派遣"国王数学家"（下文将进一步叙述）。②此外，沈福宗还在英国觐见了英王詹姆士二世。后来，沈福宗到葡萄牙里斯本接受耶稣会的培训。1691年，沈福宗在归国途中不幸于莫桑比克附近海域染病身亡。关于这位在欧洲行使了短暂使命的中国耶稣会士，我们还要论及他与汤姆斯·海德(Thomas Hyde，1636—1703)于1685年在牛津的会面，当时他们似乎使用拉丁语对谈。海德是一位杰出的东方学家和近东古代史学家，通晓希伯来语、阿拉伯语、波斯语、土耳其语、古叙利亚语以及其他语言，卓越渊博的知识使他也成为《圣经》多语工程的主要编辑者之一。海德也是第一

---

① 王徵是张问达之子张仲方的朋友，后来介绍张仲方领洗入教。《西儒耳目资》其中一篇序言即由张问达撰写。由此，我们可以见到金尼阁延续了利玛窦与东林党人士开创的友谊。
② David Mungello(孟德卫)，*Curious Land: Jesuit Accommodation and the Origins of Sinology*，Honolulu：University of Haiwaii Press，1989，p. 256.

个将琐罗亚斯德(Zoroastre)定位为宗教改革者的人。海德论证,古波斯人恰如耶稣会士笔下描述的古中国人一样,是一神论者,在大洪水之后崇拜唯一的上帝,只是在基督降世之后的时代里才陷入异端。①因此,海德的著述提供了一个很好的例子,表明耶稣会士对儒家的解释影响了他关于宗教历史之演化、关于历史与神学之关系的思想。②沈福宗也向海德传授了些许汉语。他们两人的会面颇具象征意义:汉学此后跻身于欧洲东方学的研究范畴之中。海德对沈福宗怀着钦崇的记忆。1702年,海德再次向沈福宗致敬:"我的中国朋友弥额尔·沈福宗(这是他的名字),是一位学者,懂得他的国家的一切学问,他流畅地阅读所有的著作,正直不阿,诚恳无欺,在一切事上都深可信赖。他是一位非常博学的卓越之士,对各种事物都勤勉求知,会讲拉丁语,因此我与他能够毫无困难地开怀畅谈。"③有意思的是,沈福宗用拉丁语写给海德的信,是向他求取数学书籍与光学仪器,好带回中国。④

汉语研究不断向前进展,但其中经历诸多困难和争论,以今日眼光视之,难免感到诧异。得益于对汉语的发现,欧洲展开了对人类语言的整体性思考。1652年,基歇尔(Athanasius Kircher,1602—1680)认为,中国人可能是从古埃及祭司智者那里承接了自身的语言。⑤法国东方学者德金(Joseph de Guignes,1721—1800)进而于1759年在巴黎出版了《论中国为埃及人殖民国》(*Mémoire dans lequel on prouve que les Chinois sont une colonie égyptienne*)一书。英国人约翰·韦伯(John Webb,1611—1672)发表了一篇论文,称中国语言乃是巴别塔

---

① Guy Strousma, "Thomas Hyde and the Birth of Zoroastrian Studies", *Jerusalem Studies in Arabic and Islam*, 2002, xxvi, pp. 216 - 230.
② 这并不是说海德本人认同耶稣会士关于原始儒家是一神论的立场(这个问题仍处在争议之中),但耶稣会士的立场影响到了他对琐罗亚斯德教的表述。
③ William Poole, "The Letters of Shen Fuzong to Thomas Hyde, 1687 - 88", *Electronic British Library Journal*, 2015, p. 7.
④ Ibid.
⑤ 关于基歇尔其人的独特形象,以及他的著作特别是《中国图说》(*China illustrata*,1667)一书对中国的影响,参见 Paula Findlen(ed.), *Athanasius Kircher: The Last Man Who Knew Everything*, New York: Routledge, 2004。

语言变乱之前的人们所讲的原初语言。①韦伯研究的意义得到了学界的重视:"韦伯对汉学的贡献非常重要,因为他从已出版的西方文学中总结关于中国语言收集到的资料,也因为他首先试图用一部书的篇幅以及系统化的方式来定义中国语言在世界各种语言中的位置。他的独创性限于从这些资料记载中构建出一项论述:中文是人类在建造巴别塔之前使用的原初语言。"②

道明会士万济国(Francisco Varo,1627—1687)所著《华语官话语法》(Arte de la lengua mandarina)一书,在他逝世后于1703出版,是一部关于汉语文法的先驱论著,书中不使用汉字,而是全部采用音译。其后,耶稣会士马若瑟(Joseph Henri-Marie de Prémare,1666—1736)于1700年左右著成一部关于中国文学和语言的水平甚高的读本《汉语札记》(Notitia linguae sinicae),最终在1831年得以出版。③马若瑟是第一位清晰地把文言文和白话文区分开来的作者。1735年,他将元剧《赵氏孤儿》译为法文,这部作品激发了18世纪不少作家特别是伏尔泰的创作灵感。马若瑟的法译本后来还被译为英语、德语以及荷兰语。

儒家经典的西译,很快影响到欧洲思想的发展。拉莫特·勒瓦耶(François de La Mothe Le Vayer,1588—1672)是第一位发表了孔子研究的世俗哲学家,他所撰写的《论中国的苏格拉底——孔子》一文,收录于其1641年出版的《论外邦人的美德》(La Vertu des payens)一书中。勒瓦耶后来在1652年成为法国王储的启蒙老师。正是在阅读了金尼阁的作品之后,他才了解到孔子这位"中国的苏格拉底"具有的德

---

① John Webb, *The Antiquity of China, or An Historical Essay, Endeavoring a Probability That the Language of the Empire of China is the Primitive Language Spoken Through the Whole World Before the Confusion of Babel*, London: Blagrave, 1669.

② Christoph Harbsmeier, "John Webb and the Early History of the Study of the Classical Chinese Language in the West", Ming Wilson, John Cayley (eds.), *Europe Studies China*, London: Han-shan Tang Books, 1995, p.327.

③ 参见 Knud Lunbaek(龙伯格), *Joseph de Premare (1666–1736), s.j.: Chinese Philology and Figurism*, Aarhus: Aarhus University Press, 1991. 马若瑟撰写过两本教材:一本谈中文发音,另一本以字母对译汉语。

行涵养与爱国情怀,中国在伦理、政治以及宗教方面的稳定性都有赖于孔子的存在,这足以使孔子成为一位圣人。蒙田(Montaigne)是最早以溢美之辞谈论中国的作者,在《蒙田随笔》(*Essais*)中,他对中国的治国之道赞叹不已,他认为中国的稳定性与儒家的精神,对当时因宗教战争以及后来继起的投石党运动而动荡不安的法国来说,好似一帖良药。值得一提的是,拉莫特·勒瓦耶其实也属于我们所称的"基督徒怀疑者"(sceptique chrétien)之列,怀疑一切,甚至怀疑其怀疑本身;但他仍然怀有基督信仰,视之为超越理性、镇定内心的精神力量。

"儒学/儒教"(*confucianism*)的概念来自于耶稣会的"发明家"的创造,这个论题在数年前通过汉学家詹启华(Lionel Jensen)的论著而流传开来。[①]詹启华认为confucius("孔夫子")这个拉丁词是利玛窦首创。[②]对詹启华而言,孔子其人,作为恒远中国的智慧象征、中国民间宗教的圣祖、启发了欧洲启蒙运动的"神话式"人物,这一切都是初期耶稣会士制造的结果,目的在于建立欧洲与中国之间的跨文化对话。在詹启华看来,利玛窦及其同伴们都将自己"化归"入了儒士(lettrés)之列。不过,实际情况要微妙得多,拉丁词 *literati* 应是汉语"士"的翻译,但詹启华在西方语言的译本中总是将"士"和"儒"混用。即使詹启华对儒学的观点——即西方所理解的"儒学/儒教"(confucianism)一词是一种文化上的精心构造——是有所依据的,但他对文本和历史的阅读也流于片面,并且透露出相当的不确定性。更好的说法毋宁是,儒学的"建构"曾经是汉学的出发点,是唯独属于欧洲的文化创举,然而同时,这种西方"儒学"从一开始即是在中西方的互动探讨中、在牵动了当时许多中国儒士的争论中,得到建构的。它不是"无中生有"的创造,在某种意义上,现代的"儒学"正是中国人和西方人通过交流、并且在交流中不断向彼此提出新的问题,而共同建构起来的。

[①] Lionel Jensen(詹启华), *Manufacturing Confucianism. Chinese Traditions and Universal Civilization*, Durham: Duke University Press, 1997. 中译本见詹启华:《制造儒家:中国诸传统与普世文明》,徐思源译,北京大学出版社,2019年。

[②] 这一观点后来受到了学者的批评。见 Nicolas Standaert(钟鸣旦):"The Jesuits Did not Manufacture 'Confucianism'", *Eastm*, 1999, 16, pp. 115-132。

二、星象与火炮

在地理学与历史学的领域里,卫匡国(Martino Martini,1614—1661)当享有不朽之名,因为他的作品对欧洲的哲学论辩发挥了相当重要的影响。卫匡国极大地丰富了中国编年学的研究领域,而中国编年正是那个时代的汉学、圣经批判以及护教学所关心的头等大事:中华文明的发展较基督文明更为悠久,这一事实是否使得一切试图调和中国编年与圣经编年的努力都成为不可能? 1658 年,卫匡国撰写了《中国上古史》(*Sinicae historiae decas primas*),建立了从伏羲(公元前2952 年)开始直到基督纪元之初的年代编排;在对圣经年代的字面理解的质疑中,正是该书扮演了关键角色。卫匡国也曾亲历满清王朝征服浙江的历史,并将自己的见闻写入了《鞑靼战记》(*De bello tartarico historia*)一书,1654 年出版于安特卫普,1654 年到 1666 年间,该书在欧洲被译为八种语言,发行 28 版次之多,这也表明欧洲对中国这段时期的政治变革抱有浓烈的兴趣。①《中国上古史》在前言里说明了知识流通的一个原则:

> 正如我曾离开欧洲,为向中国人指出真理的道路,因为他们没有那一道由天主的恩宠赐给我们、照亮我们的光;同样,如今我奉长上之命回到欧洲,我也不愿向欧洲人隐瞒他们如此渴求的关于这个伟大帝国的知识。②

这段前言,以及卫匡国为了向对话者传递一种可靠的知识而坚持付出的巨大努力,意在坚定其读者,使他们放心面对"由于肯定中国历

---

① Harriet T. Zurndorfer, *China Bibliography: A Research Guide to Reference Works about China Past and Present*, Leiden: Brill, 1995, p. 7.
② Martino Martini, *Opera Omnia*, vol. IV, Trento: Università degli Studi di Trento, 2010, p. 51; Antonella Romano, *Impressions de Chine*, Trento: Università degli Studi di Trento, 2016, p. 246.

史先于西方历史而呈现的潜在危险"①。在卫匡国对真理的寻求中,至关重要的就在于中国"能够为欧洲提供一面它自身的镜子"②。

卫匡国在另一个领域的贡献,体现在他的著作《中国新地图集》(*Novus Atlas Sinensis*)中,该书1655年出版于阿姆斯特丹,内有17张地图以及171页文字。卫匡国在礼仪之争中支持利玛窦的适应政策,他在返欧辩护期间,还曾帮助荷兰数学家伊萨克·格里乌斯(Isaac Golius,1596—1667)出版以十二属相循环为序的中国年历,首次在欧洲使用中国汉字印刷,并为中国历法系统赋予了一种合理的解释。卫匡国一度持有从罗马获得的教廷许可,同意他在教会中使用中国礼仪,然而礼仪之争很快反弹,这一许可又归于无效。此外,卫匡国还因杭州主教座堂的建造而闻名,此教堂在他逝世前不久竣工。

在植物学领域,1656年,波兰籍耶稣会士卜弥格(Michael Boym,1612—1659)于维尔纳出版了《中国植物志》(*Flora sinensis*)以及其他关于医学、绘图术以及辞典编撰的著作,称得上是一位百科全书式的汉学家。卜弥格的多件手稿,尤其是对中医诊脉判病方法的详尽翻译介绍,被荷兰海船占为己有,后来辗转经由几位德国和法国的作者整理,在欧洲出版,然而并没有给予卜弥格应有的地位与荣耀。③ 1671年,《中医的秘密》(*Les secrets de la médecine des chinois*)一书出版于法国格勒诺布尔(Grenoble),很可能就是以卜弥格的手稿为基础而撰写的。卜弥格效法艾儒略,选择跟随流亡的南明,甚至曾经带着南明遗老的信件出使罗马,包括被废位的南明皇后、其他皈依基督的皇室成员,以及受洗后取教名为当定的南明永历帝的皇子。④ 卜弥格积极为南明奔走,

---

① Antonella Romano,*Impressions de Chine*,p. 247.
② Ibid.,p. 251.
③ Szczesniak Boleslawn,*The Writings of Michael Boym*,Monumenta Serica,1949 - 1955,XIV,pp. 507 - 517.
④ 慈炫的教名"当定",即君士坦丁大帝之名的谐音,耶稣会士期许他将来能效法这位罗马皇帝,大力支持天主教的发展。慈炫本为皇三子,后被册封为太子。参见黄一农:《南明永历朝廷与天主教》,《中梵外交关系史国际学术研讨会论文集》,台北辅仁大学历史学系,2003年,第79—118页;亦收入饶宗颐主编:《华学》第六辑,紫禁城出版社,2003年,第230—254页。

招致了不少反对声浪以及长上的谴责。卜弥格出使罗马的任务以失败告终,而南明也很快覆灭,"君士坦丁之梦"就这样灰飞烟灭,黯然收场。然而,另一批耶稣会士很快以另一个梦想取而代之。

人们常将汤若望、南怀仁与利玛窦相提并论,认为他们构成了耶稣会第一次在华传教的"三位一体"的组合,正如19世纪下半叶上海土山湾耶稣会印书馆为此三人印刷的肖像所体现的那样(后文将详述)。汤若望原籍德国科隆,以翻译一本机械学书籍开启了他的传教生涯,并在此过程中逐渐博得各方情谊,之后在西安建起一座教堂。在西安这座中国古都,他甚至还绘制出了沙漠商队行旅的路线图。在中国后来的历法改革中,他才得到机会一展长才。关于汤若望参与修历,我们可以回溯到1629年,当时在徐光启的鼓励下,伽利略的学生邓玉函(Johann Terenz Schreck,1576—1630)通过演算成功地预言了一次日食①,其精确度让当时明朝使用的大统历和回回历都相形见绌。历法的精准是政治上的头等大事,因为需要靠它判定日子的吉凶,确保所有社会活动的吉昌。邓玉函因而被委命于历局任职,但他上任七个月后,就不幸患病去世;两年后,徐光启也逝世了。多年以来,徐光启是全力推动历法改革的灵魂人物,他相信历法改革既能保卫朝廷,又能传播信仰。此时,修历的重任就落到了汤若望身上。历法改革虽然仍是局部性的,但汤若望取得了成功,也为自己博取了朝廷的最高褒奖。崇祯十一年(1638),在主显节当天,崇祯皇帝特赐"钦褒天学"御匾,表彰汤若望在"天学"上的卓越才能②。"天学"一词,既可以指天文学,也能使基督徒从中感到朝廷向天主教教义表达的敬意。天文学和神学在汤若望身上以某种形式结合在一起,如琴瑟和鸣。汤若望为御马监太监庞天寿施

---

① 在这一时代,虽然部分耶稣会士信服哥白尼的天文理论,但驻华耶稣会士在正式场合还是继续使用托勒密系统为演算参照。关于此问题有一篇简短而出色的综论,见David Mungello(孟德卫),*Curious Land*,Honolulu: University of Hawaii Press,1989,pp. 25-29。哥白尼理论于1760年第一次被明确地介绍到中国,此举要归功于法国耶稣会士蒋友仁(Michel Benoist,1715—1774),此时距哥白尼出版《天体运行论》(*De revolutionibus*)已有230年之久。

② 参见《礼部题准给扁钦褒天学疏》,《熙朝崇正集》,韩琦、吴旻校注,中华书局,2006年,第38—39页。

洗之后，得以在一间私人会堂里为紫禁城宫里人举行弥撒。同时，汤若望也为明朝督制西洋大炮，以抵御满族军队的最后进攻。1644年，明王朝最终倾覆。汤若望没有接受耶稣会长上的劝说南下，而是选择留在北京；经过一番艰苦努力，他终于获准保留耶稣会的会院、小教堂以及图书馆。①汤若望转而拥戴清政权，此举逐渐被耶稣会士们解读为天意，因为他们曾一度以为改朝换代让他们全盘皆输。

汤若望很快受到清朝新政权的任命，担任钦天监监正，并再次准确预言日食，获得了新政权的充分认可，并且与年轻的顺治皇帝（1638—1661）培养起了近乎祖孙般的感情。汤若望在朝廷的显赫位置和他展现的卓越智识，却为他在耶稣会内部以及其他修会中招致了深深的敌意。安文思、利类思、傅泛济、龙华民等人都曾经请愿开除汤若望的耶稣会籍。后来，特设调查委员会免除了汤若望所受的指控，但在耶稣会之外，这些指控愈演愈烈，即使在汤若望逝世之后仍被引为话柄，再度掀起礼仪之争的波澜。②

1664年，汤若望经历了一场生死劫难。杨光先上书控告汤若望的历法错谬，误算荣亲王葬期，导致董鄂妃的薨逝。顾命大臣鳌拜支持杨光先，于是汤若望与其他三名在钦天监任职的耶稣会士锒铛入狱，被判凌迟处死。然而，彗星的出现以及京城大地震的发生，挽救了他们的性命，众大臣认为这项判决触怒了上天，经多方恳求，汤若望终得开释，但他在第二年（1665）就去世了。经此"康熙历狱"事件，三十三名在华外国传教士中有三十名被流放并拘禁于广东，直至1671年，康熙颁旨为汤若望平反昭雪，被逐的传教士才得以回原堂复职。

南怀仁是比利时西弗莱芒人。1669年，年轻的康熙帝（1672—1722在位）罢黜了原先控告汤若望的杨光先等人，复启用南怀仁担任

---

① 汤若望曾写过一封伤心欲绝的信，谈及明朝末代皇帝崇祯的驾崩，描述满洲军队进入北京城前一群太监趁机闹事，崇祯帝自缢于北京城神武门外的煤山。
② 在朝代更替前后的艰难时期，耶稣会士内部以及不同修会的传教士仍因礼仪问题相互争论，关于这一切的来龙去脉，George Dunne 依据详实的史料作出了完整的描述，见 *Generation of Giants：The Story of the Jesuits in China in the Last Decades of the Ming Dynasty*，Notre Dame：Notre Dame University Press，1962，p. 245。中译本见邓恩：《一代巨人：明末耶稣会士在中国的故事》，余三乐、石蓉译，社会科学文献出版社，2014年。

钦天监监正。南怀仁准确地预言了日食时间,击败了敌对者。无论在科技领域还是在传教事业中,南怀仁的重要贡献都堪与汤若望比肩,官职也升至工部右侍郎。此外,在他的时代,南怀仁也是研究当代史的专家,其著作《中国皇帝出行鞑靼记》(Voyages de l'Empereur de la Chine dans la Tartarie)于 1695 年出版于巴黎。南怀仁同样也是《满语要素》(Elementa Linguae Tartaricae)的作者。1658 年,南怀仁甫抵澳门,旋即被汤若望延揽到北京,随后担任康熙的老师,教授几何学,并将欧几里得的部分作品翻译为满文,还为北京天文台装备了先进的观测设备。南怀仁同时还研究蒸汽的使用,并且很可能建造了第一辆蒸汽驱动的车辆(1668 年,南怀仁的著作《欧洲天文学》(Astronomia Europa)出版,书中即描述了他设计的蒸汽车)。在中国儒士的帮助下,南怀仁完成了大量科学著作,绘制了多幅中国地图。他同样也编辑了宗教书籍,并且很可能是《教要序论》的作者。这本书将教义讲述与圣经叙事整体连接在一起,被部分当代中国学者视为对中国训诂学与圣经诠释学的综合。[1]这可能夸大了这本教理书中的文学内容的重要性,但确定的是,随着时间流逝,传教士及其合作者们自然而然地把他们在欧洲所学的神学风格与中国经典注疏的标准特征越来越紧密地结合到了一起。或许这一点能够解释,久已被人忽略的清初中国基督徒的写作,为何在今天激发了中国学者与神学家的极大兴趣,并被视为汉语神学的一个重要源头。

由于必须为皇帝效力,向科学研究投入大量心血,难以兼顾传教工作,某些耶稣会士深感良心不安,如协助汤若望修历的罗雅谷(Giacomo Rho,1592—1638)就曾道出自己的苦衷,而他的守护天使启示给他一个办法:牺牲几小时的睡眠时间,就能多写出几本宗教书籍。事实上,在他的儒者朋友的帮助之下,罗雅谷在其短暂的生命结束之前,出版了六本作品,包括圣女大德兰(Thérèse d'Avila)的百句格言选编、对《天主经》和《圣母经》的阐释,等等。

汤若望和南怀仁的成功,以及他们惊人的创作力,赋予了耶稣会士

---

[1] 张玉梅:《南怀仁〈教要序论〉训诂学研究》,上海古籍出版社,2016 年,尤见第 341—344 页。

在智识上更广阔的自由。他们的写作部分地展现出了起初的志向,即将天文学的推演和证明天主存在两者结合为一体,而这个志向曾在南京教案中使他们付出了高昂的代价。①

1687年,五位法国耶稣会士以"国王数学家"的头衔抵达中国,实际上他们成为了康熙皇帝的数学老师。他们使用奎宁成功治愈了康熙的热病,康熙康复之后,遂将紫禁城内的一片土地赐予他们。②他们在受赠的土地上建造了一座教堂、一处会院、一座图书馆、一座天文观测台,并打造了一系列珍贵的科学器材。在他们抵华后的十五年中,又有共计四十名法国耶稣会士陆续来到中国。不过,这第二波来华传教士不再属于文艺复兴时期,而是属于启蒙时代。

三、18世纪在华耶稣会士概观

18世纪的第一年,是一个重要的节点。1700年,法国耶稣会士和葡萄牙耶稣会士之间的不和(双方的冲突演进到一个极端的地步,甚至收买信使以拦截他人寄送给对方的信件③)导致耶稣会中华副省一分为二,重组为两个新的副省,分别由葡萄牙人和法国人担任副省会长。④同年,四名法国耶稣会士奉康熙御旨绘制京畿地图,在七十天内即完成了任务。此举是绘制大清帝国全图之始。1708年,耶稣会士开始着手绘制长城以北的地图,如此以往,"制图大业"突飞猛进。这项事业既受到了一个"法国梦"的激励,但同时也受其毒害,这个梦想就是促成"太阳王"路易十四与康熙皇帝间的联盟,将一个改头换面的"君士坦丁梦"付诸现实。然而,在启蒙时代之初,地图之外的某些隐喻,能帮助我们去把握在往后的四分之三个世纪里上演的故事,这个隐喻就是索

---

① Ad Dudink(杜鼎克), art. cit. 2001, pp. 221 - 223.
② John Witek(魏若望), *Controversial Ideas in China and Europe: a Biography of Jean-François Foucquet S. J.* (1665 -1741),1982, p. 62. 中译本见魏若望:《耶稣会士傅圣泽神甫传:索隐派思想在中国及欧洲》,吴莉苇译,大象出版社,2006年,第467页。
③ Ibid., p.53;同上书,第49页。
④ 不论是葡萄牙籍省会长或是法国籍省会长,皆受到驻澳门巡阅使的监督。巡阅使一职专为中国和日本传教事业所设,巡阅使的职位为常设,职权通常是耶稣会总会长所赋予的权力。

隐派的计划，我们将围绕着白晋来阐述。索隐主义可以被视为对中国语言与智慧之"矿层"的勘探，其目的是为了建立一种"元语言"，将人类信念与知识联结为一体。在钱德明（Joseph-Marie Amiot，1718—1793）一直开展到18世纪末的研究中，音乐和舞蹈都扮演着元语言的这一角色，而对中国的技术和政治实践的描述，同样也冲击着西方的知识范畴。耶稣会士在中国的使命，虽然总是由传教的关怀所激发，但却是以一种不无混乱的方式，渐渐从绘制的纸上地图转移到外在的真实地域中。那些耶稣会士力图为"元语言"制定的基本前提，质疑着言谈与知识（圣经编年、哲学概念、人类智慧与圣经启示之间的区别）的普世性，这种普世性在当时的人们看来是与信仰的宣告不可分割的。

此外，18世纪之初，在华耶稣会士人数也达到了历史高峰。1701年，活跃在中华大地上的耶稣会士共有82名，耶稣会第一次在华传教的整个期间，在中国的人数都没有超越这个数字。值得一提的是，18世纪早期，全世界的耶稣会士总人数处在17 000到19 000之间，而利玛窦在华期间，抵华的耶稣会士从未超过21名，17世纪80年代，在华耶稣会士大约在30到40人左右。从1707年起，礼仪之争为耶稣会前来中国的人数造成了负面影响。不过，中国籍耶稣会士的人数增长，缓和了礼仪之争以及继起的各种教案产生的影响，从1732年至1743年，中国籍会士从6名增加到了22名。1748年，在华耶稣会士中，中国籍会士的人数比例占到了最多。其他国籍的人数所占比例大体如下：意大利籍会士人数在整个传教期间相对比较稳定；葡萄牙籍会士人数直到18世纪前三分之一的时期都占绝对优势，后来法国籍会士人数一度超越他们，但只维持了一个短暂时期（1731—1743）。还值得关注的是，当时每名耶稣会士的传教"寿命"都是很长的：平均约略多于20年，某些人甚至长达60年。①

到1700年左右，耶稣会在中国境内共建立了266座教堂、14座小教堂（chapelle）、290间祈祷所（oratoire），分布在相当可观的地域内，由

---

① 参见 Nicolas Standaert（钟鸣旦），"The Jesuit Presence in China（1580 - 1773）: A Statistical Approach"，1991。在同作者的另一本书里，数字有所调整，见：*Handbook of Christianity in China*，vol. I，Leiden: Brill，2001，pp. 306 - 308。某些数据疑点甚多。

不在朝廷内任职的耶稣会士负责管理。每一座教堂通常设有一名教理讲授员。据中国省副省长安多(Antoine Thomas, 1644—1709)估计，耶稣会士所服务与照顾的基督徒大约为十九万六千人。[①] 此后，官方的限制以及教案的发生使得信徒人数呈规律性递减。1775 年，耶稣会的解散令在中国生效之后，仍有 26 名耶稣会士留在中国的土地上，其中一些人在宫廷效力直到 1811 年，但他们的正式身份不再是"耶稣会士"，因为除俄罗斯外，耶稣会已不复存在，直到 1814 年在罗马得以重建。

耶稣会士作为得天独厚的信息员，向欧洲提供了关于中国的许多信息，助益了启蒙运动对哲学与文化事业的追求。收录于《耶稣会士书简集》中的一些记述和信件，为欧洲开启了朝向其他众多文化的大门。这些记述提供了"由中国展现的证据"[②]，证明欧洲的诸种风俗习惯、宗教传统、政治体系乃是历史的产物，而非自然产生；尤其重要的是，在世上还存在其他一些先进文明，建立在其他基础之上，而非地中海文明或欧洲文明的基础。儒学尤其提供了一个"公民宗教"(religion civile)的典范，它奠基在理性之上，保卫着社会的秩序，而与基督信仰的教义并无关联。但我们也不要忘记，这些记述的读者也能从中得出适于己用的结论，例如孟德斯鸠就从中找到了他用以批评"亚洲专制主义"的佐证。

在谈论《耶稣会士书简集》之前，我们必须先谈谈几位受命担任"国王数学家"的法国耶稣会士：刘应(Claude de Visdelou, 1656—1737)[③]、张诚、李明、白晋，以及洪若翰(Jean de Fontaney, 1643—1710)[④]。他们身处的年代正是 17 世纪与 18 世纪之交。1685 年，这五

---

① 见 L. M. Brockey(柏理安)，*Journey to the East*, *The Jesuit Mission to China*, 1579 -1724, pp. 174 - 176。
② Isabelle Landry-Deron, *La Preuve par la Chine*, Paris: Éditions de l'EHESS, 2002.
③ 刘应是一位颇有争议的人物，因为在礼仪之争中，他采取了与多数耶稣会士对立的立场，并支持教廷对后者的惩处。尽管遭到其修会长上的反对，他仍领受了主教圣职，但后来被康熙驱逐出境，到印度旁迪切里(Pondichéry)度过三十年余生。他随身携带五百本中文书籍，以研究这些书终老。他的研究尤其受到傅尔蒙(Etienne Fourmont)和德金(Joseph de Guignes)的剽窃(参见 Urs App, *The Birth of Orientalism*, p. 224 et al.)。
④ 洪若翰是这个法国耶稣会使团中最年长的耶稣会士，他培育了这个团队并担任其领导。他是数学教授和天文学教授，于 1702 年回到欧洲。

位耶稣会士被光荣授予"国王数学家"的头衔,同年 3 月 3 日,他们登上两艘大船,从法国布勒斯特(Brest)出发前往澳门。这次出发相当仓促,大概是为了避免收到罗马传信部发出的禁令。为了不经过澳门,他们绕道宁波,1687 年 7 月在宁波登岸,途经扬州而最终抵达北京。他们的探险为中欧之间一种崭新形态的关系揭开了序幕。由于他们是直接由法国国王路易十四派遣,无视保教权的规定,因此激怒了葡萄牙籍的耶稣会士,随后,北京的耶稣会团体内部发生了多次激烈争执,表明这一时期在欧洲高涨的国家主义甚至在中国境内也气焰炽热。① 特别的是,他们的传教使命同时肩负着科学项目的研究,而这科学项目本身也具有双重目的:向中国人展示科学与科技的进步,以肯定欧洲的优越性;同时,研究中国及周边国家的语言、科学、地理以及历史。耶稣会士们所"创造"的汉学,在知识交流的形式中开展起来。显而易见的是,这趟冒险同时承载着路易十四的政治雄心和外交宏图。②

在这五位耶稣会士中,李明很快就回到欧洲,负责呈交关于出使的报告,并处理一些财务和行政方面的事务。1696 年,李明出版了前文述及的《中国近事报道》,该书写作风格生动,对地理、植被、风土人情都有丰富的观察。1700 年,这本书遭到索邦神学院查禁,后者认为书中立场过于袒护中国礼仪。索邦的审查再度激化了中国礼仪之争,但该书在后来对《耶稣会士书简集》以及杜赫德(Jean-Baptiste Du Halde)的《中华帝国全志》(*Description de l'empire de la Chine*,后文将详述之)的编写过程都产生了相当程度的影响。从 17 世纪中叶一直持续到 18 世纪末的这些神学争论,与关于中国政体的性质及其起源的讨论也

---

① 尽管如此,1689 年,葡萄牙耶稣会士徐日升(Tomé Pereira)与法国耶稣会士张诚两人合作,担任中国对俄谈判的口译,最终确保了中俄尼布楚条约的成功签署。但是随后法葡两国耶稣会士之间的关系日趋紧张。

② 关于法国耶稣会使团的性质和成立宗旨之研究,参见 Catherine Jamy, "From Louis XIV's Court to Kangxi's Court: An Institutional Analysis of the French Jesuit Mission to China (1688 - 1722)", in Hashimoto K. et al. (eds.), *East Asian Science: Tradition and Beyond*, Osak: Kansai Univesity Press, 1995. 另可参见 John Witek(魏若望), *Controversial Ideas in China and in Europe*, 1988, pp. 13 - 72. 中译本见魏若望:《耶稣会士傅圣泽神甫传:索隐派思想在中国及欧洲》,吴莉苇译,大象出版社,2006 年。

是紧密相关的。这部作品被禁之后,随着礼仪之争不断扩大化,李明不得不前往罗马,再也无缘回到中国,最终逝世于法国波尔多。

另一方面,张诚和白晋成功博取了康熙皇帝的信任,向康熙讲授几何和代数,但他们不再以丁先生的数学著述为教材,而是采用耶稣会士巴蒂(Ignace-Gaston Pardies, 1636—1773)更为现代的数学方法。①他们努力摆脱了利玛窦的直接继承者们运用亚里士多德的范畴来论述西方哲学和科学的方式,开辟出一条新的道路。②中国朝廷与耶稣会之间关系融洽,进而要求法国提供更多增援,以便能按照法国的模式在北京建立一座科学院。随后,皇帝任命白晋为特使,返回欧洲招募更多人才来华。1699年,白晋从法国布勒斯特登上"安菲特利特"(Amphitrite)号,带着巴多明(Dominique Parennin, 1665—1741)、马若瑟以及其他五名耶稣会士前往中国。白晋、巴多明与马若瑟从法国拉罗舍尔(La Rochelle)直达广州,另外五名会士则行经印度马德拉斯(Madras)与印度尼西亚后再到中国。1703年,另有10名耶稣会士抵达中国。第一代的法国耶稣会使团后继有人,络绎不绝,并贯穿了整个18世纪。

我们在导言中已经提到,白晋与《中国近事》(*Novissima Sinica*)的作者莱布尼茨通信,建议后者探究算术的二进制系统与《易经》八卦的对应关系。③他们在信件中谈论的内容不仅限于数学,索隐派的学说也占了重要的一席之地。白晋的方法论首先来自他对《易经》的仰慕,他在易经中找到一个"可以适用于所有学科"的"关键",也就是一种元语言——八卦的卦象,通过它,神学、哲学以及科学都可以整合到一个融会贯通的体系中。白晋对莱布尼茨发挥了巨大的影响力,推动了后

---

① 白晋明确要求"根据当今论法"来进行推理和教学。参见白晋引述自己于1691年10月20日写给李明的信,Claudia von Collani(柯兰霓)(ed.),*Journal des voyages*, 2005, p. 14。
② 利玛窦的教理著作《天主实义》是首度将"亚里士多德的哲学范畴"与"中国经书的诠释视角"两者集大成的实例。参见 Nicolas Standaert(钟鸣旦), "The Classification of Sciences and the Jesuit Mission in Late Ming China", in Jan M. De Meyer, Peter M. Enqelfreit (eds.), *Linked Faiths: Essays on Chinese Religions and Traditional Culture in Honor of Kristofer Schipper*, Leiden: Koninklike Brill NV, 2000, pp. 287-317(尤见 p. 306)。
③ 参见 David Mungello(孟德卫), *Leibniz and Confucianism: The Search for Accord*, Honolulu: University of Hawaii Press, 1977。

者对一种"普世语言"的哲学探索。而这种在本质上几近炼金术性质的探索,也吸引了那一时代的才智之士络绎不绝的投身。除白晋外,马若瑟也是索隐派最具影响力的人物之一,兼具中文与希伯来语的高深造诣。马若瑟对词汇的敏锐洞察力大大助益了索隐派的研究,但这也使得他对中国礼仪之争中"天"和"上帝"这两个词的遭禁而深感痛惜,因为对他来说,只有这两个词汇传达了深隐于中国经典之中的对天主的观念。除此之外,在当时索隐派的耶稣会士中流行的观点,还包括认定伏羲和圣经中的以诺(Enoch)是同一个人,以及将中国古代的"五帝"视为基督的预表等。中国为一种尚未成熟的新的神学语言提供了素材。

此外,在中俄签订《尼布楚条约》的过程中,两位耶稣会士被派遣前往帮助中国使节,张诚是其中之一,他在后来还展现出了卓越的绘图才华。①张诚的测绘工作在后来由冯秉正(Joseph-Anne de Mailla,1669—1748)接续,后者兢兢业业18年,完成了中国的一系列地图,即《皇舆全览图》与各省分图稿。同时,冯秉正还以欧洲语言编著了首部中国通史的巨著,共十二卷,包括各种地图和平面图,在他逝世三十年之后,此书才得以出版。②

第一代在华的法籍耶稣会士的追随者接续相承,首先是雷孝思(Jean-Baptiste Régis,1663—1738),然后值得一提的有安加维(Pierre-Noël Le Cheron d'Incarville,1706—1757)、韩国英(Pierre-Martial Cibot,1727—1780)③、蒋友仁(Michel Benoist,1715—1774)等。还有

---

① 关于张诚的生平,参见 Mme Yves de Thomaz de Bossierre, *Jean-François Gerbillon* (*1654-1707*),1994。
② *Histoire générale de la Chine ou annales de cet empire*,Paris:ph. D. Pierre Clousier,1777-1785。
③ 韩国英翻译了《诗经》的一部分,并很自由地将其内容基督化了,将"孝"与"敬天"之主题紧密联系在一起。见蒋向艳:《"迁移的文学和文化:耶稣会士韩国英法译〈诗经·蓼莪〉解析》,《澳门理工学报》,2017年第3期,第70—76页。关于韩国英对"孝"之主题的讨论,见 Pan Feng-Chuan(潘凤娟),"Filial Piety, the Imperial Works, and Translation: Pierre-Martial Cibot and The Book of Filial Piety",in Lawrence Wang-chi Wong, Bernhard Fuehrer (eds.), *Sinologists as Translators in the Seventeenth to Nineteenth Centuries*,Hong Kong:The Chinese University Press/Research Centre for Translation, CUHK,2016,pp. 87-126。

一位特别重要的科学家,耶稣会士宋君荣(Antoine Gaubil,1689—1759),他所撰写的《中国天文史略》(*Histoire abrégée de l'astronomie chinoise*,1729)备受瞩目。宋君荣不仅是一位卓越的天文学家,同时也是一位优秀的历史学家,他将《书经》译为法文并撰写了《中国纪年论》(*Traité de chronologie chinoise*)① 以及《大唐史纲》(*Abrégé de l'histoire chinoise de la grande dynastie des Tang*),这两本书在他逝世后很久(1814)才在法国出版。宋君荣在后来还成为钱德明的老师,后文中将会谈到这段缘分。

宋君荣留下了大量通信,为我们提供了多方面的宝贵信息,包括天文观测,他个人对耶稣会灵修的钟爱、对詹森派教义的憎恶,以及天主教会在北京和在京城周边的处境,等等。1741 年 10 月,他在信中写道:"(京城四郊的)基督徒增长到超过五万人。他们经常来到京城领受圣事,向我们咨询,让我们了解他们的信仰状况,向我们寻求教理书籍、圣像、圣牌、念珠等。(京城四郊的)五名中国籍耶稣会神父②每年为1 200名成年人付洗,而京城内的三座教堂每年则会有五、六百人蒙恩受洗。"③

四、《耶稣会士书简集》与杜赫德的《中华帝国全志》

《耶稣会士书简集》(*Lettres édifiantes et curieuses*)出版于 1702 至 1706 年间,是在中国、美洲以及世界其他地方传教的耶稣会士寄回欧洲的信件的集成,共计三十四册。耶稣会会祖依纳爵曾定下频繁的

---

① Antoine Gaubil (tr.), Joseph de Guignes (ed.), *Le Shouching, un des livres sacrés des Chinois*, Paris: Tilliard, 1770; Louis-Sylvestre de Sacy (ed.), *Traité de la chronologie chinoise*, Paris: Treuttel et Würtz Libraires, 1814,该书最初于 1770 年出版,其手稿由法国天文学家拉普拉斯(Laplace)在巴黎天文台档案馆发现,后人于 1814 年以 *Traité de chronologie chinoise* 为名而出版。
② 这五名中国籍耶稣会士驻守在京城四郊,因为外国耶稣会士无法离开京城。此段引言中的"(京城四郊)"为本书作者所加,让读者易于了解。
③ Antoine Gaubil, *Correspondance de Pékin. 1722 - 1759*, Genève: Droz, 1970, pp. 546 - 547.

书信交流的规定,作为耶稣会的管理原则,也作为维持精神团结和心灵团结的方法。同时,通过讲述传教士在各个国家为传教事业而采取的行动、取得的成功以及遭遇的困难,这些书信也成为塑造耶稣会士、资助人以及公众的方法。书简集包括事务类的信件与教益类的信件,前者处理人事及其他需要解决的问题,后者则讲述传教工作及其成就。事务类的信件只在耶稣会内部传阅和使用,而教益类的信件在朋友与资助者中广为流通。这些书信中,来自中国的信件引起了尤为热烈的回响。耶稣会中国传教区驻巴黎的司库郭弼恩神父(Charles Le Gobien)负责搜罗信件以供出版,随后,杜赫德接任主编,得到了帕杜耶(Patouillet)和马雷夏尔(Maréchal)两位神父的支持。这部书信集被译为了欧洲大多数的语言发行,其中英语版删减为最,删去了大部分宗教性质的陈述。

杜赫德对《耶稣会士书简集》的满心热诚,也激发了他在1735年出版《中华帝国全志》。[①]该著作共四册,集成了曾在中国或仍驻留中国的共计二十七名耶稣会士的工作成果。除了地理描述之外,读者还可以在该书中读到关于国家治理、军事架构、农业、工艺、伦理、礼仪、科学、医药、货币、商业、语言、书写体系、陶瓷制造、丝绸等方面的省思。这部作品表面上看不出写作顺序,实际上却有着精心架构:第一卷开篇即展现当时中国十五个省的地理环境;第四卷收录的是与中国接壤并向中国朝贡的地区;第二卷和第三卷收录精华选译,书中编印地图以及旅行日志的摘录,以证明信息的真实度和严谨性。这部作品迅速被收入各大重要图书馆。1738年,该著作的英文版面世,成为英国几代人对中国依依不舍的迷恋之开端。

在《耶稣会士书简集》和《中华帝国全志》之后,还有一部重要的补

---

① Jean-Baptiste Du Halde, *Description géographique, historique, chronologique, politique et physique de l'empire de la Chine et de la Tartarie chinoise*(《中华帝国及中国鞑靼地区的地理、历史、政治、编年和博物》),简称 *La Description de la Chine*(《中华帝国全志》),书中配有中国全图以及各个地区的精美地图,包括西藏和朝鲜的地图,并附有大量铜版人物画像以及铜版插画。蓝莉教授(Isabelle Landry-Deron)对这本书进行了详尽的研究,著有: *La preuve par la Chine. La description de J.B. Du Halde. jésuite. 1735*,Paris: Editions de l'EHESS, 2002。

集出版,也就是《中华杂纂》,全名为《北京传教士关于中国历史、科学、艺术、风俗、习惯的论文集》(Mémoires concernant l'Histoire des Sciences, des Arts, des mœurs, des Usages, etc., des Chinois. Par des Missionnaires de Pékin),这部巨著共有十五卷,陆续出版于 1776 年至 1791 年间,得到了法国国务大臣亨利·贝尔坦(Henri Bertin)的主动赞助,主要由韩国英与钱德明两位神父负责编著。对钱德明来说,编著该书的工作也使他找到了一条渠道,得以尽情发挥他多种多样的个人兴趣与智识才能。

我们在前文中已经提及,《耶稣会士书简集》从传教士的通信中剔除了所有可能使人怀疑中国人的德性与理性的内容,例如民间信仰或鬼神传说,而留下了关于道德建树的书信。同样,《中华帝国全志》也删去了巴多明神父记载的所有难以理解的事物,以防削弱"某种原初的启示曾经直接被中国人领受,但后来渐渐衰弱了"这一论题。因此,在传教士们书信中呈现的首先是一个"合情合理的"中国。如此展现的中国,促动了 17 世纪末至 18 世纪末西方思想的演进,法国掀起的"中国热"也经历了好几个发展阶段,对中国的认识与想象,深深介入了 17 世纪末期的神学与哲学辩论、18 世纪中叶的美学发展,以及紧随其后的对君主政体的危机反思,直到学者们开始质疑这一想象中的完美国度,并试图从更客观的角度去评判。

同时,传教士介绍给欧洲的中国,也使欧洲人得以深化"自然神学"的意义,反思和超离对圣经文本的字面解释。1638 年,卫匡国出版了第一本中国编年史,直言不讳地肯定中国在诺亚大洪水之前就有人居住。这部编年史向圣经编年提出了根本挑战,也立刻进入了欧洲人的研究视野。柏应理 1686 年的《中国君主制年表》则进一步加深了对圣经编年的疑问。不过,柏应理的审慎态度促发了谐和主义的工作,力图在圣经中看出人类的普遍历史,并与中国编年史相互阐明,从而在维持圣经权威性的前提下,借助中国的源泉得到一种新的阅读和解释圣经的方法。

索隐派的工作正是应当在这种语境中得到理解。马若瑟认为,中国经典是"先知之书",有着"基督信仰中最重要的信理的痕迹"。约在同一时期,一些耶稣会士对索隐主义的推崇,也影响到了世界不同地区的传教士,使他们试图将本土民族的传说解释为一种自然知识的残留,通过类比而寻找与之相符的圣经启示。换言之,中国促使欧洲人以别样的方法来阅读圣经,但同时也滋养了一种有神论的精神,即相信对天主的自然知识是直接从天主获得的,而这同一位造物主是全球人类的共同起源。如前文所述,依据对中国的认识,伏尔泰虽然否定圣经编年可以作为一种普世历史的范式,但他同时坚称,中国哲学家并非无神论者,无论在中国还是在法国,哲学与无神论之间都不可能调和。[1]

值得一提的是,中国对启蒙运动的影响并不仅局限于欧洲。虽然在那一时期还不能说存在一种"美国汉学",但在美国人的讨论中,中国也并未缺席。在美国正如在欧洲一样,可以方便地获得中国的讯息。在杜赫德的《中华帝国全志》出版三年后,本杰明·富兰克林(Benjamin Franklin)就阅读了该书。美国作者(虽然多为商业人士)也撰写了几本关于中国的书籍,于18世纪上半叶问世。马戛尔尼(Macartney)使团访华,在美国引起了广泛的兴趣与回响。紧随欧洲之后,美国也掀起了围绕着孔子、道德观和中国宗教的辩论。一些自然神论者,如托马斯·潘恩(Thomas Paine),十分仰慕儒家伦理,因为他们认为儒家伦理不受基督徒的上帝观念的束缚;但另外一些人,如塞缪尔·肖(Samuel Shaw)以及罗伯特·沃恩(Robert Waln)却为中国人"拜偶像"而表示遗憾。美国的清教徒传统对耶稣会的观点少有同情,故此对孔子也难有倾慕之心。[2]美国与中国的积极互动关系,要等到19世纪才得以展开。

---

[1] Virgile Pinot, *La Chine et la formation de l'esprit philosophique en France*(1640-1740), Paris: Geuthner, 1932, p. 659. 中译本见维吉尔·毕诺:《中国对法国哲学思想形成的影响》,耿昇译,商务印书馆,2013年。

[2] 关于启蒙时代美国知识分子对中国地位的论辩,参见 A. Owen Alldridge, *The Dragon and the Eagle: The Presence of China in the American Enlightenment*, Detroit: Wayne State University Press, 1993.

五、大学汉学教育之开端

在西方早期世俗汉学的形成过程中,一位中国人——黄嘉略——扮演了关键性角色。黄嘉略于1679年出生于福建兴化(今莆田),1716年逝世于巴黎,其生平如同小说般富于戏剧性。黄嘉略在中国受洗成为天主教徒,后来由巴黎外方传教会带到巴黎,在当时还很年轻的尼古拉·弗雷列(Nicolas Fréret,1688—1749)的帮助下展开了他的主要工作,着手编撰第一部汉法词典和第一部汉语语法书,并且在法国发行了《康熙字典》的214个部首系统,作为筹划汉语词典之必需。但黄嘉略不幸于1716年过早离世,这项规划也未能竣工。傅尔蒙(Etienne Fourmont,1683—1745)奉命整理黄嘉略的手稿,经由他的努力,黄嘉略的作品终得以问世。多亏了弗雷列的坚持不懈,以及后来对黄嘉略的记事本的发现,我们才能清理出应归功于黄嘉略之手的工作,法国语言学家也才能够更加严谨地从事中国语言的研究。①

巴黎外方传教会之所以器重黄嘉略,因为他们在他身上看到了一种可能性,即向欧洲呈现一种"中国文人基督徒"的风范。巴黎外方传教会寄望向罗马展现彻底基督化的中国信徒的典范,从而强化其在中国礼仪之争中的立场,因为在这场思想激辩中,黄嘉略应该会支持他的赞助人亦即巴黎外方传教会的强硬观点,反对中国礼仪的适应策略。1702年2月,黄嘉略登上英国东印度公司的一艘大船赶赴欧洲。他大大受益于通晓英法双语的船长波第先生(M. Petit),在七个月的海上旅途中不断学习,提高其法语水平。1702年9月或10月间,黄嘉略离开英国,转道法国,前往目的地罗马。然而,在即将被祝圣为司铎并觐见教宗的时刻,黄嘉略心生犹豫,最终退缩,放弃了晋铎的机会。他的赞助人罗沙利(M. de Rosalie)于是决定将他带到巴黎,使他继续接受教育,以期作出更好的回应。

---

① 爱莉瑟芙(Danièle Elisseeff)使用黄嘉略留下的日志作为素材,1985年创作了一本写实与虚构兼顾的小说,*Moi, Arcade: Interprète chinois du Roi-Soleil*, Paris: Arthand, 1985.

根据黄嘉略的记事本,人们得知他于1704年或1705年居于巴黎,住在巴黎外方传教会的会院。在那里,他的赞助人让他继续接受宗教和文化教育,并为他作出正式规划,预定将来派他返回中国,履行传教使命。但是,黄嘉略倾向选择世俗的生活。最后,他以"太阳王的中文翻译"的身份定居巴黎,并在修道院长毕纽(Bignon)的庇护和指导下进行工作。他与一位年轻的法国女士结了婚。从他的笔记中我们还得知,他热爱美酒佳肴,但并不总是负担得起这份爱好;他过着简单的生活,爱恋他的妻子,也会跟她拌嘴,喜爱散步,享受与朋友共度的欢乐时光。

在尼古拉·弗雷列的帮助下,黄嘉略着手从事字典编撰工作。弗雷列反对当时广为传播的认为中国文字与希伯来文字有某种亲缘关系的观点,黄嘉略也支持他的见解。在相关的讨论和工作中,弗雷列的朋友德利斯勒(Joseph-Nicolas Delisle,1683—1745)也加入了他们的阵营。在黄嘉略和德利斯勒之后,第三名新手傅尔蒙(Etienne Fourmont)的到来,引起了这个团队的动荡。修道院长毕纽强行安排傅尔蒙加入其中,使工作气氛由佳转差。有一天,傅尔蒙被人撞见正在抄袭黄嘉略与弗雷列两人已经落实的研究。1716年10月,黄嘉略去世后,官方授命傅尔蒙负责整理其遗稿。虽然身为黄嘉略的学生,傅尔蒙却对自己老师的遗稿内容作出了一份非常负面的报告,并且不停地批评他的研究。傅尔蒙继续从事欧亚语言(包括汉语)方面的工作,但他将《康熙字典》汉字214个部首的发行功劳全部据为己有,在最终出版法汉词典和汉语语法的时候,也丝毫不提黄嘉略的贡献,而且公开诋毁黄嘉略。相反,弗雷列撰写了一部回忆录,讲述了在法国推广中国知识的这些工作中,黄嘉略的角色和贡献所在。

其后不久,1732年,那不勒斯王国的虔劳会(missionari incaricati da Propaganda Fide)会士马国贤(Matteo Ripa,1692—1746)在那不勒斯建立了欧洲第一所汉学学校,也就是今天的那不勒斯东方大学(Università degli Studi di Napoli L'Orientale)的前身(在2002年取得了Istituto Universitario Orientale的名称)。从1711年到1723年间,马国贤作为御用绘画师及铜版画师,在康熙宫中任职。后来,他将四名年轻的中国基督徒带回欧洲,让他们向未来的传教士传授汉语。他发起的这一创制得到了教宗的批准,被命名为"中国学院"(Collegio dei Cinesi),意在培养这四个年轻的中国信徒成为神父后再回到中国,也为日后可能到来的中国信徒提供同样的培育计划。不过,这所学校从一开始也提供中文和印度语的口译培训,目的不仅为培育传教士,也为培育商业贸易人才。

马国贤本人对中国礼仪抱有敌意,他创办汉学学校的初衷事实上相当保守:确保皈信天主教的年轻中国人能够接受良好的信仰教育。马国贤认为这样的兴学计划只能在欧洲落实,而不是在北京,他的想法与耶稣会的本地化计划完全背道而驰。后来,在中国礼仪的论战中,马国贤还建议罗马颁布"自从上主圣意"(Ex Quo Singulari,1742)通谕,以责难中国礼仪。对他带来的这四名年轻的中国人(至少对于其中一名),他的态度表现得甚为严苛。同时,马国贤在中国宫廷担任画师期间(1711—1723),驻京传教士中只有两位神父不是耶稣会士,除他之外,另一位就是他的朋友、作曲家德理格(Teodorico Pedrini,1671—1746),担任康熙的皇子与公主的音乐老师。马国贤的《日记》(*Journal*)作为这段时期非耶稣会的资料来源,为18世纪中叶的天主教在华传教史提供了在别处难得一见的丰富信息。[①]略有讽刺意味的是,尽管马国贤在我们看来是一位颇为刻板严苛的人物,但正是他创立的机构,成为了欧洲第一所教授汉语的世俗大学的前身。

六、钱德明和耶稣会在华第一次传教的结束

现在我们来谈一位与这个时期紧密相关的人物,钱德明(Joseph-Marie Amiot,1718—1793)。他是耶稣会在华第一次传教的最后见证者。钱德明留下了一部浩繁的著作,对18世纪后半叶的欧洲认识中国作出了很大贡献;他与法国以及欧洲其他国家的学者们频频通信,向欧

---

① Matteo Ripa, *Giornale* (1705-1724), Vol. I, 1991 年再版;*Giornale* (1705-1724), Vol. II, 1996 年再版。

洲寄出大量的回忆录和研究论述,所涉主题极为广博。通过回顾钱德明的事迹,我们得以以某种方式简要回顾18世纪汉学事业的全貌。

在众多身为汉学家的耶稣会士中,钱德明并不算出类拔萃。他于1751年抵达北京,追随宋君荣而展开了他最早的天文学与物理学研究,但似乎因为方法论和研究动机的不足,并未取得什么成果。从一开始,他对科学的研究旨趣就相当浓厚,并向欧洲寄回一些信件,谈论对中国度量衡的看法。[1]他的书信内容展现出他的兴趣跨越广大的领域,热切渴望与同时代的欧洲知名学者密切联系,并因之而深感喜悦。这些通信也见证了海上交通的长足进步,使得交流比过去更加快捷和频繁。

对中国的礼仪音乐及礼仪舞蹈的研究,启发了钱德明的好奇心,也给予了他一片领域,使他得以作出前所未有的贡献。钱德明对这一专攻方向的选择,并非心血来潮:首先,他无疑是民族音乐学的奠基者之一,通过音乐和舞蹈的中介,他得以深入对中国礼仪、美学以及政治的理解。[2]钱德明还尤其是一位卓越的跨学科思想家和探索者。他清晰地理解并明确地肯定,在中国人对世界和对艺术的观念中,诗歌、音乐、舞蹈是结合为一体的。其次,钱德明对音乐和舞蹈的热爱,基于启蒙时代的一种典型关注——寻回"人类的童年"(l'enfance de l'humanité)。欧洲思潮的这一倾向,与同一时期诸多中国儒者共有的"复古"关怀不谋而合。钱德明确信,谁想要"寻找通向人类摇篮的路径,就应当忘记他的希腊和埃及老师们用以侵蚀宇宙的光辉谎言,并将寻觅的脚步迈向中国"。这样,人们就可以"为中国历史上曾发生过的事件赋予其在世界历史中应当占有的地位"[3]。

---

[1] 关于钱德明的生平,参见 Michel Hermanns, "Joseph-Marie Amiot, une figure de la rencontre de 'l'Autre' au temps des Lumières", in Yves Lenoir, Nicolas Standaert(钟鸣旦)(eds.), *Les danses rituelles chinoises d'après Joseph-Marie Amiot*, Namur: Lessius, 2005, pp. 11-77.

[2] 整体研究参见 Yves Lenoir, Nicolas Standaert(钟鸣旦)(eds.), *Les danses rituelles chinoises d'après Joseph-Marie Amiot*, 2005.

[3] 引言摘自钱德明1779年的手稿 *Suite du mémoire sur les danses religieuses, politiques et civiles des anciens Chinois*,保存于巴黎法国国家图书馆。

钱德明热心研究中国音乐和舞蹈的第三个理由是,音乐和舞蹈建构出一条属于他自己的道路,使他能够游离出自身文化的中心,投入另一个文化的范畴和感受之中。钱德明本来会吹奏长笛和弹奏键琴,但到中国之后,发现中国人并不欣赏他所演奏的西方音乐,因此备感失望,而他对自己所听到的中国曲调也并不喜爱。不过,从一开始,他还是用西方的记谱法抄写下了中国乐曲的旋律。或许,就像启蒙时代的标志性歌剧《魔笛》(*Die Zauberflöte*)的故事那样,他多么希望能以一曲简单的笛曲,吹解人心的藩篱!他向中国听众询问他们对西方音乐不感兴趣的理由:"中国听众彬彬有礼地回答我说,我们的乐曲不是为了他们的耳朵而写的,他们的耳朵也不是为了我们的乐曲而生的;他们无法像倾听中国乐曲一样听出我们音乐的美感,这丝毫不足为奇。皇帝身边的一位翰林院士补充说:'我们音乐的曲调,从耳朵进入心田,从心田深入灵魂,我们一听到,就懂了,而您刚才弹奏的曲子在我们中没有产生这样的效应。我们古代的乐曲又另当别论,聆听足以使人心醉神迷。'"[①]

这样的回答似乎使钱德明深受震撼,他就此改变了自己的方法。他开始自学和钻研中国音乐理论和礼仪舞蹈,广为搜集相关书籍,并将其翻译成法文。这些研究让钱德明生出了一只新的"耳朵"。1776 年,也就是在他到达北京并因中国音乐产生失望情绪的二十五年之后,他如此写道:"我深深感到,展露在我眼前的丰富的中国真理,在那些只会带着偏见去看的人的眼中,只会被视为悖论。如果我们想要懂得中国音乐,我们就应该像中国人一样思考,设身处地,把自己放到中国人的位置上。"[②]钱德明撰写了两部关于中国仪式舞蹈的论文,分别于 1788 年和 1789 年完成终稿,他认为这项工作比对音乐的研究难度更高。

钱德明的研究不仅限于中国音乐和中国舞蹈。他的名声还来自于首次将《孙子兵法》翻译到西方,并且搜集整理了大量关于中国兵法战术的文献。钱德明同样参与到关于中国文字起源的争论中,否定中文

---

① 引自钱德明的信,见 Michel Hermans 所撰引言(Lenoir and Standaert, 2005, p. 29)。
② Béatrice Didier, *La musique des Lumières*, Paris: PUF, 1985, p. 63.

的埃及起源说,并且满怀热情地研究中国不同民族的书写文字,列举出八种彼此之间毫无关联且也与汉字并无渊源的文字。约在 1784 至 1785 年间,钱德明在南怀仁《满语要素》(*Elementa Linguae Tartaricae*)的基础上,逐渐完成了《满文文法》(*Grammaire Tartare-Mandchou*)一书,后来又出版了《满语-法语词典》(*Dictionnaire Tartare-Mandchou-Français*)。1779 年,钱德明向法国皇家图书馆寄回一份开封犹太人会堂中文碑文的复本。如同其前辈宋君荣一样,钱德明也是由朝廷任命的翻译,负责圣彼得堡和北京之间通信的拉丁文与满文互译,因为在这一时期,中俄两国之间交换的公函必须以拉丁文、满文与俄文三种语言来撰写。1770 年,钱德明编著了《中国历代帝王纪年简表》(*Abrégé chronologique de l'histoire universelle de l'Empire chinois*);1771 至 1774 年间,他又编著了一部包括 110 位中国著名贤哲的传记作品,哲学家邵雍(1011—1077)即是其中一位;1784 年左右,他又撰写了一部《孔子传》、一部孔子后代的谱系,以及一部孔子主要门徒的简要传记。1787 年,钱德明向欧洲寄回一封长信,谈论道教的历史,但内容充满他因亲近儒家而产生的对道家的偏见。这封信在思想史上产生了始料未及的影响,因为信件文本经过汉学家雷慕沙(Abel-Rémusat)的重新诠释后,被黑格尔采用,作为他在柏林大学宗教课程中讲解中国宗教的基础材料。①

钱德明晚年的岁月颇为暗淡忧伤,首先是因为耶稣会遭到解散(此后,他仍然低调地保持着既往的生活方式),然后是听闻法国大革命的消息。就在得知路易十六被处死消息的那一天,他在北京附近过世。在钱德明身上,我们几乎可以看到启蒙时代最灿烂的精神——对学问永无止境的渴求、对一种百科全书式的知识的热爱。但同时,那种要掌握一切领域知识的雄心也遭到了不可逾越的困难,因为知识的范式在中国和欧洲都同样发生了变革。

---

① Joël Thoraval, "De la magie à la 'raison': Hegel et la religion chinoise", in Michel Cartier (ed.), *La Chine entre amour et haine*, Paris: Desclée, 1998, pp. 111 - 141;亦见 M. Hulin, *Hegel et l'Orient*, Paris: Vrin, 1979, pp. 87 - 88。

从 1552 至 1775 年间，前来中国传教的耶稣会士共计 990 名。他们的工作贡献，使中国文化，也使他们的故乡——欧洲的文化产生了翻天覆地的变化，虽然这并非出于他们的初衷。他们宣讲信仰的方法本身，也必然经历他们在当时还不能直接去抗衡的变革。他们留下了中国本土的基督徒社团，在随后的四分之三个世纪里，这些社团不得不去掌握自身的命运，或是仅仅依靠信徒自己，或是依靠人数已大大减少的中国司铎的力量。后来，当中国被迫重新对传教士打开大门的时候，后继而来的耶稣会士却已很难去理解，也无法公平地去看待当年这样的变革。

第四章
耶稣会第二次在华传教(1842—1949)

19世纪,中国与西方的交流在强度和性质上都发生了深刻变化,并随着政治、文化、宗教背景的改变而不断变迁。耶稣会在华传教事业的重启与发展,也在下述历史事件的整体序列中得到定位:

● 新教传教士陆续抵华,使西方对中国的认识以及中国的基督宗教的面貌,都变得更加丰富多样:基督新教在华传教始于马礼逊(Robert Morrison),他于1807年左右抵达中国边境,几乎是孤身一人。然而到20世纪初,在华的新教传教士达到1 300人左右(不包括传教士的配偶),而天主教传教士则有700人左右。[①]

● 从1842年起,包括耶稣会士在内的天主教传教士再度进入中国,他们重视直接传教,不如其先辈们那样关心中国文化,尽管其中一些传教士最后也回归到词典编撰、文化研究以及人类学的研究之中。与此同时,一种独立于耶稣会传教士与探险家的世俗汉学,也在大学里一步步发展起来。

● 动荡不安的中欧关系,特别是从18世纪中期到19世纪末,欧洲的态度渐渐从亲华转变为排华,给中国的基督徒与教士都带来了沉重压力。

● 1911年辛亥革命之后,法国对中国传教事业在事实上行使的保护权(protectorat spirituel)受到质疑,中国神职人员也于1926年开始逐渐从这种监护中摆脱出来。这一年,六位中国主教受命任职,他们是自罗文藻之后的首批中国主教,此时自罗文藻晋牧以来已经过去了悠

[①] K. S. Latourette(赖德烈), *A History of Christian Missions in China*, New York: McMilan Cie, 1929, p. 328 et al.

久的岁月。教宗庇护十一世(Pie XI)在圣伯多禄大殿亲自祝圣他们为主教。这次祝圣及其涉及到的教会管理层面的变化,都是由1924年在上海召开的第一届中国主教会议筹备与酝酿的。①

一、中国传教疆域

当天主教会再度开启在华传教时,处境已迥异于利玛窦当年。传教士重返中国,是出于从1842年《南京条约》开启的一系列"不平等条约"的许可。在大炮的威力下,中国不得不向鸦片贸易和传教活动打开国门。法国扮演起了"保教"的角色,在某些方面正如当年葡萄牙的保教权一样。在这混乱而处处充满对立的局势中,所有传教士——无论是耶稣会士或是其他修会的会士——往往都将传播福音的目标集中于农村地区,并且与福建、河北、陕西、四川等地的农民一起劳作。这一选择并非出于他们的初衷。耶稣会原本仍然寄望依循前辈的模式,即通过"科学传教"使达官贵人皈依,然而与从前大相径庭的技术环境和政治环境很快改变了他们的传教方法。但无论如何,1874年,耶稣会依然在上海建立了天文观测站,让人遥想耶稣会当年在天文历局的辉煌成就。

出于上海当地信徒团体向宗座署理(administrateur apostolique)的一再请求,三名法国耶稣会士于1842年抵达上海。②1856至1859年间,梵蒂冈将中国划分为几个宗座代牧区,交由不同修会管理。耶稣会的新事业则由香槟教省(法国东北部)和巴黎教省负责,香槟省接手了河北农村地区③,巴黎省则负责"江南"地区(江苏和安徽),包括城市地带(先是南京,后来又有了因租界而发展起来的上海)和贫穷的农村地区——江南农村的贫困程度虽然比河北轻微,但不时遭受战争摧残,传

---

① 参见 Paul Wang Jiyou, *Le premier concile plénier chinois. Shanghai 1924*, Paris: Cerf, 2010.
② 关于他们到达时的中国教会的背景以及当时的政治形势,可参见韦斯特(Jean-Paul Wiest)书中的描述: "Les jésuites français et l'image de la Chine au XIXème siècle", in Michel Cartier (ed.), *La Chine entre amour et haine*, Paris: Desclée, 1998, pp. 283 - 308。
③ 1928年,河北改为中国直隶省。

第四章　耶稣会第二次在华传教(1842—1949)

染病、干旱和洪水也接二连三地肆虐。①原来的两个法国耶稣会省得到其他外国耶稣会的支持,直到意大利、西班牙和匈牙利等国的耶稣会在原来的会省内得到地盘,成为独立的教区。

辛亥革命之后,耶稣会将在华传教事业进行了整编,最终重新划分为九个传教区,包括宗座代牧区以及宗座监牧区。香槟教省将河北献县的福传作为首要任务,而法国教省(在那时耶稣会的用语中,"法国教省"包括巴黎及周边地带)则将上海的福传视为重中之重。至于其他地区,在安徽,卡斯蒂亚教省(法国)负责芜湖(1913年),莱昂教省(西班牙)负责安庆周边地区(1929年),都灵教省(意大利)则于1929年接管蚌埠地区。在河北南部,匈牙利籍耶稣会士于1935年接掌了大名地区,奥地利耶稣会士于1939年接掌青县。在江苏西部的扬州以及运河沿岸,活跃着加利福尼亚的耶稣会士(1928年),而在徐州则可见到法属加拿大的耶稣会士(1931年)。驻澳门的葡萄牙耶稣会士在肇庆利玛窦最初落脚之处建立了会院。自1926年起,驻香港的爱尔兰籍耶稣会士又在广东建立了会院。其他国家的耶稣会士皆齐聚耶稣会辖地,特别是法国耶稣会的两处辖区。1938年,在华耶稣会士共计600名,其中外籍会士460名,中国籍会士140名。此外,200名曾在耶稣会的神学院中接受培育的中国堂区神父与耶稣会一起亲密合作。分析1842年至1947年间在华工作的耶稣会士的数字,使我们能够确认,中国这片土地上的使命,对耶稣会来说具有无与伦比的重要性。这些耶稣会士总计1576名,共来自26个不同国家,其中307名中国籍会士,561名法国籍会士,230名西班牙籍会士,86名意大利籍会士,79名法属加拿大籍会士,72名爱尔兰籍会士,54名美国籍会士,54名葡萄牙籍会士,36名匈牙利籍会士。②

---

① 整体运作方式如下:江南宗座代牧区与浙江代牧区毗邻,后者被划分为两部分,由遣使会负责;河南有三处宗座代牧区,由巴马外方传教会和米兰外方传教会负责。
② 以上人数由沈起元(Fernando Mateos)神父根据各省名录所辑录,并不包括离开修会者或是名录上早已遗漏的人名。参见Olivier Lardinois, Fernando Mateos and Edmund Ryden (eds.), *Directory of the Jesuits in China from 1842 to 1955*, Taipei: Taipei Ricci Institute, 2019.

江南：教会的保护区

在安徽与江苏两省，围绕着上海西南部的教会"飞地"徐家汇，如同围绕着罗马一般，法国耶稣会士致力于建立一个名副其实的基督徒保护区，免受外在动荡的侵扰，一直到1937年日军的占领为止。甚至连太平天国（1851—1864）运动带来的悲剧也未能阻碍福音传播的进展：当太平军逼近时，江南村庄里的天主教徒村民纷纷逃往上海避难，使得上海的天主教徒数量陡增。当然，这幅整体景象并不能掩盖不时陷入艰辛的现实，传染病的流行和不良的卫生状况导致了传教士的高死亡率，其寿命很少超过四十岁，在1854至1863年间，有三十名传教士死于疾病，尤其是伤寒和霍乱。兵荒马乱和颠沛流离是这整个时期背负的烙印。

从清廷的禁教令开始，直到1842年，上海地区的基督徒社团在经济上一向自给自足，由当地的天主教家族治理，负责教堂事务并管理教会资产；非正式组织起来的一些"献身贞女会"（vierges consacrées）进行协助，主持召集礼仪性的聚会。然而这些团体在后来让传教士感到无比困扰。1842年，宗座代牧罗类思蒙席（Mgr. Louis de Besi）曾在致罗马传信部的教务汇报中生气地写道："我们的贞女们不仅仅是女歌手，而且也是女执事，比初期教会的女执事还要强悍。"[1]同样的，在外国传教士这一方，他们极力确认对团体财产的控制，加强对团体中意愿不是很明确的女性的监管，从1867年起，这些女性团体就被交给了拯亡修女会的法国修女管理。[2]传教士还在耶稣会的教育架构里增加了针对中国教区神父的培育课程。即使新增的改革措施导致了诸多误解，但上海的天主教徒还是对当地团体与普世教会的整合引以为傲，在

---

[1] J. de la Servière, *Histoire de la mission du Kiang-nan*, T1, 1914, p. 24。参见史式徽：《江南传教史》（第一卷），天主教上海教区史料译写组译，上海译文出版社，1983年，第23页。

[2] 这些献身贞女熟悉并且深入了解当地风俗，产生了一种原创性的宗教生活形式；她们并非只是散布在上海地区，在其他地方，例如福建，也有着献身贞女的踪迹。参见 Eugenio Menegon（梅欧金），*Ancestors, Virgins and Friars, Christianity as A Local Religion in Late Imperial China*, Cambridge: Harvard University Asia Center, 2009。

这种整合中，丰富的物质资源和智识资源也随之汇聚归入这个大城市中。

传教士因所处地域的不同，生活条件往往也相去甚远。《江南传教史》(Histoire de la mission du Kiang-nan)的作者史式徽神父(Joseph de la Servière，1866—1937)记载了江苏与安徽两地的情况：

> 大江以南，教友们的生活往往比较富裕，传教士们在旅途中，常常能住进砖瓦房屋。大江以北以及崇明、海门地区，有很长一段时期，茅屋草棚是传教士们的唯一居所。……大江以南，在老教友聚居的总铎区内，由教友们承担维持神父的生活，他们一般都慷慨地乐意尽这个义务，以至常需要神父下令加以限制。……在大江以北和安徽省那些福音初传的地区，传教士对新教友是一无所求的，他们只靠教区的津贴来维持生活和支撑事业。……上海附近，在一片广无边际的稻田平原里，密布着无数的小河浜，赶路就得用船只，每个传教神父都有各自的"神父船"，船梢上飘扬着一面白底红十字的旗帜；这种方头小船是盖有舱棚的，船舱分为两间，一间给神父，一间给跟神父的传教先生，这两个小舱都比较舒适；长途航行时，神父可以在船上阅读、书写或做其他工作。……安徽全省的山区地带，传教士就骑驴子，一个脚夫用一根竹制扁担，两头挑着神父的行李跟在后面。……最近几年来新筑了沪宁、沪杭两条铁路线，沪宁线已向北延伸至教区的北端，改变了教区内极大部分传教士的生活。往昔需要十天、十二天甚至半月以上的路程，今天只要二十四小时就可以了。①

徐家汇是耶稣会的重镇与中心，是诸多教会机构、知识分子团体以及慈善团体之所在。在此我们不去追溯震旦大学、圣依纳爵中学②以

---

① J. de la Servière, Histoire de la mission du Kiang-nan, T1, pp. 7-9. 译文引自《江南传教史》(第一卷)，第6—8页。
② 圣依纳爵中学(Collège Saint Ignace)创建于1850年，1936年时共计有14名耶稣会籍教师，39名非耶稣会教师，以及400名学生。

及其他享有盛名的机构的历史,而集中关注由耶稣会士开创的土山湾工艺院。这座工艺院后来获得了始料未及的声誉,2010 年,上海市在其原址上建起了一座纪念博物馆,即土山湾博物馆。

土山湾是西洋绘画在中国发展的摇篮,培养出了好几代赫赫有名的艺术家。工艺院的作品曾屡次在全球参展,尤其是 1900 年、1915 年、1933 年以及 1939 年的世博会。伟岸的中国牌楼、宝塔的复制品、著名人物的肖像画和雕像,以及中国圣母像等作品都曾多次获得奖项和奖牌。工艺院的创始人是来自加泰罗尼亚的耶稣会士范佐廷(Juan Ferrer),他于 1817 年出生于一个雕刻和建筑世家。在当时领导传教工作的法国耶稣会士的倡导下,工艺院被纳入在同一地点开办的孤儿院体系内。土山湾因而成为耶稣会在徐家汇开创的广大事业的一部分,包括教学建筑、一间宏伟的图书馆、一间自然历史博物馆——1868 年由韩伯禄(Pierre Heude)神父创建,还有一座天文台——1873 年由高龙鞶(Augustin Colombel)神父创建,在预测台风以及观测地磁等方面扮演了先锋者的重要角色。在工艺院里,来自法国、西班牙、意大利的耶稣会士以及陆续加入的中国教师,将绘画、雕刻、版画、精细木工、玻璃彩绘艺术、印刷技术以及其他技艺传授给学生。1886 年,有 342 名孤儿生活在土山湾,其中有 133 名在工艺院接受培育。以工艺院为中心,基督徒工人的社区在周边逐渐发展起来,延续着地方特色的传统。

孤儿院的首任院长是石可贞(Emile Chevreuil)神父,他分别于 1864 到 1877 年间以及 1882 至 1892 年间两次任职。其后,步云程(Louis Bouvet)神父以及孔明道(Joseph de Lapparent)神父对孤儿院的建设同样贡献良多。推动孤儿院发展的其他著名人物还有:翁寿祺(Casimir Hersant)神父,他采纳了当时最为先进的印刷技术;潘国盘(François-Xavier Coupé)神父,他在 1912 至 1936 年间负责指导绘画工作坊;还有马历耀(Léo Mariot)修士,他是建筑师,也是雕刻工作坊的创始人。"土山湾印书馆"的名号广为传播,至 1934 年为止,共计承印了约三十五万册中文书籍和七千册西文书籍。受业于土山湾工艺院的学生中,张充任先生(1907—1998)是最著名者之一。张充任是一位雕刻家,也是比利时漫画家埃尔热(Hergé)的朋友,并成为后者在《蓝莲花》(Lotus Bleu)与《丁丁在西藏》(Tintin au Tibet)两册作品中创造的人物"小张"的原型。在其他老一辈的学生中,周湘(1871—1933)和徐咏青(1880—1953)在西方艺术特别是水彩画的引进过程中扮演了重要角色。

日本先后于1932年和1937年入侵中国,江南的福传工作因而深陷困境。在这段时期,一位法国耶稣会神父,饶家驹(Robert Jacquinot de Besange,1878—1946),在推动国际人道主义公约及其实践的过程中,扮演了重要的角色。饶家驹致力于在各地创设难民营,保护战争中的平民百姓,并在驻华各外交当局以及中日双方之间不断奔走,终于使得各方认可了"安全区"的设置。他在上海方浜中路、民国路(今人民路)内建立的安全区,后来被人们誉为"饶家驹区"(la zone Jacquinot),该区域在1937年至1940年间庇护了三十多万中国难民。"饶家驹区"的经验,启发了1949年修订的《日内瓦公约》,战时的平民保护条例因而被纳入国际公约之中。[①]

河北:教会与义和团运动

耶稣会第二次来华传教,适逢中国动荡不安的时期,在此背景下,传教士与奉教民众都极易受到政治震荡与社会乱象的冲击。义和团尤其针对基督徒的堂区和住所进行攻击。在众多遇难者中有四名法国耶稣会士,分别是任德芬(Léon-Ignace Mangin,1857—1900)、汤爱玲(Paul Denn,1847—1900)、路懋德(Modeste Andlauer,1847—1900)和赵席珍(Rémi Isore,1857—1900),他们都工作于河北省献县。这一带虽然被长城划分开来,但在长城两边,基督徒的人数都增长迅速:1856年,有三名耶稣会神父,不足一万名教友;到19世纪末,教友人数接近六万。1900年,义和团的进攻导致3 500名信徒死亡,其中大部分惨遭屠杀于朱家河——位于北京至南京通路上的一个"老教友"聚集的村庄,当时尚有毗邻村落的许多教友于此避难。在持续数月的动荡期

---

① Marcia R. Ristaino(阮玛霞),*The Jacquinot Safe Zone*,2008.

间,该地区的天主教徒组织起来,分别在各村庄筑起六座堡垒自卫,而朱家河是唯一失陷的堡垒,未能抵抗住义和团与清军的协同进攻。义和团的兴起,部分出于西方列强划分在华势力范围、华北频繁发生教案引发的排外情绪,部分出于朝廷中对立势力的相互倾轧,还有一部分原因是信奉救世主义的民间教派的复兴;同样不可忽略的原因是接二连三的自然灾害,年年歉收的农民无以为生,不得不聚众抢劫。华北地区的资源不再足以供应当地的人口需要,激发了残酷的竞争以实现资源的重新分配[1],这样的处境也能够解释为何基督徒的村庄成为了外来团伙的攻击对象。清军的参与则显示出,清朝不少将领对在国家架构之外形成组织的基督徒民众怀有敌意。义和团与清军要求所有被俘的教徒宣誓弃教,拒绝弃教的信徒为数众多,都被悉数处死。[2]

太平天国与义和团运动,以及后来中国民族主义运动的高涨,使得教会重新思考自身在华的存在方式。然而,推动教会"与时俱进"地逐渐变革的先锋,并不是在国家基础上组织起来的宗教修会,而是罗马教廷的权威。首任宗座驻华代表刚恒毅(Celso Costantini,1876—1958)枢机积极推动天主教会在知识与艺术等方面的本土化运动,促成并且参与了1926年首批中国主教在罗马的祝圣礼。

二、耶稣会重启汉学研究

19世纪末,不少传教士再度表现出对中国文化、文学、艺术以及哲学的重视。传教士态度的更新,也属于中国人开始自己主导中国教会的广大运动的一部分。20世纪30年代,首批中国籍主教获教廷任命,1939年,梵蒂冈又撤销了自18世纪中叶以来关于中国礼仪的禁令,并允许在天主教礼仪中加入向祖先牌位致敬的做法。然而,时代的动荡使这些新的措施难以推行,直到20多年后才得以在台湾

---

① 有关义和团与教会方面的综合评论,参见 Nicolas Standaert(钟鸣旦)(ed.), *Handbook of Christianity in China*, Vol. II, Leiden: Brill, 2010, pp. 338-342。
② 相关事件参见 Anthony E. Clark, *China's Saints: Catholic Martyrdom during the Qing (1644-1911)*, Bethleem: Lehigh University Press, 2011, pp. 89-112。

付诸实践。

  在河北沧州献县,耶稣会兴办了一所重要的研究和培育中心。总体说来,正是通过该中心的印刷所,顾赛芬(Séraphin Couvreur,1835—1919)与戴遂良(Léon Wieger,1856—1933)两位神父的诸多著作得以出版。顾赛芬原籍法国皮卡尔(Picard)地区,1853年进入耶稣会,1870年参与到中国福传的使命中。1902年,顾赛芬创制了一套法国远东学院拼音(EFEO),将中文音译到法语中。这一拼音系统在大多数法语国家得到采用,直到20世纪中期以后,才渐渐为汉语拼音系统所取代。顾赛芬也是在汉语词源学以及字典编撰学方面备受赞誉的专家。1884年,顾赛芬编著了《法汉辞典:汉语常用惯用语》(*Dictionnaire français-chinois contenant les expressions les plus usitées de la langue mandarine*),这是他后来于1890年出版的巨著《汉法字典》(*Dictionnaire chinois-français*)的前身。汉学家马伯乐(Henri Maspéro)曾撰文高度评价《汉法字典》,认为它是同类字典中最为优秀者。《汉法字典》与当时英语中的同类著作即翟理斯(H. Giles)所编著的《华英字典》有所不同,前者并没有收录通俗语言的词汇和表达,而是研究中国古籍不可或缺的工具书。《汉法字典》的面世,使法国汉学界终于拥有了一部真正的字典。此外,《汉法字典》还有两部姊妹作:1904年的《古代汉语词典》(*Dictionnaire classique de la langue chinoise*)以及1896年的《官话(华北官方语言)》(*Guan-hua (Langue mandarine du nord)*)。顾赛芬编辑词典的时候,运用到他在研究经典古籍时建立的资料卡,后来他将所涉古籍几乎全数译出,除了已经由毕奥(Edouard Biot,1803—1850)所翻译的《易经》和《周礼》二书(见第四章)。由顾赛芬译为法语和拉丁语的中国典籍得以陆续面世,先是《四书》(1895)、《诗经》(1896)、《书经》(1897)、《礼记》(1899),随后是《春秋》和《左传》(1914),最后是《仪礼》(1916)。与里雅各(James Legge)不同的是,顾赛芬对文本的诠释非常慎重,比起他的英国同行译者,顾赛芬译作具有的个人色彩要淡薄得多。

  戴遂良原本是新教徒,后来皈依天主教并成为耶稣会士。他曾经是一名医师,尽心尽力照顾传教士兄弟们的健康,因为当时不少人因不良的卫生条件及传染病而过早辞世。戴遂良留下了三十多册著作，涵盖语言学、民俗学和宗教领域。戴遂良对宗教学的贡献尤为重要，著有《中国佛教》(Bouddhisme chinois，两卷本，1910—1913 年出版)、《佛陀的中国生命》(Vies chinoises du Bouddha)，以及两本关于道教的著作，其中一本是道教正典总目录，另一本《道教的天师》(Les Pères du système Taoisme)是对老子、列子、庄子的翻译与改编，译文有时不太忠于原文。另外，戴遂良从朱熹的著作中选取资料，编译出版了《历史文献》(Textes historiques，共三册，1903—1905 年)，后来又出版了《哲学文献》(Textes philosophiques，1906 年)。他将自己所有的研究汇整为一部卷帙浩繁的作品：《中国宗教信仰及哲学观念通史》(Histoire des croyances religieuses et des opinions philosophiques en Chine depuis l'origine jusqu'à nos jours)。此外，他对当代中国史抱有高度的研究旨趣，围绕对辛亥革命的研究严谨地搜集资料，编写了十卷本的《现代中国》(La Chine moderne，1921—1932 年出版)。戴遂良最为著名也最有影响力的著作，或许是他的语源学辞典《汉字：语言、字形、词汇》(Caractères chinois：étymologie，graphies，lexiques)，初版于 1899 年，从 1900 年至 1932 年间共编修了七版，不断得到丰富和修订，其中五版是法语，两版是英语。该辞典极其忠实于中国的语文学传统，对汉字的解说是以对《说文解字》的参照开始。

顾赛芬和戴遂良的翻译作品，同样广为作家阅读与吸收，对于 19 世纪末与 20 世纪初呈现于欧洲的中国形象产生了非常深远的影响。顾赛芬翻译的《书经》的汉语和拉丁语双语版，得到了兹拉·庞德(Ezra Pound)的运用；法国作家谢阁兰(Victor Segalen)也大量借取了戴遂良关于道教的著述。值得一提的是，戴遂良与同时代其他大部分学者一样，依旧认为道教哲学有着印度宗教中的起源。

徐家汇是上海天主教的知识中心，或许也是全中国的天主教知识中心。1892 年，夏鸣雷(Henri Havet，1848—1901)创办了一套《汉学丛书》(Variétés sinologiques)，意欲接续 18 至 19 世纪在华耶稣会的写作体裁。丛书共计七十卷，其中收录了夏鸣雷本人的力作《西安景教碑考》(La stèle chrétienne de Xi'an，1895—1902)，以及《在华耶稣会列传及书目》(*Notices biographiques et bibliographiques sur les jésuites de l'ancienne mission de Chine*，1552—1773)的作者费赖之(P. Louis Pfister, 1833—1891)的著述。丛书的另一位合作者是禄是遒(Henri Doré, 1859—1931)，他在江苏及安徽从事福传长达四十年，丛刊收录了他的论著《中国迷信研究》(*Recherches sur les superstitions en Chine*)，内容包罗万象，是关于中国民间崇拜的珍贵资料，在该研究领域树立了一个里程碑。在该书的十八卷中，第六卷到第十二卷大部分翻译并改编自中国耶稣会士黄伯禄(Pierre Hoang)于 1878 年完成的著作，集中了对中国多神崇拜的批评。实际上，不少中国籍耶稣会士都参与了该丛书的工作，黄伯禄还在其中发表了《合法性视角下的中国婚姻》(*Le mariage chinois du point de vue légal*，1890)、《管理杂文集》(*Mélanges sur l'administration*，1902)以及《中国地震预报录》(*Catalogue des tremblements de terre signalés en Chine d'après les sources chinoises*，1909—1913)。1905 年，张璜(Mathias Zhang, 1872—1929)亦发表了西方与远东编年体系的对照指南。

三、法国《研究》杂志与中国

19 世纪及 20 世纪初，欧洲风行反华思潮，欧洲籍耶稣会士也不免受其影响，这常常使得中国籍耶稣会士备受伤害，并导致其中一位最具天赋及名望的会士——马相伯(1840—1939)——离开耶稣会。马相伯曾是震旦大学(Université Aurore)的奠基人之一，后来在项目负责的问题上与法国耶稣会士产生不和。后来，马相伯又同样在上海创建了复旦大学，并且成为北京辅仁大学的共同创建者。马相伯身为爱国知识分子，承受着许多同会兄弟表现出的对中国民族主义运动的不理解，因而深感痛苦煎熬。

法国耶稣会发行了月刊《研究》(*Etudes*)，向读者提供了解中国的机会，引发了一股阅读的风潮。《研究》创刊于 1857 年，向其首批读者提供了康熙皇帝一篇文章的部分译文。同年第二期文章探讨中国染业中绿色染料的应用技术，1879 年又报导了关于华中地区扬子鳄的信息。《研究》还发表了不少远行考察的报告,例如在 1863 年,有数量众多的关于太平天国长期动荡的汇报和关于传教事业的报导;1876 年,有关于河北地区饥荒的报导;在 1880 年至 1920 年之间,时常出现关于教育改革、新闻出版的地位之确立以及儒学的政治地位这几个方面的主题,1907 年的一篇文章就已经提出"中国能否觉醒?"的问题。

在这一时期,《研究》杂志直接反映出在华法国人特有的双重计划——即"帝国宏图"与"传教使命"二者——的模糊性。适才谈到的关于"中国绿色染料"的文章,并非一篇价值中立的科学研究,而是源自于里昂的传信部中心委员会提出的要求,让传教士研究中国的染业技术,以期使法国也能用此技术生产染制品,这样"我们的商业就不再依赖浙江的作坊"①。1863 年,一位传教士在文章中表示:"如果欧洲人不使自己成为中国政府的监护人,中国政府就永远无法自立。"更贻笑大方的是,1888 年,另一位传教士这样说道:"奇哉,有时我在南京发电报,如果我使用中文,中国雇员便手忙脚乱,对方收到的电报内容难以辨识。若我用法语或者英语发出电报,对方则收到完全正确的内容。由此可见,一切现代发明确实合乎我们欧洲的精神,而毫不适用于中国的精神。"这位作者相当肯定地认为,耶稣的门徒多默(Thomas)曾来到中国传播福音。他在评论一本中国神话故事集时写道:"来自于西北方的民族向东方以及南方迁移,我们沿着这条轨迹去追寻中国人的起源,应当能追到巴别塔的时代,或者诺亚方舟的时代。"② 佛教信仰以及民间信仰则在整体上普遍被定性为"荒谬的"。如果《研究》杂志作者们偶尔也赞许一些宗教实践(例如僧尼数念珠祈祷的行为),那是因为这些行为能够被联系于福音在中

---

① "约在 1848 至 1850 年,有人曾寄给法国商务部几份中国产品的样品,其中一块水绿色的布料引起了法国人的注目。这块布料被转交到化学专家手中,但无论使用何种试剂——蓝色、黄色等——来测试这块布料,均无反应。为此,法方大感震惊,几乎肯定地作出结论:这块水绿色布料是由某种欧洲所不知的着色剂染成。……上海领事敏体尼(M. de Montigny)上任不久,便收到商务部的指令,要求在传教士的协助下研究此事。"Louis Helot, "Le vert de Chine", *Etudes*, 1857。

② Augustin Colombel(高龙鞶), "La Chine et ses nouveaux écrivains", *Etudes*, 1888(3)。

国的一种隐晦的首度传播，在中国人的集体意识中留下了无名的痕迹。某些传教士公开表现出来的无知，常常是源于他们极度的西方优越感。

随着中国走向共和，西方谈论中国的语调也逐步发生了改变，变得更加善意和同情地看待民族身份的认定，并以一种新的敬意来谈论中国传统。后来，《研究》杂志的作者们公正地描写军阀混战带来的苦难（"首先必须遏止的罪恶，就是大军阀割据地盘、把持政权"①），愤怒谴责致使这种苦难雪上加霜的日本的侵略行为。他们亦预料到了1949年的转折点，特别是博南阁（Alfred Bonningue）神父，他曾到访延安，并且雄辩地表明，他渴望见到中国成为一个"朝气蓬勃、国土统一的幸福国家"②。

四、德日进在中国的非凡游历

即使像德日进（Teilhard de Chardin，1881—1955）这样一位明智之士，能够清楚地认识到许多耶稣会士持有的偏见，他说话的语调有时依然会让当代读者感到诧异："在这项伟大事业中，我最为牵挂的一点，就是想要了解，中国人是否具有可以与我们相比拟的人性品质——当我关注一些黄皮肤朋友的时候，这正是我希望能在他们身上发现的；抑或就像许多人所说的那样，中国人展现出来的，只是一种停滞于婴儿期的幼稚粗浅的人性表层。后面这项假设显然让人忧虑，若果真如此，其将成为致命的沉重包袱，或将我们无限冲淡的稀释剂；而若是相反，如果中国自身也有可供我们借鉴的生活、思想与神秘主义（如果存在的话），那么我们只有为中国的个人化（individualisation）以及亚洲的个人化感到庆幸，尽管这种个人化会不可避免地导致（中国文化的）细节的

---

① Henri Dugout（屠恩烈），"La situation politique actuelle de la Chine"，*Etudes*，1922(2)。1927年，屠恩烈在南京被国民党士兵杀害。
② Alfred Bonningue（卜相贤），"Chine rouge. Premier bilan"，*Etudes*，1947(5)。

丧失。"①诚然,德日进期望见到中国在政治、经济、精神等层面都能获得突飞猛进,但他在其书信中仍然频频流露出对中国"特质"怀有的疑虑和保留态度。

德日进与中国的关系的确是"非凡"的,自一开始就打下了某种模棱两可的印记。1922年,德日进在索邦大学的阶梯教室面对济济一堂的师生,为自己的地质学博士论文完成了出色的答辩,随即开始在巴黎天主教大学讲授地质学。然而,正当这位时年41岁的学者看起来前程似锦的时候,他与教会之间却开始生出嫌隙,终其一生都搅扰不宁。纠纷源自德日进撰写的一篇关于原罪的论文,其内容似乎质疑圣经叙事的历史真实性,并对达尔文的一些论点表达了相当的赞同。为避免与罗马教廷的关系更加恶化,法国耶稣会省要求德日进前往中国继续他的科学研究。因此,1923年4月10日,德日进南下马赛,搭船前往天津。这是德日进背井离乡的开始,当时的他并未想到漂泊的岁月将会如此漫长,延续一生。德日进有位姐姐是修女,曾在上海传教,但不幸在沪早逝。因此,德日进先到上海扫墓,之后再取道北上。与其他众多耶稣会士不同的是,前来中国并非出自德日进的本意。德日进不是另一位利玛窦,他从来都没有将传教事业视为己任,并且对亚洲人理解和信仰基督的方式深感不适。在致友人爱德华·勒华(Edouard Le Roy)的信中,德日进如此写道:"这些日子里,人类世界在我看来就像被一块块密不透风的隔板所分隔阻断开来的宏大现实。我还不能理解三百年前远渡重洋的方济各·沙勿略以及其他许多人孜孜以求的美好信念。我并不怀疑他们是比我更为虔诚的基督徒。然而,在灵魂的世界中,他们就未曾意识到某些方面,未曾感受到某种深渊吗?"②

在天津,德日进必须与桑志华(Emile Licent,1876—1952)神父合作,而后者的坏脾气正如其对科学的激情一样众所周知。1914年,桑

---

① 德日进于1927年4月15日致爱德华·勒华的信,*Lettres à Edouard Le Roy (1921-1946). Maturation d'une pensée*, Paris: Editions facultés jésuites de Paris, 2008, p. 83。在这里,德日进将生命进化理论用来解释人类社会的发展,在进化中,许多细节的破坏和丢失是不可避免的,但是这样才能使进化在大尺度上继续下去。

② *Lettres à Edouard Le Roy (1921-1946). Maturation d'une pensée*, pp. 60-61。

志华在天津建立了一座宏伟的地质博物馆。为了丰富博物馆馆藏,桑志华不辞辛劳地跋山涉水,每年的行程多达三千公里;为了博物馆的安全,他在建筑四周安设带倒钩的铁丝网,睡觉时枕边也备有左轮手枪,以防小偷趁虚而入……德日进和桑志华的合作充满艰辛,但正是桑志华带领德日进见识了中国大地的辽阔无边。自1923年起,桑志华和德日进一起出发探险。他们的第一个考古发掘点是位于宁夏银川六十公里外的水洞沟,直到今天人们仍然在这里继续着相关的考察。一个月之后,桑志华和德日进从水洞沟再度出发,在驴背上颠簸行进,直到350公里之遥的内蒙古鄂尔多斯萨拉乌苏河谷,发掘出土了一大批化石和打磨石器。正是在鄂尔多斯沙漠里,德日进写下了他最著名的神秘主义篇章之一:《在世界祭台上的弥撒》(*La messe sur le monde*),随后获得了非常热烈的回响。我们可以说,在传教士的想象中,此文在某种程度上接续了临终的方济各·沙勿略在紧闭的中国大门前仍然萦系的梦想。曾几何时,那位满心热火的传教士飘洋过海颠沛求索,而如今,这位被放逐的后继者怅然迷失在中国大地的中心。

1927年,在经历的几番个人危机以及在中国的生活体验的共同激发之下,德日进开始总结他的灵性洞察,并写入《神的氛围》(*Le milieu divin*)一书之中。在中国数年来,频繁的舟车劳顿与焦虑的内心危机一直使德日进不得安宁。然而,这些日子也构成了他科考生涯的决定性时期。德日进作为中国地质研究员的顾问,受聘于中国地质调查所。在1926到1935年期间,德日进在中国进行了五次地质考察,通过这些考察,他得以绘制出第一幅完整的中国地质图。在位于北京西南方42公里处的周口店遗址,瑞典地质学家安特生(J. G. Anderson)从1921年起就在此进行了一系列科学探究。考察队在洞穴沉积物中发现了古人类的牙齿,后来在1929年12月,中国考古学家裴文中又发现了一块完整的人头盖骨,震撼了当时的整个世界。这一发现整个改写了人类历史初期的年代表:"北京猿人"或称"中国直立人"生活于更新世中期,距今七十万年至二十万年之间,他们已经掌握了火的使用,并且制造出大量的石器工具。1931年,五十岁的德日进认定"北京猿人"就是"制作工具的人"(Homo faber)。1931年到1932年间,享誉世界的德日进以科学家的身份参与了雪铁龙公司所组织的"黄色远征"中亚之行。在北京西北的卡尔甘,德日进与远征队的中国组会合,后来又在阿克苏与帕米尔组会合。德日进与同伴们在乌鲁木齐被迫滞留了好几个月的时间。

1939 到 1946 年期间,德日进留在北京,挽救保全了桑志华神父的自然博物馆的藏品,并与他的朋友、耶稣会士罗学宾(Pierre Leroy, 1900—1992)神父一起,创立了地质生物研究所。在这段时期,德日进作了大量的阅读和思考,并致力于完成他最重要的代表作《人的现象》(*Phénomène humain*)一书中思辨性内容的写作。《人的现象》之成书,涵盖了德日进从 1922 年至 1946 年在中国度过的二十四年光阴,虽然他在此期间也不时返回欧洲,或游历于亚洲其他国家以及美国。但无论如何,正是在中国这片广袤土地上从事考察的时间里,在穿越沙漠河谷追寻生命历程与人类痕迹的考古发现中,他所探索的风景与文明,滋养了他的思想,使之不断成熟。诚然,德日进并不总能结识或是理解他的生活环境中的人民,但是他预感到,这里的人民拥有构成人类奥秘与普遍灵性的一部分宝藏,并且同样也参与谱写着那首在他眼前渐渐浮出的伟大交响乐章。

在中国以外,桑志华的威信因德日进的名声黯然失色。但在中国特别是在天津,桑志华作为天津自然博物馆的创建者,享有极高声望。天津自然博物馆的前身是北疆博物院,自 20 世纪 30 年代开始就享有"世界一流"的美誉。从 1914 年 7 月到 1917 年底,桑志华在北京和天津附近以及河北省和陕西省从事探勘,以了解这些地方的地志、地质、水文以及气候,为全面深入研究华北腹地打下了基础。从 1918 年起,桑志华继续勘探华北腹地,包括山西、陕西、内蒙古、甘肃以及青海,并搜集所挖掘到的样本。桑志华孤身一人,随身带着一只指南针、一个测高仪、一把地质锤,还有一把步枪,就这样独自搜集动植物样本以及化石样本,并且也收藏了很多工具及物品,包括工艺、宗教、服饰、日用等方面。从 1919 年到 1931 年这段时期,桑志华的考古收获最丰,他发现了哺乳动物化石,以及几处在世界上独一无二的旧石器遗址。从 1920 年开始,桑志华邀请了柴联抱(Henri Serre)神父,一位富有经验的植物学家,来为他整理植物标本集。从 1928 到 1929 年间,桑志华又邀请了一位鞘翅目昆虫学专家来整理鞘翅目标本,分属别类,进行鉴定。桑志华还请到时任巴黎博物馆"海生物年谱"(Annales de Biologie Marine)的总编辑兼研究员的罗学宾神父来华,开创了北疆博物馆与"海生物年谱"在海洋生物方面的合作。不过,桑志华的研究工作以及发表的多篇极为重要的文章,主要是与德日进共同完成的。经过24年的时间(1914—1937),北疆博物馆即享誉全球。[①]

关于耶稣会第二次在华传教期间在汉学以及科学上的贡献,我们还可以讲述很多。然而,随着汉学在大学里逐步发展成形和新教贡献不断得到更新,耶稣会不再拥有往昔的优势。不过,耶稣会开辟了几条新的道路:耶稣会赋予语言学和词源学以高度重要性,响应于尤其是1880年以来清晰展现的重寻语言渊源和历史渊源的全国性运动;耶稣会帮助中国进入诸多自然科学领域,诸如气象学、植物学、动物学、地质学以及古生物学;耶稣会创建了许多教学和研究机构(上海震旦大学、北京辅仁大学、天文台、多座博物馆,以及各专业的许多研究中心),其中一些在1949年以后仍继续运作,并大大助益了中外年轻学者之间的相互合作;耶稣会秉承其第一次来华传教的精神,始终保持着跨领域的视野与人文主义的精神。

五、耶稣会第二次在华传教之后的简述

我们的探询止于1949年,虽然这并不意味耶稣会的汉学就止步于此,但我们暂时无法赘述其后六七十年来的发展。不过,我们在此还是需要额外提及耶稣会在词典编撰事业上的丰收。

耶稣会在各地开办的利氏学社(Les Instituts Ricci),是秉持耶稣会汉学传统的研究与出版机构。目前,利氏学社在世界上共有四所,分别设在台北(1966年成立)、巴黎(1971年)、旧金山(1984年)与澳门(2000年)。利氏学社完成的一项尤为重要的工程,就是台北利氏学社与巴黎利氏学社共同编撰完成的《利氏汉法词典》(*Grand Dictionnaire*

[①] 于树香:《享誉世界的北疆博物院》,《天津日报》专副刊文史第10版,2004年11月29日。

Ricci），它得以问世的过程本身，向我们见证了坚韧不拔、持之以恒的精神，值得我们在此讲述一番。就词典本身的诞生而言，它是耶稣会士与相关研究人员花费五十多年心血结出的成果；但从默默酝酿了这部词典的长远历史来看，是耶稣会士一直以来对中国语言、文学和文化投入的热情，通过词典的编撰而体现出来。我们在前文中已经谈到了这种热情工作的几个不同阶段：第一部汉法字典来自耶稣会士金尼阁神父的贡献，于1626年出版；1884年，顾赛芬神父编辑了厚达1026页的《法汉辞典：汉语常用惯用语》；1890年，顾赛芬又出版了一部《汉法字典》，并于1903年推出了《汉法小字典》（*Petit dictionnaire chinois-français*）；后来，顾赛芬神父又对《汉法字典》进行修订，并在1904年出版了修订本，名为《古代汉语词典》，共收入21 400个汉字。在某种程度上，《利氏汉法词典》可以说是直接继承了这部《古代汉语词典》和戴遂良神父在1899年出版的《汉字：字源、字形与词汇》。1904年，华克诚神父（Auguste Debesse）出版了《法华小词典》（*Petit Dictionnaire chinois-français*）。1936年，中国正饱受战火摧残，但托德明（Charles Tarranzano）神父两大卷本的《数学、物理与自然科学词典》（*Vocabulaire des sciences mathématiques, physiques et naturelles*）仍然得以出版。

在中国抗日战争期间，杜隐之（André Deltour）神父与巴志永（Henri Pattyn）神父从事着中法对照辞典以及其他词典的编撰工作。同一时期，匈牙利耶稣会士马峻声（Eugene Zsamar）神父构思了一项宏伟的计划：建立中文与其他五种语言——匈牙利语、英语、法语、西班牙语和拉丁语——的百科全书式的词汇数据库。然而，这一计划若非因为外籍传教士在1949年之后传教工作中断而带来的不得已的闲暇，恐怕实在难以开始实施。就在同年，马峻声神父与杜隐之神父在澳门会合，带着两百本从烽火中抢救回来的辞典。[①]《利氏汉法词典》的原始工作就是在他们保存下来的《国语辞典》《辞海》以及《辞源》的基础上

[①] 杜隐之神父在离开北京前往澳门的途中，用了八个行李箱来运送文件，其中六箱为书籍，两箱是手稿。

第四章　耶稣会第二次在华传教(1842—1949)

展开的，并借助马修斯(P. H. Matthews)教授的《牛津英汉双解语言学词典》、罗存德(Wilhelm)的《英华字典》、利定白(Werner Rüdenberg)《华德字典》以及其他一些英汉字典而得到充实和丰富。他们的语言研究团队共分为五组，首先在澳门展开工作，1952年9月又转移到台湾的台中中心。①二十多位耶稣会士②，在一组中国研究者的合作帮助下，围绕着一些大型的转动圆盘工作，圆盘的滚珠轴承上安装的阅书台分为两层，有八个斜面，用以放置各种参考书籍。他们在根据威氏拼音法(Wades-Giles)分门别类排列的硬纸卡片上粘贴了近两百万张从字典中剪下来的纸片，这些材料仍然保存在台北利氏学社。1952年11月，穆启蒙(Joseph Motte)神父如此描述《利氏汉法词典》编撰事业的启始：

> 初步的工作在于将现存的那些最好的词典——无论是中欧词典，还是纯汉语词典——包含的内容进行统合，登入卡片。为此，我们将这些不同词典中的词条，连同其法语、英语或德语的翻译，切割并且粘贴在卡片上。……(为了将这海量的材料理出秩序)，我们首先将关联于一个汉字或者一个短语的所有解释及其翻译，都粘贴在一张卡片或者一叠卡片上，归聚在一起。最后，我们总共得到了三十万份(或者说三十万叠)卡片。通过第一次筛选，我们删除了过时的或没有意义的用语，将卡片的份数减缩到十八万。在编撰工作的过程中，我们愈加严格地进行筛选，但同时不断加入

---

① 匈牙利语组团队和法语组团队在1950年成立，西班牙语组团队和拉丁语组团队成立于1951年，英语组团队成立于1953年。最初参与辞典项目团队的法国耶稣会士，有杜隐之神父、毕保郊(Octave Brière)神父以及穆启蒙(Joseph Motte)神父。另外，Maximilien Laplazie神父也曾短暂参与相关工作。
② 参与该项目的耶稣会士人数并不固定，在不同时期变化很大。1954年，约有21至27名耶稣会士，包括西班牙籍——例如曾任项目总负责人的高欲刚(Juan Goyoaga)神父、匈牙利籍、法国籍、美国籍、加拿大籍以及意大利籍的会士。1959年，辞典团队完成了五份手稿的打字工作，于是参与工作的耶稣会士便大为减少。1961年，辞典团队(此时尚为多种双语辞典)中共有三名神父全职工作，六名神父和两名修士兼职工作。中国助手也由原来的十五人减少到七人，最后仅为四人。

原来卡片中没有的用语,这样,我们最后收录的用语数量总计大约达到十八万条。①

穆启蒙神父怀着非常乐观的态度继续写道:"1952年底,我们已完成了整项工程的一半。现在,我们的工作方法已臻成熟,不再会有这类事业在创始之初不可避免的摸索试探。据我们预见,倘若资金充足,只需再有一年便能完成书稿,接下来就只剩下付印的工作。"②然而,从次年开始,他们却发现自己采用的方法必须作出大量修正。约在1954年9月开始着手第一稿的修订工作时,大家很快就发现,起初作出的几乎所有定义都需要进行增补和修改。③在某种程度上说,穆启蒙神父并没有错,从1954年开始,词典所需的重要基本材料都已经搜集完整,不过,其修订工作却又耗费了近五十年的时间。甘易逢(Yves Raguin)神父回忆个人的经历,写道:"法语组团队提供了一份可供其他语言团队参考的文案。但是过了一段时间,法语文案又回到了其编撰者手上。……有时也会出现一些棘手的问题和激烈的争论,甚至持续数日。于时,我们求助于中国助手,然而他们自己也觉得同样为难。……这项工作最后的成果,是将五种翻译呈现在五份同样的本子上。④在左边的页面上,我们以现有的手段,通过简单的复印和打字,将汉字、词汇及其序号印在上面。在右边的页面上,则是对应的翻译。法语版本分为十四卷,右侧的每一页都由打字机打印在薄纸上,用复写纸打了五份样本。装订好之后,我们将两份样本保存在台中,一份样本寄往菲律宾,一份寄往美国,还有一份寄给巴黎。"

1956年2月,时任词典项目总监的甘易逢神父,在《研究》杂志上发表了一篇文章,对词典进行介绍。关于工作延期的问题,他的审慎使他作出了一个机智的回答:"这部辞典何时才能完成?这样说看起来是

---

① Joseph Motte, "Nouvelles de Formose", *Chine Madagascar*, 1953, pp. 8 – 15.
② Ibid., p. 14.
③ 甘易逢神父指出,编撰团队此时开始参考《中文大辞典》和诸桥辙次的《大汉和辞典》,这两本辞典丰富并改变了原本翻译的质量。
④ 即打字稿的装订样本。

比较合理的：我们还需要的时间，不会比这部作品从一开始到现在已经耗费的时间更长。当然，除非遇到出乎预料的状况。"[1]这篇文章还透露了其他一些细节情况："从早上 8 点到正午，再从下午 14 点 30 分到 18 点，每个人都坚守在岗位上工作，犹如流水生产线上各就各位的工人们一样。……艰难的修订工作就是如此展开的。"[2]

经历了事业初期的振奋和突进之后，工作脚步突然迟缓下来，这让负责词典项目的耶稣会上层深感气馁。另外，台湾福传事业发展的需要，也使得不少神父离开编撰团队，承担起另外的工作。外在的需求不断增加，以至于甘易逢神父本人也在 1959 年被调派前往越南。1964 年，甘易逢神父回到台湾，不得不面对贺之缄（Thomas Carroll）神父过世带来的意外打击。贺神父是美国耶稣会士，他具有深厚的词典编撰学的基础，对这一项目来说弥足珍贵。贺之缄神父的过世，让雷焕章（Jean Lefeuvre，1912—2010）神父转向了甲骨文研究，其重要成果构成了《利氏汉法辞典》词源部分的主要特色。此外，正是在这一时期，项目组不得不面对一个事实：篇幅浩瀚的打字稿（十四卷）还无法准备好全数出版。于是就有了一个分三阶段出版的计划，这一想法在之后数十年的工作里，一直是甘易逢神父的指导原则：首先发行一部"小词典"，包含五千至六千个单字以及约五万条短语；随后，再推出一部规模中等的汉法词典；最后，对完整的《利氏汉法大词典》的出版日期不作限定，以确保其具有最高的品质。令人称奇的是，这项计划几乎得到了严格的执行。1976 年，台北利氏学社出版了小型的《汉法综合辞典》，确保该计划能够向前推进。其后，中型的《利氏汉法字典》（*Dictionnaire Ricci de Caractères Chinois*）面世，在终极巨著出版之前，充分发挥了中介和阶梯的作用。

20 世纪 80 年代末，计算机与信息技术的发展，使新的技术工具得以运用到词典编撰的工作中来，并对项目的最终完成起到了决定性的

---

[1] "Une grande entreprise lexicographique, la collection de dictionnaires chinois des Pères jésuites de Taichung (Formose)", *Etudes*, 1956(2), p. 261.
[2] Ibid., p. 262.

推动作用。将浩瀚的数据予以信息化处理势在必行，并在赵仪文（Yves Camus）神父的推动下，于台北展开。然而，这意味着辞典团队要能够使用操作系统、数据库管理系统、文本处理系统和排版系统，来处理法语与中文的构成。但在一段时期内，信息技术几乎完全以英语为导向，还没有任何标准工具能够满足汉法词典编撰的这一基本诉求。

十多年间，项目工作组除了进行数据录入，同时也将不同知识领域的词汇分门别类编目造册，文书在巴黎与台北之间频频往来，直到所有的修改、调整以及补充工作都告完成并且录入电脑。1998 年，《利氏汉法字典》问世，将 13 390 个汉字的研究汇集为一体。雷焕章、马颂任（Pierre Marsone）、拉瓦蕾（Elisabeth Rochat de la Vallée）以及其他研究员继续致力于整合古文字学的发现以及词典学最新的研究成果。

该字典收录的 13 390 个汉字中的每一个字的翻译，都体现出丰富、广博、明确的特点。释义部分从一般字义到特殊字义分层递进，井然有序，对应的法语词力求精确。字词释义也涵盖了汉语在历史中的发展，包括其在不同时代的演变和新出现的意义，直到当前的用法。对于多音字，则按照其不同发音而将释义进行细分。超过两千汉字的研究一直上溯至书写文字的开端，也就是所谓的"神谕文字"，通常是刻在龟壳、牛骨上的甲骨文，以及青铜器上的铭文。词典对字义的解说，依循该字在经典古籍中出现的顺序，涉及的精选古籍从《书经》与《诗经》开始，直到《说文解字》。

秉持上述特色，《利氏汉法辞典》收录了三十万之多的词条，每一词条由两个或两个以上的汉字组成。这些词条表达构成了汉语的经纬，反映出现代汉语的形态，但同时也总结了汉语在历史上呈现出的面貌，以及中国文化和各领域知识的基础词汇。因而，《利氏汉法辞典》不仅仅是一部辞典，而更应说它是一个百科全书式的字词库。信息技术的发达，使得辞典在各维度上不断得到丰富和更新。2008 年，该辞典的电子版面世，支持在各种数字媒体上运行。此外，中国词典编撰者在这部《利氏汉法辞典》的基础上进行了修润，并由商务印书馆于 2014 年在北京推出了与之同名的单卷本《利氏汉法辞典》。

因此，尽管经历了时代的变迁，耶稣会的翻译工作仍然深深浸润在对中国经典与语言的研究之中。笔者时常回想起甘易逢神父在晚年经常说的话:"应当把中国的灵性资源整合人类的灵性计算机之中。"甘易逢神父毕生都在打字机上写作,从未使用过网络,对计算机的功能只有一些非常模糊的印象。但他之所知已足以使他运用这个比喻:人类的灵性,就好似这样一台机器,它接受各种数据,在数据之间建立关系,并使这些关系不断增多。对他来说,中国的经典及其中隐藏的智慧,好似是人类灵性资源中一个决定性因素,人类如果想要理解自身的本性与使命,就必须将这些资源作为一个整体加以对待。

第五章

比较性展望：学术汉学的发展

耶稣会的汉学研究毕竟后继有人，为了更好地理解耶稣会的汉学是如何影响汉学发展成为一个独立的知识领域，有必要再回顾汉学在大学里的发端。本章内容并不欲囊括这个庞大的主题，而仅限于谈论汉学形成时期的某些重要事件和关键人物。虽然本章很少论及耶稣会士，但我们将耶稣会的贡献置于一个整体的历史背景中来看待，就会知道他们在今日仍然影响着中国与西方之间相互理解的方式。

一、法国的学术汉学

19世纪上半叶，耶稣会的汉学研究逐渐暗淡下来，而与此同时，独立于天主教会的汉学规划逐渐得到确立。在汉学向着一门独立学科发展的过程中，词典编撰学构成了汉学的第一个分支领域。19世纪初，研究工具还极度欠缺。1813年，小德金（De Guignes fils，1749—1845）出版了一部《汉语-拉丁语-法语字典》，共收录14 000个汉字。小德金曾经担任广州领事，后来在拿破仑授意下负责上述字典的工作，而拿破仑本人则是在东方学家安东尼·以赛亚克（Antoine Isaac Silvestre de Sacy，1758—1838）的促进之下出资赞助此项目。然而该词典大部分内容系抄袭和变更自方济各会传教士叶尊孝（Basilio Brollo de Glemona，1648—1704）的作品《汉字西译》。小德金的这部词典，后来受到了汉语学术研究先锋人物之一的雷慕沙（Jean-Pierre Abel-Rémusat，1788—1832）的严厉批评。雷慕沙于1814年被提名为法兰

第五章　比较性展望：学术汉学的发展

西公学院(Collège de France)的教授,负责"汉语与满语语言文学"教席,并于1824年被任命为法国皇家图书馆东方文献的负责人。雷慕沙的研究在何种程度上仍然依赖于耶稣会索隐派的文献诠释,仍然是个有意义的问题。潘凤娟研究了雷慕沙出版于1823年的对《道德经》其中五章的翻译,这一翻译固然还很不完全,但它影响了后来由儒莲(Stanislas Julien,1797—1873)、纪尧姆·博提埃(Guillaume Pauthier,1801—1873)[①]甚至黑格尔对道教面貌的呈现。我们看到,雷慕沙的翻译不仅重拾了索隐派的传统,而且更进一步认定,"夷、希、微"的拉丁音译 Yi-Hi-Wei(IHV)就是希伯来语中的神名 YHWH(雅威)的转写。这几个中文字同时表达了天主之为"存在、智慧与生命"的本性。索隐派虽然在教会内部已经失势,但却深远地影响了诞生中的世俗汉学。

小德金编撰的这部字典,虽然有着明显的重大缺陷,但它问世的过程值得关注。小德金是法兰西院士德金(J. de Guignes,1726—1800)的儿子,曾与瑞士作家本杰明·康斯坦(Benjamin Constant)的表兄查尔斯·康斯坦(Charles de Constant)一起到过中国。小德金是1793年至1796年间少数成功驻留在中国的法国人之一,也是鸦片战争之前最后一位居住在华的汉学家。1794至1795年间,小德金陪伴伊萨克·蒂进(Isaac Titsingh)率领的荷兰遣华使节团进京。这趟北京之旅,再加上其父的显赫声名,使小德金受到了塔列郎(Talleyrand)的青睐,后者于1801年将他引荐于拿破仑。1804年,小德金被任命为法国外交部口译办公室主任,随后又被指派到领事档案馆任职。为了将他的亚洲经历介绍给公众,小德金在1808年自费出版了《北京、马尼拉与法兰西岛往返游记》(*Voyages à Pékin, Manille et L'île de France*),讲叙自己在1784年至1801年间公务之余的旅行见闻。这部作品深获拿破仑的欢心。1808年10月22日,拿破仑将编撰一部大字典的任务交给了小德金。1813年,字典最终问世。在整个19世纪,人们对这部不易

[①] 这位东方学家翻译了《大学》,连同朱熹的评注,以及许多其他典籍,将其都归入统称为"东方圣典"(les livres sacrés de l'Orient)的儒学著作里。

使用的词典进行了多次修改更新。

法兰西学院在1814年就设立了"汉语与满语语言文学"讲席,雷慕沙也因此成为欧洲的第一位汉语教授,但事实上,雷慕沙的汉语全凭自修而来。① 因此,法国关于汉语的学术研究是以一种非常早熟的方式开始的。1909年,德国才在汉堡大学里设立了首个汉语讲席。虽然荷兰于1876年在莱顿(Leiden)也开设了汉语讲席,但此举更多地与荷兰的商业利益密切相关。

不过,雷慕沙被任命为汉语教授,并非一个孤立的事件。当雷慕沙开启自己的学术生涯时,俄罗斯首位汉学家比丘林(Nikita Bichurin,1777—1853)已经在北京居住了十年。在英国和德国也有两位相应于雷慕沙的人物,分别是在1837年成为英国第一位汉语教授的基德(Samuel Kidd,1797—1843)和德国的硕特(Wilhelm Schott,1807—1889)。但这两位教授仍然是神职人员。英国和德国首先出现的世俗汉学教授分别是理雅各(James Legge,1815—1897)和加贝伦茨(Hans Georg Conon von der Gabelentz,1849—1893),我们将在后文回到对他们的讨论。这样,世俗的学者们渐渐赶上耶稣会士的脚步,成为汉学研究的主力军。

总体而言,在法国之外,欧洲国家的汉学发展一般要比埃及学、亚述学或者印度学来得缓慢。亚述学和埃及学更受重视的主要原因或许有二:首先,它们都与在大学里有着重要地位的圣经研究相关;其次,作为一门比较学科的语言学,最初建立在对印欧语言的研究基础之上,而其他语系的整合则需经历一个缓慢的过程。②

雷慕沙于1788年9月出生于巴黎,1832年因霍乱病逝于巴黎。他本是一名医生,后来自学汉语,并于1811年出版了《论中国语言和文学》(*Essai sur la langue et la littérature chinoises*)一书。进入法兰西学院及在皇家图书馆任职后,雷慕沙又在1822年成为"亚洲学会"

---

① 1813年,雷慕沙答辩的博士论文主题即是研究中医观察舌头的诊断法。
② 参见Edward H. Schafer(薛爱华),"What and How is Sinology?", *T'ang Studies*,1990-1991, pp. 23-44。

(Société asiatique)的创建者之一,并且终生担任该学会的秘书长。雷慕沙还参与了附属于国家图书馆的东方语言学院的教学课程。

法国皇家图书馆即是今天的法国国家图书馆的前身,馆藏中的中国书籍文献值得在此一提,因为其收藏史已达三个世纪之久。1668年,皇家图书馆从马萨林枢机(Jules Mazarin,1602—1661)的收藏品中购买了四件中文印刷品,这是图书馆首次收藏的中文文献。后来,在1684年,耶稣会士柏应理与中国奉教文人沈福宗在凡尔赛宫觐见路易十四,并呈献了多卷中文书籍。1697年,皇家图书馆又新添一批重要的中文书籍充实馆藏,即白晋从中国带回的22部书籍,共312册。1700年,傅圣泽回法国时,又带回了内廷印刷的真正的宫廷著作。1708年,皇家图书馆又收入113卷新书,皆是满文精刻本。黄嘉略为中文馆藏编制了第一份法文目录,完成于1716年,就在他去世的几个月之前。这些丰富的馆藏促进了新兴的法国汉学研究。

雷慕沙捍卫的观点是,汉语是通过词语在句子中的位置来表现语法关系的;他毫不犹豫地将这样的关系称作汉语的"性、数、格"(汉语字词位置的重要性,相当于性数格变化在其他语言中的角色)。在与洪堡(Wilhelm von Humboldt,1767—1835)的通信中,雷慕沙解释道,汉语仅仅表达那些对于理解来说绝对必要的语法关系,与印欧语系完全不同。洪堡本人则将汉语视为一种与希腊语或梵语在结构上截然相反,但自成一体、同样完美的语言。雷慕沙还撰写了关于佛教历史以及中亚历史研究的丰富著述。

儒莲(Stanislas Julien)于1797年生于法国奥尔良,1873年逝世于巴黎。1832年,他接替了雷慕沙在法兰西学院的职位。1828年,儒莲出版了《孟子》的拉丁文译本。后来,儒莲开拓了对中国佛教的文本研究。[1]这两位汉学先驱,在语法和比较语言学方面,为他们的时代不断认识中国奠定了前进的基础。

儒莲在年少时曾跟随雷慕沙学习希腊文、阿拉伯文、希伯来文、波

---

[1] 关于19世纪欧洲的佛教研究,参见 Philip C. Almond, *The British Discovery of Buddhism*, Cambridge: Cambridge University Press, 1998。

斯文、梵文以及中文，后来雷慕沙还向其讲授满文。儒莲的《孟子》的拉丁文译本即是译自《孟子》的一个满文版本（1824）。在这方面值得注意的是，众多学者都曾选用中国古籍的满文版进行研究，因为较之于汉语，满语的句法结构与欧洲语言更加接近，较少产生诠释上的疑难。后来，出于生计考虑，儒莲应一些英国新教传教士之邀请，抄写了一份马若瑟的《汉语札记》（*Notitia linguae sinicae*），以供他们在马六甲编辑出版（1831年）。儒莲在法兰西学院讲课时，对文本的解释并不拘泥于他已经非常熟悉的汉语语法。他凭借深厚的古汉语造诣，完成了《汉语新句法》（*Syntaxe nouvelle de la langue chinoise*）一书（1864—1870），分析汉语中的字词位置的意义。同时，儒莲在翻译领域也作出了巨大的贡献，他继承雷慕沙研究玄奘的未竟之业，将《大慈恩寺三藏法师传》（*L'Histoire de la vie de Hiouen Thsang et de ses voyages en Inde*）和《大唐西域记》（*Mémoires des contrées occidentales de Hiouen Thsang*）翻译为法语（1857—1858），为亚洲佛教史研究提供了奠基性史料。对玄奘法师的上述研究使儒莲的注意力转向了中国、印度以及高地亚洲之间的互动。在此视角下，儒莲翻译了《百句譬喻经》（*Avādanas, contes et apologues indiens*，1859）和《突厥史料》（*Documents sur les Tou-kiue*，1864），并且撰写了《中印哲学与亚洲地理杂文汇编》（*Mélanges de géographie asiatique et de philosophie sinico-indienne*，1864）。儒莲的兴趣兼收并蓄，对工业技术也颇为关注，他的《中华帝国的现代产业》（*Industries modernes de L'Empire de Chine*，1869）是译自中国蚕桑养殖的论述，以向法国蚕桑养殖者提供相关知识。儒莲还为塞弗尔瓷器制造厂（Manufacture de Sèvres）的职员编写了一本关于中国瓷器制造的手册——《中国瓷器的制造与历史》（*Histoire et fabrication de la porcelaine chinoise*，1856），更新了一个世纪之前由殷弘绪（François-Xavier d'Entrecolles，1664—1741）神父带给欧洲的瓷器知识。相对其时代而言，儒莲具有一种非常现代的历史感，对中国民间文学深怀兴趣。除了将《赵氏孤儿》重新翻译为法语（*L'orphelin de la Chine*，1834）之外，他还选译了另外两篇元曲杂剧，其一是《灰阑记》（*l'Histoire du cercle de craie*，1832），德国戏剧家布莱希特(Brecht)很可能从中汲取了灵感；其二是《西厢记》(*l'Histoire du pavillon d'Occident*)，于 1872 至 1880 年间在法国报纸上连载。

儒莲在离开法兰西学院之前，已经将其讲席让给了德理文(Marie-Jean Léon d'Hervey de Saint-Denys, 1823—1892)侯爵。德理文这位知识分子对于开创中国诗歌研究功不可没，但是其名声远逊于儒莲。他的翻译作品《唐诗》(*Poésies de l'époque des Thang*)于 1863 年出版，在选入的每首诗的译文之前陈述相关的作诗技巧。他于 1870 年翻译出版了《离骚》，其行文用语稍显松散，并不理想，不过法兰西第二帝国的诸多文学沙龙却对之赞赏有加。德理文还选取了《今古奇观》中的十一篇故事译为法语，集结出版；该书与另一部卷帙浩繁的著作《文献通考之西原蛮略》(*Ethnographie des peuples étrangers à la Chine*, 1867—1883)构成了他工作中最具创造性的部分，虽然与他在法兰西学院的后继者沙畹(Édouard Chavannes, 1865—1918)相比(后文将再度讨论沙畹的贡献)，他的影响力显得较为有限。值得一提的是，在另一个与汉学大相径庭的领域中，德理文也是先驱者，他曾于 1867 年匿名出版了一部作品——《梦与引导梦的方法》(*Les Rêves et les moyens de les diriger*)，该书是根据他自己从少年时期起并持续多年的对自己梦境的观察而写成的，他把控制下产生的同样的梦称为"清梦"(rêve lucide)。

从 19 世纪 50 年代起，北京开始设立外国驻华使馆，外交人员与翻译官因此陆续来到中国，其中许多人后来成为汉学家，回到欧洲后教授汉语。法国驻上海领事达伯理(C.-P. Dabry de Thiersant, 1826—1898)上尉深受中国生活吸引，并撰写了两部作品：《中国人的医学》(*La médecine des Chinois*, 1863)和《中国和东土耳其斯坦的伊斯兰教》(*Le mahométisme en Chine et dans le Turkestan oriental*, 1878)，后一本书涉及长期为人所忽略的领域。达伯理还贡献了一些不同主题的文章，例如关于中国渔业养殖以及捕鱼业的论文。另一位外交官于雅乐(Camille Imbault-Huart, 1857—1897)曾任广州领事，从事中国诗歌研究，撰写了《14 至 19 世纪的中国诗歌》(*La poésie en Chine du XIVe au XIXe siècle*, 1884)和《现代中国诗选译》(*Poésies modernes* traduites du chinois，1892）。于雅乐后来也转向中亚研究，编著了《中亚文献汇编》(Recueils de documents sur l'Asie centrale，1881）。他的另一部作品《道教祖师传奇以及张天师家世史》(Légende du premier pape des taoïstes et l'histoire de la famille pontificale des Tchang，1884)，则在后来成为研究道教神职与礼仪传统的先锋之作。

约在 19 世纪中期，西方首度出现了对中国科学的研究，其中备受瞩目的是毕奥（Edouard Biot，1803—1850）的工作。毕奥所受的科学教育使他对中国的天文学产生了兴趣。1841 年，毕奥编定了《周髀算经》(Traité d'astronomie du Zhoubei）的法文译本，还发表了大量关于中国气象学与地质学的文章。他的研究还涉猎社会科学和法学领域，成果卓著，例如出版了《中国自远古以来的土地所有权状况》(Mémoire sur la condition de la propriété territoriale en Chine depuis les temps les plus anciens，1838）和《论中国公共教育史以及文人的同业团体》(Essai sur l'histoire de l'instruction publique en Chine et de la corporation des lettrés，1847）。毕奥还致力于翻译《周礼》，编定了一个考订版（édition critique)，后来作为其遗作出版。

西方对中国经典古籍与中国语言的认识不断加深，在此基础上，其他知识领域也取得了长足进展。沙畹是这个时期最伟大的考古学家和汉学家。沙畹于 1865 年出生于法国里昂，1918 年逝世于巴黎。使沙畹闻名于世的是对司马迁《史记》的翻译[1]、对汉代碑铭的研究[2]和对中国宗教[3]的探索。沙畹关于古代中国泰山祭祀的论著，结合了文本研究与田野考察，使现代汉学产生了重大革新，其重要意义我们在后文中将会再次述及。在泰山从事田野调查期间，沙畹探访了 252 个不同的地点，并且编目记载。他在补录中对土地神祭祀的记述尤其引人注目，开启了中国地方宗教的现代研究之先河。

---

[1] Les Mémoires historiques de Se-ma Ts'ien，五卷本，1895—1905 年出版；1969 年连同新增的第六卷一起再版。沙畹共计翻译了《史记》130 篇中的 47 篇。
[2] "La Sculpture sur pierre en Chine au temps des deux dynasties Han"，1893.
[3] "Le T'ai chan：essai de monographie d'un culte chinois. Appendice：Le dieu du sol dans la Chine antique"，1910.

沙畹还是第一位将中国历史视为由一系列绵延相继的朝代所构成的人,并且提炼出了各个朝代的主要特征。沙畹身处19世纪与20世纪之交,无论是以其思想与研究的质量,还是以其在体制内的地位,他对汉学的影响都是持续深远、具有决定性的。他曾毕业于巴黎高等师范学院、东方语言学院,自1893年起担任法兰西学院教授,1903年起又成为法兰西文学院(Académie des inscriptions et belles-lettres)的院士,在其弟子中,出现了伯希和(Paul Pelliot,1878—1945)与葛兰言(Marcel Granet,1884—1940)这样著名的人物。

与沙畹不同,高第(Henri Cordier,1849—1925)不通汉语,但他在目录学方面的工作极为丰富多样,果实累累。高第的父亲是商人,曾在中国旅居。1869年,高第来到上海居住,从事进出口贸易,直到1876年离开。回法国之后,高第展开了浩繁的工作,包括清查盘点欧洲关于中国自古至今的书籍文献,编制书目,同时也着手重建他自己曾在一次海难中痛失的巨型藏书库。这项持续多年的工作的成果,就是他的《中国学书目》(*Bibliotheca Sinica*),于1881—1885年出版,并在1924年之前不断得到补充。1881年,高第在东方语言学院负责讲授中国文明的课程,致力于研究最早来到中国的欧洲旅人,在此主题上作出了最为卓越的贡献。他出版了关于和德理(Odoric de Pordertone,1286—1331)的《14世纪的亚洲之旅》(*Voyages en Asie au XIVè siècle*,1891)。在与《威尼斯人马可波罗先生》(*The book of Ser Marco Polo, the Venetian*,1875)的编著者——大名鼎鼎的亨利·尤尔(Henry Yule,1820—1889)——会面之后,高第担任起了这本书的再版工作,向其中补充了丰富的注释。刚好在其逝世前,高第完成了道明会士德·塞维拉(Jourdain Catala de Séverac)的作品《奇美东方》(*Mirabilia Descripta*)的翻译。凭借这些研究,作为历史学家的高第确立了自己在中欧交流史领域的地位。通过大量的通俗文章,高第也使最先进的汉学研究得以为大众所了解,并于1890年创办了《通报》以推广汉学研究。

关于伯希和,我们必须承认他是历史上最为早熟而天资卓著的汉学家之一。1900年,伯希和以远东法兰西学院(EFEO)研究员的身份抵达越南河内。同年,他出差到北京,为学院购置书籍,由此开始了他在中文目录学领域的研究生涯。伯希和于 24 岁时发表了第一篇论文，内容是关于《古逸丛书》的详细分析。后来的敦煌之行使他名声大噪，虽然奥莱尔·斯坦因（Aurel Stein，1862—1943）[①]在 1907 年就进行了敦煌探险，但却没有经验和能力去分辨和购买真正重要的古卷经籍。相反，伯希和于 1908 年 4 月到达敦煌石窟，在藏经洞里呆了三个星期，遍览经卷，运用他惊人的记忆力和非凡的广博学识辨认出其中最宝贵的资料，尽数购买下来。[②]与其他的探险发现相较，伯希和的研究彰显了敦煌历史上摩尼教传统的重要性。

回到欧洲之后，伯希和接手高第创办的《通报》，于 1920 年至 1942 年间担任主编。在他的努力之下，《通报》获得了国际性声誉，至今仍是汉学界举足轻重的杂志。伯希和出版的编年史呈现出的清晰且多样的视角，以及他作为总编辑具有的严格、精确和细腻的精神，时至今日仍然深受赞誉。然而，"二战"之后开始出现了对伯希和的某种反感：在伯希和身上体现出的那种博学多闻、精益求精，但有时拘泥于细枝末节、难免吹毛求疵的风格，引起了人们的质疑。白乐日（Etienne Balazs，1905—1963）就嘲笑这样的治学传统，将其描述为一种"集邮者心态"，换言之，他认为伯希和对文本的翻译和评述似乎总是体现出一种"猎奇"的态度，或者说是一种"找碴癖"，而不是致力于寻找其深层的意向与因果关联。白乐日以及其他汉学家的上述批评也延伸到了日本汉学界，因为日本汉学对细节和罕奇事物的执念更是无以复加。

法兰西学院教授戴仁（Jean-Pierre Drège）这样谈及伯希和所展现的异常广博的研究兴趣："伯希和在致力于越南研究和柬埔寨研究之后，又向西藏研究、突厥研究、蒙古研究以及伊朗研究敞开了胸怀；他还特别热衷于中国与其邻国之间以及中国与欧洲之间的往来，包括马可波罗、蒙古宫廷中的基督徒使团、传入中国的景教、耶稣会士利玛窦，等等；在另一个方向上，他同样关注中国在 15 世纪初期的大航海。伯希

[①] 有关斯坦因的收藏，参见 John Falconer, *Catalogue of the Collections of Sir Aurel Stein in the Library of the Hungarian Academy of Sciences*, Budapest: British Museum Press, 2002.

[②] 参见 *Une bibliothèque médiévale retrouvée au Kan-su*.

和留给我们的成果相当可观,也相当分散,依据不久前的清点,包括近 900 份文章和报告,其中许多报告内容详实,比已经整理完备的资料具有更大的意义。"①

葛兰言:对中国经典的社会学解读

葛兰言(Marcel Granet,1884—1940)所从事的汉学研究,与伯希和具有迥然不同的风格。葛兰言是涂尔干(Durkheim)的学生,1911 年至 1913 年间曾在中国居留。葛兰言以极大的热忱投身理论研究,他对中国古代节庆的重构(*Fêtes et chansons anciennes de la Chine*,《古代中国的节庆与歌谣》,1919)呼应涂尔干的"文明中的宗教矩阵"的主题(参见葛兰言第二本著作 *La religion des Chinois*,《中国人的宗教》,1922)。在《古代中国的节庆与歌谣》一书中,葛兰言对《诗经·国风》进行了革命性的阐释,论述这些诗经歌谣都是上古时期在季节性的节日期间举办赛歌会时男女的轮唱。

葛兰言的理论研究进展伴随着另一项工作,即作为学问渊博的语言学家的工作。人们把葛兰言从事的研究称为"文本社会学"——通过对文本的仔细研究,重新建构集体意识形态以及社会环境。1934 年,在葛兰言的《中国文明》(*La civilisation chinoise*)出版五年之后,《中国思想》(*La pensée chinoise*)一书问世,随即声名鹊起,被誉为 20 世纪最杰出的法国汉学作品之一。《中国思想》一书致力于分析中国思想体系、其中的各项基本范畴(包括空间、时间、数字三种范畴),以及与之相关的学科,诸如星象学、哲学、数学等;这本书阐明了中国思想的整体特色以及最值得人们关注的原创性之所在。葛兰言的这一著作凭借其创新性,不仅告别了汉学的传统教育,而且也超越了汉学的研究领域,赋予结构主义某些基础概念,同时开创了后来所谓的历史人类学。这种创新性也再度体现在葛兰言逝世后得以出版的《中国社会学研究》(*Études sociologiques sur la Chine*,1953)这部著作中。

葛兰言的解读深刻影响了列维-斯特劳斯的结构主义分析,不只为

---

① 法兰西学院信函,编号 25,2009 年 3 月,http://lettre-cdf.revues.org/532。

中国文本,也为源于其他文明的文本打开了新的诠释道路,因此值得我们去好好理解他的原创性何在。葛兰言最富创造性的方面之一是,他并不把中国的历史叙事视为一种有待考证的事实来源,而是力图从这些叙事中发现一些心智图式(schèmes mentaux)——这些图式组织起了对事件的选择和改编,使之呈现为"历史的"事件——而并不太关心这些事件究竟是史实还是传说,因为后面这样的工作在他眼中终归是徒劳的。他如此写道:

> 独特的事实——我们所称的历史事实,在历史上记载下来的事实——不是一个天然的事实,而是精心制作的产物;它是由构成真实事件的某些根据出发的、由历史学家的批判工作实现的一种抽象建构。这一复杂的根据具有理智性,但更加具有情感性,尤其富于实践性,它是习俗的主题,是原型,是约定俗成,或说是图式——一系列的传统与习惯的主题,在其中必然会首先形成某种实践,促使我们作出记录的选择。①

关于历史编年是如何产生的,葛兰言非常激烈地为一种先天相对主义的视角辩护:

> "真"与"假"意指什么呢?它们仅仅意味着事实的两种编排,其中一种被证实为比另一种更为古老,而这第二种编排也是通过或多或少的人为工作而依附于第一种编排。论及事实,在这两种情况下,事实都是在传统中被把握的。……真正的《书经》就比另一种书经更少虚构吗?②

在传统对叙事的传递中,想象力在工作着,直到正典文本最终得以

---

① Marcel Granet(葛兰言), *Danses et légendes de la Chine ancienne*, Paris: PUF, 1994 (1926), pp. 36-37.
② Ibid., pp. 27-28.

确定;想象的工作首先并不是个人性质的,而是将我们无法以其他方式触及的社会表现与文化表现启示给我们:

> 人为的工作是否源于自由发挥的个人想像? 难道不应推想出,那些主导人们对主题材料进行编排的观念联想(les associations d'idées),是从那些强加于作者并指导作者工作的"传统图式"(schèmes traditionnels)中产生的吗?①

葛兰言将他的方法运用于一个实例,即考察齐鲁诸侯的会面,这一会面的记载见于《左传》《公羊》和《穀梁》等书中,我们至少能找到八个大相径庭的版本。以下以司马迁记述的版本(《史记·孔子世家第十七》)为例:

> 定公十年春,及齐平。夏,齐大夫黎鉏言于景公曰:"鲁用孔丘,其势危齐。"乃使使告鲁为好会,会于夹谷。鲁定公且以乘车好往。孔子摄相事,曰:"臣闻有文事者必有武备,有武事者必有文备。古者诸侯出疆,必具官以从。请具左右司马。"定公曰:"诺。"具左右司马。会齐侯夹谷,为坛位,土阶三等,以会遇之礼相见,揖让而登。献酬之礼毕,齐有司趋而进曰:"请奏四方之乐。"景公曰:"诺。"于是旍旄羽被矛戟剑拨鼓噪而至。孔子趋而进,历阶而登,不尽一等,举袂而言曰:"吾两君为好会,夷狄之乐何为于此! 请命有司!"有司却之,不去,则左右视晏子与景公。景公心怍,麾而去之。有顷,齐有司趋而进曰:"请奏宫中之乐。"景公曰:"诺。"优倡侏儒为戏而前。孔子趋而进,历阶而登,不尽一等,曰:"匹夫而营惑诸侯者罪当诛! 请命有司!"有司加法焉,手足异处。景公惧而动,知义不若,归而大恐,告其群臣曰:"鲁以君子之道辅其君,而子独以夷狄之道教寡人,使得罪于鲁君,为之奈何?"有司进对曰:"君

---

① Marcel Granet(葛兰言), *Danses et légendes de la Chine ancienne*, Paris: PUF, 1994(1926), p. 45.

子有过则谢以质,小人有过则谢以文。君若悼之,则谢以实。"于是齐侯乃归所侵鲁之郓、汶阳、龟阴之田以谢过。

葛兰言对这一系列事件的重构,是从对不同版本的批判工作出发的,大略总结如下:齐人发起与鲁的会面,埋下圈套,意欲借四方献舞之机除掉鲁定公。幸而孔子使其计谋失败。齐人再度试图借献宫中之舞而行凶,又再次失败了。孔子令行惩罚,将舞者斩首并分尸,由此震慑了齐人,因此齐景公归国后履行了两国间的和约。葛兰言并不满足于讨论施行如此残酷刑罚的孔子形象是否符合道德,而是提出了不同的问题:为何斩首与分尸使描述这一场景的人肃然起敬?他的回答是:

> 齐鲁相会的这一历史,是借助一些传统主题而重建起来的,这些主题围绕着一个中心观念:(王侯或圣贤的)权威,是借助死刑而建立的,死刑的作用在于驱散有害的力量,并将其碎裂,如战利品展示于四方。正是在这里,有一个真正起指导作用的图式,它能够组织起一整套礼仪和神话根据,并且把这些根据转化成了历史事实,它扮演了组织性的首要角色,并借助某些转换,使得叙事成为可信的、感人的、有教化作用的。①

葛兰言的一个评论者写道:"这样,中国典籍所传达的历史叙事,较其真实性而言,更加具有教育意义,它们引导人直接通达那些主导思想与行动的图式。"②

葛兰言将《中国古代的舞蹈与传说》一书题献给马塞尔·莫斯(Marcel Mauss),并不是偶然的,处在该书中心的正是"祭祀"的主题。我们知道,亨利·于贝尔(Henri Hubert)与马塞尔·莫斯在其著作中,

---

① Marcel Granet(葛兰言), *Danses et légendes de la Chine ancienne*, p. 213.
② Gildas Salmon, *Les structures de l'esprit: Lévi-Strauss et les mythes*, Paris: PUF, pratiques théoriques, 2013, p. 84.

正是从对"祭祀"的定义出发,展开对此主题的分析:"祭祀是一个宗教行动,通过祝圣一个牺牲而改变完成此祭祀的道德人的处境,或此人关心的某些对象的处境。"①紧接着,类似的定义又设定了"祭祀的同类一体性"(l'unité générique des sacrifices)的前提。他们以此为出发点去描述"祭祀图式"(schème du sacrifice),并依据祭祀图式完成的功能去描述其各种变体。祭祀的一体性之本质,并非指祭祀都具有同样的来源,而毋宁说是具有同样的功能:它总是涉及"通过一个牺牲——也就是典礼中摧毁的某种东西——的中介,在神圣世纪与凡俗世界之间建立一种沟通"②。于贝尔与莫斯的这本小书已经预告了莫斯后来的工作,特别是他的《礼物》(Essai sur le don)一书。"关于契约、惩罚、礼物、牺牲以及与灵魂和不朽相关的概念,这一系列问题仍然处在公共道德的基础。这意味着祭祀的观念对社会学具有重要的意义。"③葛兰言对中国经典的解读也是处在同样的工作规划中。

　　葛兰言的方法无疑与索隐派的解经方法相去甚远。但我们可以描画某些相通的路线。无论对葛兰言还是索隐派来说,研究叙事都不是为了建立一种事实真理,而更多地是为了从中发现一些思想图式、一些象征,通过分析,这些图式和象征最终或者可以被归入神对人类的"原初启示",或者同样可以被归入人类精神的结构;这两种解释在某些方面相距并不遥远。无论是索隐派的分析还是葛兰言的社会学研究,这两种工作的伟大功绩就在于,不断在撰述的细节与整体的结构之间往复,从叙事细节中发现结构的迹象,又依据得到理解的结构来解释某些细节。无论在索隐派还是葛兰言这里,都有一种解释方法,能够更新我们解释文本的进路与我们赋予文本的意义。

　　此外,葛兰言还激起了中国学界的兴趣。李孝迁恰如其分地分析了中国学界接受葛兰言著作的历史处境:

---

① Henri Hubert, Marcel Mauss, *Essai sur la nature et la fonction du sacrifice*, Paris: PUF, coll. Quadrige, 2016(1898), p. 58.
② Ibid., p. 169.
③ Ibid., p. 174.

葛兰言门徒虽然力图将社会学研究方法移植到中国史学界，大声疾呼要在中国新史学运动中建立"社会学派"，但终归成效不著，加之近代中国社会战乱频繁，随之1949年中国发生翻天覆地之变革，葛氏的声音便销声匿迹。1950—1960年代，国内学术界要肃清西方资产阶级思想"毒素"，伯希和、马伯乐、高本汉均难幸免被批判，而唯独葛氏被遗忘，成了漏网之鱼，这多少也说明了他对中国学界影响相对而言较为浅弱，未成气候。①

除李孝迁提到的这些原因之外，还应注意到，葛兰言所用方法的艰深与精微也影响到学界对他的接受，即使在欧洲与美国，要完全理解他的思想也非常困难。他和他的朋友马塞尔·莫斯一样，坚定地依据涂尔干的理论工作，并且大大丰富了后者的理论。今天，马塞尔·莫斯的著作不仅在欧洲，也在中国激起了人们日益更新的兴趣，葛兰言的著作也有望随之获得更好的理解。②

站在和葛兰言近似阵线的汉学研究者还有马伯乐（Henri Maspero），他于1883年出生于巴黎，1945年逝世于布痕瓦尔德（Buchenwald）集中营。对于道教研究，马伯乐堪称先驱，富有盛名，可以说正是他开辟了道教的学术研究领域，致力于理解道家的哲学面貌，以及道教作为一种建制性的宗教发端之时的政治背景。马伯乐是埃及学家加斯通·马斯佩罗（Gaston Maspero）之子，1905年曾随父亲前往埃及。他早年曾学习法律，后来又在法国国家东方语言文化学院学习汉语。1908年，他加入了法兰西远东学院的行列，远赴越南河内，研究印度支那民族的语言和风俗。1918年，马伯乐继承了老师沙畹的职务，在法兰西学院主讲中国语言与文学课程，并且接续葛兰言在索邦大学主持中国文明讲座；同时他还在法国高等研究应用学院担任中国宗教系主任。与葛兰言一样，马伯乐对语言学也兴趣浓厚，并且运用一门

---

① 李孝迁：《葛兰言在民国学界的反响》，《华东师范大学学报（哲学社会科学版）》2010年第4期，第43页。
② 见马塞尔·莫斯：《礼物——古式社会中交换的形式与理由》，汲喆译，商务印书馆，2016年。

当时正蓬勃发展的学科——重构音位学（phonologie reconstruite，重构古汉语的音素）——来进行语言研究。

如果说伯希和、葛兰言与马伯乐组成了 20 世纪前半叶著名的"法国汉学三杰"，那么戴密微（Paul Demiéville, 1894—1979）则紧随其后，是值得与之相提并论的汉学大家。戴密微曾于慕尼黑、伦敦、爱丁堡以及巴黎接受高等教育，他首先感兴趣的是音乐史。1915 年，他在伦敦开始学习汉语，随后到巴黎东方语言学院继续学习，后来又在法兰西学院修习了沙畹的课程。他除了师从列维（Sylvain Lévi）学习梵语，此外还兼修日语。1919 年至 1924 年间，戴密微获得远东法兰西学院的年金资助，并于 1920 年被派遣到河内。在这段时间内，戴密微深入了解越南，尤其关注越南的宗教习俗，其成果体现在后来的《越南诗歌集》（Les chansons du Che-king au Tonkin, Kyôto, 1928）一书中。此后，戴密微又来到中国进行了两年考察，并于 1925 年出版了《中国考古笔记》（Notes d'archéologie chinoise）。1924 年，他又编写了《弥兰王问经汉译本》（Les versions chinoises du Milindapanha）。这本书在语言学方法的运用、广博的内容以及批判性的分析等方面，都堪称典范之作，反映出戴密微在佛学领域通过对印度文献以及中文译本资源的熟练运用而掌握的全面的知识。

1924 年到 1926 年间，戴密微在厦门大学任教，讲授西方哲学、佛教史以及梵文。1926 年，他应邀前往东京法日会馆（la Maison franco-japonaise de Tôkyô），在那里一直工作到 1930 年。自 1926 年始，他的法国上司列维与日本学者高楠顺次郎（Takakusu Junjirô）建立了一个合作项目，编著一套以汉日文资料为基础的佛教百科全书《法宝义林》（Hôbôgirin, dictionnaire encyclopédique du bouddhisme d'après les sources chinoises et japonaises），由戴密微担任主编。1930 年，戴密微回到法国，次年即被任命为东方语言学院的汉语教授。1945 年，他设立了佛教哲学课程。同年，在伯希和逝世之后，戴密微也负责起了《通报》的工作，成为其共同管理人之一，直到 1976 年。1946 年，戴密微当选为法兰西学院院士，继承马伯乐，主讲中国语言和文学。

在戴密微的著作中,佛教研究占有一席重要地位,包括两个不同的研究方向:其一是中国人所熟知的印度佛教,其二是中国佛教史和汉语佛教伪经,而完全中国化的、不拘于习俗常规的禅宗,尤其受到他的关注。在上述第二个领域,戴密微著述甚丰,包括《吐蕃僧诤记》(*Le concile de Lhasa*, 1952)、《禅与中国诗》(*Le tch'an et la poésie chinoise*, 1970)以及《临济语录》(*Entretiens de Lin-tsi*, 1972)。此外,戴密微还偏爱另一主题,即敦煌手稿中体现的唐朝及五代的通俗文学。

二、探险与汉学

在广袤无垠的中华大地上,生活着形形色色的民族,承载着丰富多元的文化资源。在这片土地上展开的探险考察,与文本研究的发展并驾齐驱,共同构成了汉学研究不可或缺的"双肺"。这一点已经由18世纪耶稣会士所开展的以绘制地图为目的的旅行考察所证实。到了19世纪,探险考察更加频繁,具有民族志特征的记述也开始成形。遣使会传教士古伯察(Régis-Evariste Huc)就是一个例子。古伯察1813年生于法国图卢兹附近,后来在澳门等地学习汉语之后,前往鞑靼和西藏地区。经过漫长的旅途,古伯察抵达终点站拉萨,并在后来完成两大卷的《鞑靼与西藏旅行记》(*Souvenirs d'un voyage dans la Tartarie et le Tibet*),于1851年出版。1860年,古伯察逝世。这部著作虽然有时被后世的旅行者所质疑(这些质疑并非总是出于诚意,而是出自对前辈的嫉妒),但最终被公认为地理学与民族志的卓越文献。

不过,20世纪初掀起了一股前所未见的探险热潮,不断推广的照相术也开启了考古学和民族志研究的全新视野。由此,在儒莲那样的书斋式的语言学研究和谢阁兰(Victor Segalen,1878—1919)那样的野外考古探险之间,众多学者得以找到一个平衡点。谢阁兰是一位来自法国布列塔尼的医师,对亚洲充满热情,数次旅居于中国,1914年辗转陕西、甘肃和四川数省考察,后来又在1917年探访长江一带的盆地。谢阁兰对中国的大型雕刻尤为着迷,搜集了众多文献,特别是关于汉代石刻的资料。谢阁兰还创作了一部关于清朝倾覆之前的北京城的小说《勒内·莱斯》(René Leys,1921),以及从中文汲取了灵感的优美散文诗集《碑》(Stèles,1921)与《画》(Peintures,1916),在后两部作品中他将自己的诗文与中国文人的书法两相对照。在谢阁兰的旅行同伴中,有一位海军士官让·拉第格(Jean Lartigue),也在后来出版了四川、陕西之行的考古地图集(1923),以及一部关于汉朝丧葬宗教艺术的研究作品(1935)。

自 1890 年起,随着从叶尼塞河(Tlénisséi)到贝加尔湖一带的中国碑铭的发现,一个新的研究领域由此开启。丹麦研究者汤姆森(W. Thomsen)此前已经对该地域进行过勘探,德国研究者雷赫尔(Regel)和克列门次(Klementz)也继之而来。众多探险队在俄、德、日学者的带领下亦络绎不绝。此时,沙畹已成为负有盛名的碑铭学专家,他受奥莱尔·斯坦因(Aurel Stein)的委托,将后者在中亚发现的碑文进行出版。斯坦因是英国的碑铭学研究者,原籍匈牙利,他在当时的英属印度总督寇松(Curzon)的协助下,于 1900 年至 1901 年间进行了他的第一次探险,并根据这趟旅程所得,分别于 1903 年和 1907 年出版了《沙埋和阗废墟记》(Sand buried ruins of Khotan)和《古代和阗》(Ancient Khotan)二书,揭开了丹丹乌里克(Dandan-Oilik)、尼雅(Niya)以及安迪尔(Endere)三个古遗址的面纱。斯坦因的第二次探险(1906—1908)抵达了米兰遗址(Miran)、楼兰以及敦煌,并带回了丝织品、绘画和手稿,现藏于大英博物馆。斯坦因的探险成果,由沙畹于 1913 年出版为《奥莱尔·斯坦因在东突厥沙漠发现的汉文文献(沙畹出版和翻译)》(Les documents chinois découverts par Aurel Stein dans les sables du Turkestan oriental publiés et traduits par Edouard Chavannes)一书。斯坦因本人则于 1921 年出版了两部描写敦煌佛教遗址的著作:《西域》(Serindia)和《千佛》(The Thousand Buddhas)。1913 至 1916 年间,斯坦因又展开了第三次探险,旨在考察中华文明与伊朗文明的来往,他从达列尔(Darel)出发到黑水城(Kara Khoto),然后再从喀什(Kashgar)绿洲到达俾路支斯坦(Beluchistan),由此考证了沙漠行旅商队的丝绸之路。1930 年,斯坦因本欲进行从南京出发前往新疆的第四次探险,但受到中国当局制止而未能成行。

1907年,沙畹再次来到中国,筹组研究满族的考古探险活动。沙畹勘探了河北、山东、河南、山西、陕西五省,搜集到相当重要的碑铭文物。一位年轻的俄罗斯汉学家阿理克(Vassili Alexeiev)与沙畹同行,他本是沙畹的学生,后来很快成为苏俄汉学研究的领军人物。沙畹与阿理克一起考察了佛教遗址龙门石窟、云冈石窟、醴泉唐高宗皇陵、蒲城唐代宗陵和唐宪宗陵,后来又探访了著名的朝圣地五台山高原,沙畹还为五台山撰写了一部卓著的专论。

伯希和探险的意义,可以说与斯坦因不相伯仲。1906年6月15日,伯希和从巴黎启程,先是抵达塔什干(Tachkent),随后到达奥希(Och),在此与沙漠旅行队会合,前往疏勒(Yengi Sheher)、喀什。在疏勒、喀什,伯希和考察了库车绿洲与图木舒克,发现了一些希腊风格的佛教造像。伯希和在库车附近停留了将近八个月的时间。尽管此地的洞窟已经被俄罗斯、日本和德国的探险家考察过,但伯希和仍然发现了一座庙宇,其中藏有粟特文与印度文的手稿。就在斯坦因离开敦煌后不久,伯希和也于1908年抵达敦煌。一位鞑靼将军向伯希和提及了一处斯坦因尚未发现的、满是手稿的小洞穴。道士王圆箓同意让伯希和去探访;他带领伯希和进入到这个大约三米见方的洞穴,在火把的亮光下,伯希和如痴如醉地清点着堆放在这里的宝藏——将近一万五千册卷轴。早在1033年,当侵略者占领附近城市的时候,人们把这个小洞穴封死,因此这批宝藏得以完好无损地留存下来。伯希和带走了一批最珍贵的文献,包括中文写本以及画轴。敦煌手稿让欧洲汉学家接触到一个全新系列的文本:脍炙人口的诗篇,地契,丰富的佛经注释,前所未见的关于九、十世纪中国社会的材料,等等。在返回巴黎之前,伯希和又到北京购买了超过三万册的书籍,连同敦煌的手稿,全部典藏于巴黎的国家图书馆。伯希和带回的手稿总计2723件,残篇、木雕与绘画共计1 000余件,植物标本800种,以及许多照片,后来出版为三大册摄影作品集。

三、英国汉学、中国经书以及圣经

雷慕沙和儒莲的工作，后来逐渐为学者、外交人士以及传教士所充实和延续，他们受益于停留在中国的机会，可以直接认识中国。身为英国外交官、语言学家和汉学家的威妥玛爵士（Sir Thomas Francis Wade）正是其中之一。威妥玛于1818年出生于伦敦，1895年逝世于剑桥，他于1859年发明了一套以拉丁字母拼读中文（官话）的拼音系统，从而闻名于世；这一系统又在后来经同为英国外交官的翟里斯（Herbert Allen Giles，1845—1935）的修正和扩充，于1892年成为"威翟式（Wade-Giles）拼音"。在20世纪50年代的汉语拼音出现之前，威翟式拼音是盎格鲁-萨克逊世界广泛使用的汉字拼读法。

乔治·汤马士·士丹顿（Sir George Staunton，1781—1859）可能算得上是最为年轻有为的英国汉学家，也是那个时代唯一不具传教士身份的汉学家。士丹顿很年轻时便到达中国，中文说得相当流利。当时的广东官员百般阻挠一切语言学习的机会，因此英国东印度公司非常缺乏口译员。士丹顿本人开展的是对中国法律的广泛研究，费尽千辛万苦才能搜集到所需资料。尽管困难重重，他还是在1810年出版了《大清律例》（Fundamental laws of the penal code of China）。不过，在这个时期，汉学研究的接力棒已交到新教传教士手中，马礼逊（Robert Morrisson）正是第一位接力者。

18世纪末，众多新教宣道团体纷纷在伦敦成立：大英浸信会差会（Baptist Missionary Society，1792）、伦敦传道会（London Missionary Society，1795）、英国海外传道会（又名英国圣公会差会，Church Missionary Society，1799）、英国圣经公会（British and Foreign Bible Society，1804）、英国循道海外差会（Methodist Missionary Society，1813）。正是在此背景下，马礼逊于1807年抵达中国澳门。马礼逊生于1782年，后来加入伦敦传道会并学习汉语。他很快出版了一部中文文法书（1812年），随后又出版了一部语言学研究著作《中国一览》（A view of China for philological purposes，1817），同时还编撰了一部字典,由东印度公司发行。这部字典约有 4 600 页,为每个汉字增列了其篆书和草书的形式;此外,他还编写了两卷本的《广东省土语字汇》。马礼逊还曾经于 1816 年和 1834 年分别陪同英国大使亚莫斯特(Amhemst)和纳皮尔(Napier)前往北京。1825 年,马礼逊被选为皇家学会(Royal Society)会员。1834 年,马礼逊逝世于广州。英国许多传教士汉学家追随着马礼逊的脚步,特别是麦都思(W. H. Medhuwt,1796—1857)。当时,伦敦传道会在马六甲设立了一个中心,负责出版中文的宣教作品以及培育未来的传教士,麦都思担任了这些印刷所的总监。这样组织起来的一个汉学家团队从 1819 年开始进行《圣经》的中文翻译。月刊《印中搜闻》(*The Indo-chinese Gleaner*)也得以发行。这个中心为在此学习的未来的传教士们提供了一座非常好的图书馆,并由中国老师进行授课;学校同样接收前来加强古典文学修养的中国学生,并为家庭条件困难者提供助学金。麦都思并未一直留在马来西亚;他于 1835 年抵达上海,并于 1843 年在上海建立了第一所欧式印刷厂。

理雅各(James Legge,1815—1897)是中国经典最为著名的西译者。理雅各最伟大的事业就是他从 1858 年开始的中国经书的英译;他的译著最后都在现代宗教学的奠基者麦克斯·缪勒(Max Müller,1823—1900)主编的《东方圣书》(*Sacred Books of the East*)丛书里集成出版。理雅各的第一部译著,就是 1861 年在香港面世的《四书》英译本。1865 年,《书经》的英译本也在香港出版,随后,《诗经》与《春秋》的英译本也相继于 1871 年和 1872 年问世。理雅各回到欧洲之后继续从事翻译工作,于 1882 年出版了《易经》,1885 年又完成了《礼经》。1891年,理雅各又翻译出版了道家经典,为他的这一丰碑事业画下了句点。这可谓有史以来,第一次有人以一己之力,坚持完成了这项重任,使欧洲得以从整体上了解中国的基础性经典文本。尽管理雅各对中国经典的诠释相当依赖于朱熹的注疏,但他的翻译即使在今天看来仍然具有极高的品质:韵律优美、句法忠实、用词准确,评述立足于权威,译文经多方斟酌而典雅考究。

关于理雅各对道教经典的研究,吉瑞德(Girardot)的分析相当

第五章 比较性展望：学术汉学的发展

中肯：

> 19世纪末的道教问题是双重性的。一方面，通过缪勒和理雅各相对怀有敬意的、民间的比较研究方法，道教可以得到仔细的定义、归类、理顺，成为一个文本对象或者"圣书的宗教"。但是，如果按照翟理斯那种充满怀疑的、好斗的、"非比较"的研究方法，将道教缩减为其他一些碎片，归入一些表面更加"客观"和"自然"的哲学和历史的范畴，作为一种"宗教"的道教就可能会整个销声匿迹了。……过去，作为传教士的理雅各，发现了中国的"天"与"上帝"观念的契合，却在神学领域遭受了其他更加保守的传教士的恶意批判；后来，作为学者的理雅各，又因为同样的发现，而受到了那些深受文本证据之晦涩性和碎片性困扰的汉学家的攻击。这样的处境，揭示出这两个不同群体的"信念"之间有着某种潜藏的换位，或者在论说上有着深层的类同，因为他们的研究虽然依据不同的术语体系，但最终都肯定了中国的宗教传统与西方的完全相异性。中国对所有外邦文明来说都永远是一个伟大的殊异者，这是因为她确实与希伯来人类似，有着清晰古老的一神信仰，或者是因为她并没有真正的有神论、宗教、神话学。因为无论是以神学为导向的传教士，还是学术上中立的汉学家，他们从逻辑上和证据上都无法推出和理雅各一样的结论。理雅各之后的主流汉学，最终放下了对古代中国的"上帝"这个棘手而难以结束的问题的任何进深讨论，而满意于从儒家正典显著的世俗化与理性化特征中得出的研究结果，但颇具讽刺性的是，这些研究原则正是广泛基于理雅各的经典翻译之上的。①

在理雅各的毕生事业中，我们看到了一种将汉学、经典研究、比较神学关联起来的努力，也潜藏着诠释学循环的可行性和合法性，但这样

---

① Norman J. Girardot, "'Finding the Way': James Legge and the Victorian Invention of Taoism", *Religion*, 1999, 29(2), pp. 116 - 117.

的尝试却引发了大部分传教士和全体汉学家的反感。直到今天我们仍可以清楚地看到,学术界的汉学研究主流,其规则、风格和限度仍然在原则上拒斥这样的尝试。

此外,在科学上,有一位新教传教士的贡献值得一提。前文已经谈到,毕奥(E. Biot)从 1839 年开始率先向西方世界介绍了中国的计数法,然而,第一篇以西方语言撰写的关于中国数学的真正的综述性论文《中国科学札记:算术》(Jottings on the sciences of the Chinese: arithmetic)直到 1852 年才出现,发表于上海的《北华捷报》(North China Herald)上。论文作者是新教传教士伟烈亚力(Alexander Wylie, 1815—1887),他与当时中国最伟大的数学家李善兰(1815—1887)交往甚笃。直到 1913 年,日本历史学家三上义夫(Yoshio Mikami, 1875—1950)撰写了一部 155 页的综论著作《中国和日本的数学》(Mathematics in China and Japan),才超越了伟烈亚力论文的水平。[1]

在汉学杂志的出版事业上,新教传教士也扮演了重要的角色。米怜(William Milne, 1785—1822)于 1815 年在马六甲开始发行中文月刊《察世俗每月统记传》(Chinese Monthly Magazine);另一位传教士郭实腊(C. A. Gutzlaff)则于广州创办了中国第一份介绍西方文化的期刊《东西洋考每月统计传》(Eastern Western Monthly Magazine)。

中文圣经的传播,是新教传教士最重要的工作之一,但并不真正属于汉学史的一部分。同时很明显的是,为达成此目的,传教士们需要付出巨大努力,潜心研究中国经典以及使汉语在其中绽放出异彩的中华文明。自马礼逊 1807 年抵达广州以来,将圣经翻译成优美的汉语,将这一理想变为现实的渴望,贯穿整个 19 世纪以及 20 世纪前二十年,支撑着来华的新教传教士的活动与研究。在第一阶段的圣经翻译工作中(那一时期,新教传教士能活动的范围仅限于澳门、东南亚的华人团体,以及以相当有限的方式抵达广东),马礼逊显得特别依赖于先前天主教传教士的圣经翻译稿,而这些样稿的翻译首先是为了弥撒礼仪的需要。此外,马礼逊翻译的《圣经》虽然在 20 世纪之前一直被视为标准版本,

---

[1] 参见 J. C. Martzloff, *Histoire des mathématiques chinoises*, 1988。

但也受到了众多批评,其他人也不断进行新的努力,在和合本《圣经》出现之前,就诞生了三十多次译经的尝试。慢慢地,到新教传教士获准进入中国大陆时,他们感到有必要使圣经翻译成为所有教派共同参与的工作,以便尽量运用各个教派获得的对中国的新知识:这样,在1842年《南京条约》签订之后,1852年,推出了《圣经》的"代表译本"(Delegates' Version),亦称"委办译本";1856年,出版了"南京本"(Nanking Version);1860年开放北京之后,又于1872年出版了"北京本"(Peking Version)。最终,传教士大会于1890年在上海召开,启动了翻译和合本《圣经》的计划,并希冀通过此项计划的筹备工作,弥合那些曾经撕裂传教士小团体的摩擦和伤痕。不过,要等到约三十年之后,历经多次的争论,这项计划才终告完成。

围绕圣经翻译的这些争论,是汉学史上令人深感兴趣的话题。人们能在何种方法上达成一致——保持对文本的绝对忠实,还是向本地读者的品味与认知采取开放态度?应当采用何种水平的汉语,是高雅深奥的文言文(传教士称之为"深文理")还是浅显易懂的文言文("浅文理"),抑或是传教士到达华北之后惊喜地发现的普通话(官话)?在这几种不同水平的汉语中,一个外国人是否能够掌握其中一种,足以与中国人展开翻译的合作?最后,至为关键的问题在于,如何选用恰当的汉语词汇来表达神学的基础概念,诸如"上帝""灵魂"等。在这里我们又看到了耶稣会士抵达中国后所经历的激辩。

翻译过程中产生的这些激烈争论,已经超越了圣经翻译本身的框架。在此我们仅指出英美之间存在着的对立意识形态:英国传教士相信,中国人能够以其自身传统锻造的概念,在自己的语言中接受基督信仰的讯息;而美国传教士则认为,中国人秉持着异教的思维,必须创造一些新的术语,才能帮助中国人认识基督信仰。《圣经》和合本的翻译史充满着妥协,常常是由于某些最为固执的领导人物的逝世或者退出,方能在某个问题上达成一致。最后,要实现一个能被所有人接受的深文理《圣经》译本的尝试终告失败;浅文理译本虽然得以完成,但有如过眼云烟,不久即被遗忘。这也是由于官话译本取得的成功:官话和合本《圣经》恰于1919年问世,是一个令人欣喜的巧合。在这个充满象征意义的年份,此前所有为此译本作准备的汉学工作,在一种文本的综合之中,与现代中国和现代汉语相遇;这一相遇与结合,将对中国当代思想与文学产生至关重要的影响。

在其他著名的英国汉学家之中,还值得一提的是亚瑟·伟利(Arthur Waley, 1888—1966),他是中文与日文的翻译家,同时也是一位历史学者、诗人和散文作家。美国诗人庞德(Ezra Pound)视伟利为世纪文学人物,更甚于一位汉学家。伟利先后于拉格比学院(Rugby School)和剑桥攻读古典文学,1913年受聘于大英博物馆,担任远东部手稿与出版部的副主管。正是在此期间,他为使编目工作更易于进行,自学了中文和日文。亚瑟·伟利在他的时代,是中国学和日本学领域最为卓越的专家之一,通过翻译、撰写论文、编订文集以及为文集作序等形式,为远东文化在西方的传播作出了宏伟贡献。

李约瑟和科学史

耶稣会士在中文语境下对科学的研究兴趣,在一位英国生物化学家身上得到了传承,他就是李约瑟(Joseph Terence Montgomery Needham, 1900—1995)。李约瑟凭借对中国科学技术史的研究而享誉全球,特别是他的鸿篇巨著《中国科学技术史》(*Science and Civilisation in China*,原名《中国的科学与文明》)——这部百科全书式的著作论及中国科学的各个方面,使人们重新认识到中国历史上的科技发展与成就。

李约瑟的父亲是有名的医生,母亲是音乐家。李约瑟就读于剑桥大学,成绩优异,1925年获得博士学位。在某种意义上,李约瑟终其一生都是一个"剑桥人"。他曾接受过优秀的古典文学教育,但最终选择了生物化学作为专业。他着迷于胚胎学和形态变化学的化学过程,这使他日后对中国思想中关于有机一体性与变化的观念产生了深刻的共鸣。毕业之后,李约瑟留在剑桥大学的胚胎学与形态发生学系的弗雷德里克·霍普金斯(Frederik Gowland Hopkins)实验室工作。

李约瑟的兴趣异常广泛,从一开始,他便试图把后来伴随他一生的三个"理想"连接起来:科学、宗教信仰(他在全心转向大学的课业研究之前,已经开始在圣公会接受培育以期成为牧师)和社会主义。他是一位不从大流的左派知识分子,同样有着 19 世纪末英国天主教的特征,质疑圣公会过于温和的政治态度。①

1936 年,三位中国研究员来到剑桥大学与李约瑟一起工作,其中一位是鲁桂珍(1904—1991),她是南京一位有学问的药剂师的女儿。鲁桂珍向李约瑟讲授汉语以及中国经典,由此激起了李约瑟对中国科学技术历史的兴趣,而这三位新朋友提出的关于中西科技发展的相异性的问题,进一步推动了他在这方面的研究。在英国皇家学会(Royal Society)的安排下,李约瑟来到重庆,于 1942 年至 1946 年间担任中英科学合作馆馆长。在华期间,李约瑟结交了包括画家吴作人在内的众多中国知识分子,游历了大量遗址,尤其是敦煌、云南等地。同时,他也造访了许多教育机构,收集了许多重要文献,构成了《中国科学技术史》系列著作的基础。

其后,李约瑟在巴黎担任了两年联合国教科文组织自然科学部主任。1948 年,李约瑟回到了为他的研究提供了部分资助的剑桥大学。虽然李约瑟一直讲授生物化学直到 1966 年,但在 1990 年退休之前,他都将自己生命的大部分精力贡献给了中国科技史。

李约瑟研究的一个特点,能帮助我们理解他的精神。汉学家、佛教专家芮沃寿(Arthur F. Wright,1913—1976)在对《中国科学技术史》进行总结时,指出李约瑟的研究具有三个前提:社会的演进,与人类逐步增长的对自然的认识、对外部世界的控制,是齐肩并进的;科学本身就是目的,不同文明的贡献终会汇聚到科学中,有如百川归入大海;与这个过程紧密相连的是人类社会的演进方向,朝着一体性、复合性以及有机性的更为复杂的形式迈进。然而,这三个特征虽然被李约瑟引以为傲,但在芮沃寿看来,却使他的研究大打折扣了。李约瑟肯定这三个特征相符于真实的现实,但芮沃寿却因其佛教信念的影响以及政治上

---

① 关于李约瑟的个人观点,参见由 Mansel Davies 编选和整理的 *A Selection from the Writings of Joseph Needham*(《李约瑟著作选集》),1990 年出版。Mansel Davies 撰写的序言有着尤为清晰的阐述。

的悲观带来的"避世"的态度,否认有这种真实的现实。①因此,李约瑟强调他的研究工作具有某种"主观性",并且自豪地表达了他的研究精神:通过更新历史进程中中国在科学与技术上的努力,致力于使科学成为一个普遍的有机整体,为各国文明的进步和人类的进步作出贡献。但李约瑟的热忱有时伴随着某种天真。

李约瑟编著的多卷著作,仍然是令人印象深刻、且独树一帜的,揭示并描绘了中国在所有其他文明之前取得的科学技术发现:数学、天文学、地震学、光学、声学、磁学、机械工程、医学,等等。李约瑟所呈现的是中国文明和思想的一片广阔天地。虽然有为数众多的中西历史学者致力于研究这门或那门具体科学的发展,但李约瑟的功绩在于,他将中国科技史视为一个有机整体,并且在与其他文化的关联中进行研究。在此意义上,李约瑟的工作确实为汉学作出了贡献,甚至广泛地更新了汉学的基础,这让我们回想起耶稣会士第一次在华传教事业具有的科学根源。不过,在李约瑟这里,"西方科学范式"被一种有机的、不断演变的范式所取代,这种范式乃是直接受到中国思想与中国科学的世界观的激发。

从撰书的开始直到结束,始终有两个问题萦绕在李约瑟的脑海中:其一,为何现代形式的科学出现在欧洲,而不是在其他地方,例如中国或伊斯兰世界呢？同时伴随的另一个问题是:从公元前1世纪直到公元15世纪,中华文明却比西方文明更有能力获得对自然世界的认识,并且将之用于满足人们的需求,这又是为何呢？从认识论的角度,我们可以质疑这些问题本身是否贴切,但它们仍然能够启迪我们的心智。我们必须承认,关于文艺复兴时期欧洲的科技革新,以及对中国科学技术遭遇的停滞,李约瑟的解释尽管富于机巧和实用性,却很令人为难。李约瑟的推论在本质上是社会经济学的,正如他经常提及的"官僚封建主义",与一个过早出现的统一帝国密切关联,它促进了建立在大规模的经验(例如水利工程)之上的应用科学的发展,但不能允许这些经验

---

① 参见 *Science in Traditional China*, Cambridge: Harvard University Press and Hong Kong: The Chinese University Press, 1981, Preface, p. x。

中蕴含的数学模型在后来得到发展。①这一解释系统在其著作的结论卷中(该卷大部分由其合作者完成,于李约瑟逝世九年之后出版)虽然得到了进一步完善,但其给出的解释仍然很难令人满意。②该卷在序言中坦承了这一不足之处,伊懋可(Mark Elvin)智慧而审慎地提出了一些不同于李约瑟的分析路线,其贡献也令人印象深刻。③概率的计算和证据的数学化在欧洲的出现,对于解释中西方的科技发展在文艺复兴时代拉开的距离,似乎是最有说服力的因素。伊懋可认为,"证据的数学化"是指欧洲的这样一种企划,为解决一个给定的(理论或实践的)问题,无论其具体处境如何,都可以去寻求一种计算其最优解的普适方法。④对李约瑟问题的讨论仍然是开放的。

尽管人们可能对李约瑟的工作持有保留态度,尽管他的研究的某些前设与方法可能显得老旧,但他视野的广阔性仍然令人敬服。宗教与科学之间的对话、超越狭隘的教条主义而专注于本质的信仰的力量、这种信仰所蕴含的对人类未知历程的信心,以及那种激励着他的普世意识,等等,所有这些因素都再度将汉学深植于历史的延续性之中,同时也深植于一种在别处常常缺失的人性规划与哲学规划之中。

四、汉学在西欧其他国家

在比利时,汉学的兴起与著名学者何赖思(Mgr Charles de Harlez,1832—1899)密不可分。何赖思是鲁汶大学中文与东方语言教授,他于1890年将《仪礼》的翻译连同许多评注一同出版,并在《亚洲期刊》(*Journal asiatique*)上发表了多篇文章。荷兰汉学的中心则是莱顿大学(Universiteit Leiden),著名教授施古德(Gustaaf Schlegel,1840—1903)曾在此坐镇。施古德曾于1858年作为荷兰政府的口译员

---

① *Science in Traditional China*,尤见第22—26页以及第107—131页。
② J. Needham, *Sciences and Civilisation in China*, vol. VII: 2, Cambridge: Cambridge University Press, 2004.
③ "Vale atque Ave", *Sciences and Civilisation in China*, pp. xxiv - xliii.
④ Ibid., p. xxxii.

抵达香港。1872年,施古德进入莱顿大学任教,1877年,莱顿大学为他开设了汉语讲席。施古德著作的某些作品也曾遭受严厉批评,其中1866年的《中国娼妓考》(La prostitution en Chine)和《中国秘密社会》(Sociétés secrètes)最具争议性。他最具持续影响力的代表作是《汉荷字典》(Dictionnaire chinois-hollandais,1882—1891),在很长一段时期里,该字典是荷兰汉学家不可或缺的工具书。继之而起的汉学家高延(Jan Jakob Maria de Groot,1854—1921)则是研究中国宗教史的专家。高延的个性不好相处,眼光专断,但是他具有同时代的许多汉学家所缺乏的综合能力。高延使用法语、英语、德语三种语言撰写了一些经典的作品,包括:《中国宗教体系:其古代形态、演变、历史与现代面貌》(The Religious System of China: Its Ancient Forms, Evolution, History and Present Aspect,1892—1910)、《中国的宗教流派与宗教迫害:宗教史上的一页》(Sectarianism and Religious Persecution in China: A Page in the History of Religions,1903—1904)和《中国宗教:天道观,研究道教与儒家的关键》(Religion in China: Universism, A Key to the Study of Taoism and Confucianism,1912),不过今日阅读者甚寡。高延的弟子杜文达(J. J. L. Duyvendak,1889—1954)借助语言学的方法,奠定了莱顿大学以文本资源的搜集和研究为基础的汉学传统。兼具外交官与学者身份的高罗佩(Robert Van Gulik,1910—1967)以对中国古代房中术的研究闻名,1961年出版了《中国古代房内考——中国古代的性与社会》(Sexual Life in Ancient China: A Preliminary Survey of Chinese Sex and Society from ca. 1500 B.C. Till 1644 A.D.),并且创作了以唐朝为背景的系列推理小说《大唐狄公案》。高罗佩具有百科全书式的心智,对动物学、中国古代音乐(尤其是古琴)以及许多其他主题同样深感兴趣。

德国汉学迈出的决定性一步,是于1887年在柏林开设的东方语言研讨班(Seminar für Orientalische Sprachen),由沙豪(Carl Eduard Sachau)指导,原驻北京的德国公使团翻译主任阿伦特(T. Arendt,1838—1897)在其中担任汉语教职。1889年,阿伦特的教职由德·盖波连兹(Georg von der Gabelentz,1840—1893)接替,后者也是翻译官之子，自1878年起在莱比锡担任教授，从事汉语文法研究。另一位德国汉学家卫礼贤（Richard Wilhelm，1873—1930）则因对《易经》以及一部道家内丹典籍《太乙金华宗旨》（该书后来对荣格的思想产生了很大影响）的出色翻译而闻名于世。德国汉学在两次世界大战之间的岁月里取得了长足的进步，但是随着纳粹掌权，一些大有前途的年轻学者纷纷移居美洲。因此，直到"二战"之后，德国汉学才通过在新的基础上进行自我变革而真正地发展起来。在德国，汉学研究远不如闪语研究和印度语研究那样强盛，但在佛教研究、中国文学以及比较语言学领域也涌现出了颇有建树的学者。

五、早期俄罗斯汉学

俄罗斯汉学的起源与东正教有着密切的关联，这让我们能将初期的俄罗斯汉学与耶稣会在华传教史进行一些有趣的比较。

俄罗斯汉学的发展与中俄两国外交史密不可分。俄罗斯首位驻北京大使巴切科夫（F. I. Bajkov）接收以蒙古语书写的国书，但他的管辖权仅限于处理协约问题和商业事务。实际上，中俄之间的贸易往来非常重要。对于建立两国的正常邦交来说，沙漠商队扮演着关键性角色。《尼布楚条约》签订之后，中俄贸易有了规章和管理，但仍然遭遇到一些困难。国家组建的沙漠商队本可达到400人之众，但满清政府曾一度把人数控制到200人以下。民间商人也组织了一些非官方的商队，但满清当局对此总是感觉受到威胁，不断加以限制。然而，正是这些商队构成了各种交流的正常渠道，使节、书信、商贸、传教士，都随着商队在两国间往来。

1715年，来华的俄罗斯教士团在北京正式得到了满清政府的接纳，并得到一户住处。东正教北京传道团的驻地自此被人们称为"俄罗斯馆"（La Maison Spirituelle russe），并担负起了重要的外交角色。同时，传道团在文化上扮演的中介角色也相当重要，尤其是兴建起了一座宏伟的图书馆，收藏各种语言的珍贵书籍，包括俄语、各种西方语言和东方语言（主要是中文）。除了历史、哲学、文学、医学类的书籍之外，图书馆还收藏宗教礼仪的书籍,并且留下了一个关于汉学和地理学的文库。一位俄罗斯医生在 1858 年至 1862 年旅居北京期间,为馆藏的医学类书籍制作了目录。后来人们发现,这位医生还留下了一些对中医典籍的翻译和关于中医的原创性文章、一些对法文和英文著作的摘录,以及关于日本医学的笔记。因此,这座图书馆在北京作为跨文化研究与文献基地,扮演了一个先锋角色。

瓦西里耶夫(V. P. Vasil'ev)也是曾居于"俄罗斯馆"的著名汉学家之一。哈萨克斯坦大学曾派遣他以学者身份来到北京,精修东方语言。当时他刚刚结束自己关于佛经分析的博士论文答辩。他于 1840 至 1850 年间居留于北京,这是他的学者生涯的一个相当重要的阶段,使他得以赴西藏及相邻地区搜集佛教史料,致力于建立历史地图集,并坚持不懈地进行中国古典文学以及满洲哲学的研究。返回俄罗斯之后,瓦西里耶夫首先在喀山神学院讲授中文与满文,并担任中国文学与历史的讲座教授,后来又于 1855 年转入圣彼得堡大学任职。

另一位重要的俄罗斯汉学家威诺格拉多夫(A. N. Vinogradov),于 1845 年 2 月 5 日生于特维尔州(Tver)。1859 年至 1865 年间,他在圣彼得堡神修院学习,并成为出色的画师。在研习了一段时间的考古学、地理学与俄国建筑学之后,威诺格拉多夫展开了一个崭新的人生阶段:他选择了修道生活,并决心献身于东方学的研究。1880 年 5 月 19 日,威诺格拉多夫前往中国,在 1881 年至 1887 年间为俄罗斯传道团服务。后来,因健康问题,他不得不回到圣彼得堡,并自费出版了几部作品。虽然他于 1895 年到 1897 年间又回到北京居住,但是一场大病迫使他再次折返俄罗斯。

在威诺格拉多夫之前,修道院院长鲍乃迪(Palladius,又译巴拉第)可谓是一位伟大的俄罗斯汉学家。鲍乃迪本名为彼得·伊万诺维奇·卡法罗夫(Pyotr Ivanovich Kafarov, 1817—1878),在北京居住过好几段时间,汉语娴熟,因此圣彼得堡地理学会聘请他为通讯会员,托付给他研究满洲文明的工作。鲍乃迪留下了数量众多的笔记,出版了多部著作,包括《佛陀传》(1852)和《古代佛教史纲》(1853)以及《中国关于成吉思汗的古老传说》(1877),还撰写了关于中国穆斯林的文章(1866)。

鲍乃迪对中国景教也抱有相当的研究兴趣,曾在《中国记录》(*Chinese Recorder*)上发表了一篇关于西安景教碑的著名文章(1873)。鲍乃迪还编制了一种将汉字以斯拉夫字母(cyrillicsrcript)拼写的拼音方法,并出版了一部汉语词典《汉俄合璧韵编》,至今尚在使用中。另外,曾在喀山担任汉语和满语的语言教授(1851)、后来接任彼得格勒东方语言学院汉语教职(1855)的帕夫洛威奇(Vasili Pavlovitch, 1818—1900),也出版了一本关于佛教的著作。

六、早期汉学的国际网络

1873年,第一次国际东方学者会议(International Congress of Orientalists)在法国巴黎召开,国际汉学研究由此展开了带来丰硕成果的合作。法国高等研究实践学院(EPHE)的日本语言学家德·罗斯尼(Léon de Rosny, 1837—1914)教授主持了会议的开幕式。在会议中,德理文(Hervey de Saint-Denis)依据元代马端临所著的《文献通考》来谈论中国的苗族,同时,英国汉学家道格拉斯(R. K. Douglas)向大会呈现了《汉代编年史》。1874年,在英国伦敦召开了第二次国际东方学者会议,之后至少每隔两年召开:1876年在俄罗斯圣彼得堡,1878年在意大利佛罗伦萨,1881年在德国柏林,1883年在荷兰莱顿,1886年在奥地利维尔纳,1889年在瑞典斯德哥尔摩,1891年在英国伦敦,1894年在瑞士日内瓦,1897年在法国巴黎,1899年在意大利罗马。会议上的交流越来越丰富,集结的成果也越来越丰硕,来自各国的汉学家得以充分展开合作研究。在1889年斯德哥尔摩的会议上,高第与施古德决定创办汉学杂志《通报》,并于1890年在莱顿发行了第一期刊物。《通报》取代了1883年高第在巴黎创刊的《远东杂志》(*La Revue de l'Extrême-Orient*),后者因为缺乏资金而只发行了四期。时至今日,《通报》仍是广受好评、最为活跃的汉学杂志之一,广纳世界各国汉学家的贡献,使最为前沿的研究在此交汇。

汉学研究国际合作的展开,也是20世纪开端的标志性事件。1902年,在越南河内首度召开了具有亚洲风格的国际东方学者会议,成为20

世纪汉学史的里程碑:日本的汉学家也加入了中国学研究的领域,而在此前,日本学者对中国的研究还很少受到重视。通过国际性的会晤及与会者的交流,全世界的学者得以将彼此的研究进行相互对照和比较。

七、汉学在美国

美国虽然最后才加入汉学建构的行列之中,但从"二战"后开始,美国便承担起了汉学研究的领航角色。因此,我们将超越前文所讨论的时期,以便深刻地检视美国汉学的影响如何塑造了我们现今对"汉学"一词本身的理解。

对中国的研究在美国起步较迟,但从19世纪30年代开始,新教传教士纷纷进入中国。1833年,卫三畏(S. W. Williams, 1812—1884)抵达广州。卫三畏的名字与《汉英拼音字典》(*Syllabic dictionary of the Chinese Language*)以及《英华韵府历阶》(*An English and Chinese Vocabulary, in the Court Dialect*, 1844)两本著作密不可分。1874年,卫三畏的著作《中国总论》(*Middle Kingdom*)问世,为他赢得了国际性声誉。1877年,卫三畏成为耶鲁大学的汉语教授,这是美国开设的第一个汉语教席,但在他逝世后,无人能够继任,因此这一教席空缺了很长一段时间,直到哥伦比亚大学的汉语教席于1902年设立。虽然美国东方学会(American Oriental Society)早在1843年就在波士顿成立了,但对中国的热情并不高。一般说来,美国在华的新教传教士也很少投身于汉学方向的研究。[①]

继耶鲁大学和哥伦比亚大学之后,汉语课程的开设也陆续扩展到其他大学,例如斯坦福大学和威斯康星州大学。1928年,哈佛燕京学社(Harvard Yenching Institute)创立,邀揽了一大批来自日本、德国和中国的汉学家;通过期刊的发行和众多书籍的出版,哈佛燕京学社确立

---

① 参见 Paul A. Varg 书中的概述,*Missionaries, Chinese and Diplomats, The American Protestant Missionary Movement in China, 1890 - 1952*, Princeton: Princeton University Press, 1958。

了学术上的声望,至今仍是美国最活跃的汉学研究组织之一。同年,在纽约召开了一次以促进中国学研究为主题的研讨会,得到了来自各大洲学者的积极参加,为汉学研究进行规划。芝加哥大学教授劳费尔(Berthold Laufer)提议,以法国远东学院为范例,在华盛顿建立一所类似的研究机构。研讨会还制订了连贯性的研究蓝图,推动当代汉学家进行集体工作,为能联合汉学领域内的所有力量,达到了单枪匹马的研究者难以竟功的成就。

我们应当注意到这时正在发生的重大转变:直到20世纪30年代初,美国尚未有任何大学设立与中国或日本研究相关的重要学术中心。①并且,在大学讲授远东知识的教授大部分都是欧洲人。虽然伯希和曾于1928年至1929年间在哈佛任教,不过他婉拒了哈佛燕京学社主任之职(学社虽位于哈佛校园中,但其法律地位独立于哈佛大学),后来,这个职位由俄裔法国籍学者、日本学专家叶理绥(Serge Elisseeff, 1889—1975)出任。叶理绥是第一位取得东京帝国大学学位的外国毕业生。他担任燕京学社主任一直到1957年,此间帮助哈佛奠定了远东语言系的坚实基础,创办了哈佛燕京学社图书馆,还创刊了《哈佛亚洲研究》(Harvard Journal of Asiatic Studies)杂志。在方法论上,叶理绥非常注重古典汉语与文献学的研究。后来继承他职位的是他的一名弟子、日本研究专家赖孝和(Edwin O. Reischauer,又译赖世和、赖肖尔),他也曾接受古典汉语的培育。

费正清与区域研究的发展

在费正清(John King Fairbank,1907—1991)②的推动下,不同于叶理绥的另一种研究方法同样在哈佛校园蓬勃发展起来。费正清希冀摆脱法国学派所使用的语言学的模式与文本研究的形态。费正清于1929年毕业于哈佛大学,在求学期间便对北京公布的秘密档案有所认

---

① 参见 Laurence G. Thompson, "American Sinology, 1830 – 1920: A Bibliographical Survey", *Tsinghua Journal of Chinese Studies* (new series), 1961, 2(2), pp. 244 – 285.
② 参见 John Fairbank, *Chinabound: A Fifity-Year Memoir*, New York: Harper & Row, 1982.

识。因此,他于1932年决定前往中国,并在中国度过了至关重要的五年时光。费正清的博士论文研究了中国通商口岸的建立,他着力于阐明中国本身的历史因素对于建立通商口岸的作用,而不仅仅是西方的影响因素。① 秉持同样的思路,他在对辛亥革命的研究中也同样强调中国本身的特点。

1936年,费正清回到哈佛。美国加入太平洋战争,改变了美国人投向亚洲的视角,"区域研究"(Area Studies)的概念也随即应运而生。"区域研究"在于应用一种跨学科的方法:对某一特定文化或特定地域的语言的知识,对历史学、社会学、人类学或者这三门学科的综合知识,以及对社会科学研究的一般方法论的掌握,应当结合起来,方能展开研究工作。"区域研究"的倡导者意图与法国学派——他们相信"真理"存在于文本之中,因此常被视为"实证主义者"——划清界线,用美国人的话来说,法国人"还停留在伯希和那里"。费正清坦承自己的观点:"汉学乃是通过中国的语言和书写系统进行的对中国文明的研究。"② 按此思路,他又写道:"对历史学家而言,问题在于使用语言,而不是被语言所使用。"③

这种学术策略来自于美国渐渐认识到自身在国际上的角色,也认识到自身对世界其他许多地区的社会与文化缺乏了解:人类学家、语言学家和历史学家似乎都囿于各自狭小的领域之内,无法与管理者、政治家以及广大民众产生真实的互动。从1946年到1949年间,费正清首先指导了一个关于中国暨周边地区的区域研究规划(Regional Studies Program on China and Peripheral Areas),该项目是建立在语言基础上的社会科学研究项目。值得关注的是,这个项目邀请了社会科学领域内的尖端理论学者,诸如社会学家塔尔科特·帕森斯

---

① 《中国沿海的贸易与外交:1842—1854年通商口岸的开埠》(两卷本),哈佛大学出版社,1953。关于美国模式的研究焦虑可追溯至更早的时期:1928年,"促进研究中国委员会"成立,由美国国会图书馆任职的恒慕义(Arthur W. Hummel)主持。恒慕义在总结工作时指出,19世纪的汉学研究学术模式已不再适用,他将任用美国学者投注于当时亚洲文明的研究。参见 H. T. Zurndorfer, op. cit., pp. 34 – 35。
② *China perceived*, p. 211.
③ Paul Evans 引用于《费正清与美国对现代中国的了解与研究》一书,1988年,第192 – 193页。

(Talcott Parsons),参与指导。自 1965 年来,220 名毕业生曾经从事这一研究项目,其中最著名的是史华慈(Benjamin Schwarz,1916—1999)①和李文逊(Joseph Levenson,1920—1969)②。费正清本人持续讲授一门基于清代文献的档案研究课程,并且还建立了东亚研究中心(Center for East Asian Research),后来更名为费正清东亚研究中心(Fairbank Center for East Asian Research);后来又于 1959 年组建了"当代中国联合委员会"(Joint Committee on Contemporary China)。费正清还撰写了多部关于中国和东亚的综论著作。③费正清对美国的众多政治人物发挥了重要的影响,并且对于推动美国与中华人民共和国的互动起到了积极的作用。

"区域研究"的模式在其他许多大学得到了采纳。然而,这一研究进路与哈佛大学本身的、由哈佛燕京学社以及远东语言学系所展现的那种更为传统的学术进路之间,或多或少地产生了竞争关系。在享有盛誉的"亚洲研究协会"(Association for Asian Studies)的支持下,人类学家施坚雅(G. W. Skinner)于 1964 年指导了一个研究班,在美国引发了关于中国学研究之处境的激烈争论。④20 世纪 60 年代,中美在外交上的隔离,使得中美学术交流的可能性急剧下跌。1971 年发布的一项调查报告显示,美国对 1949 年之后的中国的学术认识相当薄弱,无论在历史研究领域,还是在抽象的或一般性综论研究中,皆是如此。⑤

从区域研究到个案研究

从 1970 年开始,美国关于中国的研究有了回弹,集中体现在两种

---

① 史华慈是研究当代中国、严复以及五四运动的专家。
② 李文逊是史学思想史专家,对儒家与现代性的相遇尤感兴趣。
③ John Fairbank, *The United States and China*, 4th edition, Cambridge, MA: Harvard University Press, 1983; John Fairbank, *China: A New History*, Cambridge, MA: Belknap Press of Harvard University Press, 1992.
④ 参见 *Journal of Asian Studies* 所刊登专题论文集中的文章和评论,1964 年 23 号以及 1964 年 24 号。
⑤ John M. Lindbeck, *Understanding China: An Assessment of American Scholarly Resources*, New York: Praeger Publishers, 1971.

倾向上：

——第一种倾向，是透过众多的"个案研究"（case studies）来对中国的宏观研究进行"解构"。可以说，直至今日，美国大学里的大部分学术研究仍受此种进路的启发。

——第二种倾向，在于通过另一种视角来"解构"20世纪50年代与60年代的汉学。1984年，保罗·科恩（Paul Cohen）出版了《在中国发现历史》（*Discovering History in China*）一书，衷心呼吁研究者超越西方的范式，倡导一种以中国为中心的研究方法，即以中国人自己所撰写的和所理解的为基础，来重新建构中国过去的历史。科恩特别批评了诸如"冲突-回应""传统-现代"这样一些典型的西方范式，其不可避免地将中国置于了次要的地位或将中国赋予了被动的角色，认为中国是在"回应"西方或者"调整"自身的传统以适应西方的先进脚步。

很明显，科恩提出的批评正好与萨义德（Edward Saïd）在其畅销书《东方主义》（*Orientalism*，1978）中提出的研究路径不谋而合。萨义德在"东方主义"中看到，西方通过一套系统性的规则，为其自身的目的而创造出了东方的形象。虽然科恩和萨义德共同的批评部分地更新了中国学研究的方法，但这样的批评也有其危险，可能只是简单地建构了"另一个"中国形象，自称为"真正的"中国，以取代其所批评的第一种中国形象。认识论上的争论因而持续至今。

其他不少汉学家也值得在此提及，他们未曾直接深入前文述及的制度性的争论，但在其周边开辟了各自的道路。例如，薛爱华（Edward H. Schafer，1913—1991）是研究唐代尤其是唐代诗歌的大师级学者，他的博学举世无双，思想富于原创性，行文还常带着些许调侃的意味。他以诗歌评论展开的对唐代关于天空与星辰的表现的研究、对科学史的研究、对精神世界与神话传说的重构，都是此领域中的典范。[①]薛爱华对翻译这门困难的艺术所作的评论，也很值得我们关注：他表示，他丝毫不会尝试用符合时代的美国风格来移译唐诗；相反，他把自己称为

[①] Edward H. Schafer（薛爱华），*Pacing the Void：T'ang Approaches to the Stars*，Berkeley：University of California Press，1977.

翻译领域内的"唯名论者",尽其所能地使翻译达到字面上的对应;通过避免任何意译,他的理想是尽可能地达到意象的精确性(imagistic precision)。①此外,这一研究,正如薛爱华的其他研究一样,也因为采用和推进了"中古汉语"(Middle Chinese)的罗马化拼音系统而引人注目。这套拼音改编自瑞典汉学家高本汉(Bernhard Karlgren,1889—1978)的上古汉语罗马拼音系统,高本汉的代表作有1915年通过乌普萨拉大学(Upsala)出版的《中古音韵学研究》(*Etudes sur la philologie chinoise*)和1923年出版的《中日汉字分析字典》(*Analytic Dictionary of Chinese and Sino-Japanese*)。

我们看到,自19世纪末以来,特别是在"一战"之后,学术界的汉学研究虽然已经完全摆脱了对传教士汉学尤其是耶稣会汉学的依赖,但是仍然继续探索着汉学前辈们开拓的那些主题和问题。比较语言学、对"普世"价值和观念的反思、对人类精神结构的省察、对中国宗教体系的确切性质的思考、对中国在历史上如何对外来输入的文化——诸如佛教和基督宗教——进行本土适应的探索、对科学史的研究……所有这些领域和问题,都是建立在17至18世纪的耶稣会士所广泛奠定的基础之上的,如果忽视他们的工作,当代的汉学家也恐怕会产生对历史的严重误读。

此外,耶稣会的汉学家能够创造性地将研究主题交会融合,得出新颖的结论,敢于在基于广博知识与完善架构的各大文明之间进行比较与调和,所有这些特征,都向当代汉学提出问题甚至发出挑战,使人们反省当代汉学是否过于分门别户、谨小慎微、狭隘拘泥,甚至有时流于功利。总言之,耶稣会士不仅仅是当代汉学的始祖,而且为当代汉学敲响着批判精神的警钟。

---

① Edward H. Schafer(薛爱华),*Pacing the Void: T'ang Approaches to the Stars*, pp. 4-5.

第二部分

从现代比较经学到当代跨文化神学

第六章
诠释学与比较经学的未来

在第一部分，我们从耶稣会汉学的发端开始，一直论述至其后继者的研究。通过这一历程，我们看到了汉学领域的分化、汉学对自身融贯性的质问，也见证了"比较经学"这个新领域的形成。比较经学的来源是多样的：(1)耶稣会士发现了儒学正典，并按照圣经来检视儒家学说：接纳之、拒绝之，或是重新解释之。(2)反过来，对中国文本的反思又重新启动了阅读圣经文本的方式，例如把圣经中历史编年的内容与其道德教导和教义区别开来；中国的文本使传教士们区分出圣经文本包含的不同层面的真理。(3)这种阅读模式并未使全部人信服，另一些读者则从事着相反的工作，意图在源自不同文明的经典《易经》与《圣经》文本之间找到一种绝对的融贯性，相信这些文本各以其方式表达了神圣者在人类纯洁的黎明，也就是当人类还未不可挽回地被罪恶败坏的时候赐予人的教导；因此这些研究者常常致力于以一种奥义的方式来解读中国经典与圣经，以期在深入的细节中发现它们之间的一致性。索隐派所规划的视野是一个乌托邦，他们也未能将此规划推进到底。索隐派的一些发起者原本熟谙犹太教的卡巴拉传统，并在中国经典的研究中推行类似的进路。(4)中国读者遭遇的问题，与传教士以及其他西方读者在接触中国的过程中遭遇的问题，既有相同也有不同。皈依了基督的中国人遇到的问题是，如何同时阅读儒家文本和圣经文本，如何将它们分出等级、如何谐调，以及这种谐调在他们的日常实践（礼仪、伦理、仁爱等方面的实践）中会带来怎样的结果。(5)所有中国儒士，无论是否是基督徒，都同样面临的问题是，在他们的伦理体系与认知体系中,相对于儒家正典中体现的、不同于西方的启发式原则的那种生活模式和知识模式,应该给予西方科学(首先是精确科学,然后是社会科学)带来的贡献及其"普世性"的主张以一个什么样的位置。(6)最后,随着汉学的不断专业化,随着中西方不断分享同样的知识与方法,问题的性质就改变了,成为首先针对阅读模式提出的问题。我们是否能够以同样的方式阅读诞生于不同处境下的文本,或者这些文本会提出的批判的、历史的和解释的问题大相径庭,以致对它们进行比较都不太可能?这当然不仅是一个"技术"问题:文本比较的可能性,与文化比较的可能性,是并驾齐驱的。一些研究者是自发的比较学者,深深着迷于人类精神结构通过历史与文化产品的多样性而展现出其普遍性的方式。另一些研究者则相反,他们更加关注独特性,更愿意致力研究某个给定文化世界的主导法则,认为在文化间建立联系和进行比较总是带着强制性,不尊重文化的不可缩减的独特性。在上述两极观念之间,当然还存在着另外一些居间的立场。

上文围绕着中西关系非常简略地回顾了比较经学的脉络,略去了其他一些方面。而正是当我们认清"比较经学"这一领域的来龙去脉的时候,我们才得以合理地肯定,比较经学的性质、前提与方法,在今天提出了一个特殊的诠释学问题。然而,当我们将其界定为一个诠释学问题的时候,我们还没有澄清"诠释学"的概念。诠释学近数十年来取得了如此巨大的发展,在中国亦如是,以至于其用法变得含混不明。因此,下文将一步步展开:(1)笔者首先将提出一种能够回应其主题的诠释学进路;(2)正是在此视野中,通过伽达默尔的解读,笔者将考察"什么是一部经典";(3)接下来将考察,大胆地从事一种"跨文化诠释学"意味着什么;(4)将继而明确地论述诠释学的问题是以什么方式影响到神学的:我们已经看到,耶稣会士开启的对中国经典的阅读,在何种程度上曾经受到(并且在今天仍然受到)他们的神学关怀的影响;对奠定了我们文明之基础的那些文本的阅读,不也仍然带着相似问题的印记,即使这些问题的表述已经发生了深刻的变化?(5)最终,笔者将指出,前面这几个要点是如何决定了接下来的道路。

一、诠释学：方法与挑战

诠释学的工作并不必然就是跨文化的。恰好相反，一般来说，诠释正是从其自身传统内部展开的，人们试图解释这个传统，并赋予其奠基性文本以更新的意义。正是这样，汤一介在1998年的一篇论文中提出了"能否创建中国的解释学"的问题①，发动了"解释学的热潮"，而洪汉鼎对《真理与方法》的首译（1999年初版，历经数次修订）起到了推波助澜的作用。《中国诠释学》期刊、《经典与解释》系列丛书等，也对此热潮贡献良多。从这个源头走得更远一些，涌现了许多针对今天中国的诠释学地位问题的作品。②这一领域有两个主要特征：（1）方法论的重要性：对很多人来说，中心的问题是要知道，我们是否可能从传统的源泉中定义一种"中国的诠释方法"，并能清晰地标明其与西方诠释传统的相似性与不同点；（2）诠释学应优先运用于哪些中国经典（例如，对《孟子》的诠释一再引起人们的兴趣），以更新这些文本在当今社会中的意义与适切性。我们将在下一章再回到其中的某些问题上来。

在适才简略提及的当代中国特有的这一视域之上，笔者将表述一些对诠释学的挑战与方法的简单思考。接下来的思考所得，并不能取代中文里已经不计其数的专著与论文。激发这些思考的，是本书所关怀的几个问题：汉学、比较经学与比较神学有着什么样的共同起源；我们对过去的阅读，如何能激发我们在今天为文本——在其多样性中奠定了我们的传统的那些文本——赋予意义；在当代语境中，对经典的一切严肃阅读都必然具备何种跨文化的特点。

接下来的思考或许粗浅，却并非一无用处。事实上，在人们对诠释学进路的呈现中，我们观察到不少疏失与误解。原因之一在于诠释学的奠基文本——尤其是伽达默尔与利科的著作——常常是冗长而复杂的。特别在《真理与方法》中，伽达默尔使他处理的主体的历史呈现与

---

① 汤一介：《能否创建中国的解释学？》，《学人》第13辑，江苏文艺出版社，1998年。
② 例如，景海峰、赵东明：《诠释学与儒家思想》，东方出版中心，2015年。

对其的哲学反思交替出现。许多读者都试图把伽达默尔对这一或那一历史立场的长篇累牍的描述当作伽达默尔自己的判断,因为他们未能足够注意文本的布局。不仅如此,伽达默尔还常常把他自己的某一立场与另一个不同的或者补充性的立场相提并论,在陈述自己的立场后,又同样去详细陈述不同的立场。此外,《真理与方法》于1960年初版之后涌现的不计其数的争论,特别是伽达默尔与哈贝马斯、与德里达的辩论,又常常使这个问题的用语变得更加含糊、更加晦涩了。

● 希腊文的"诠释"(hermeneuein)这一动词,同时意味着"陈述"与"解释、翻译";人们常常只在第二个意义上使用它,但其意义不限于此。"诠释"因此指出了在"内"与"外"之间的一条通道:言说,就是让某种内在的东西走到外在,从思想走到语言;反过来,解释,就是从外在返归内在,在语言之下重建思想。①因此,"诠释学"原本指的是一种"来来去去"(va-et-vient)的操作。对于解释者来说,它同时涉及"表达"与"内化",涉及帮助一切进入到与文本对话中的人去同样地这样做。换言之,诠释一词的希腊文词根,就已经表明了诠释学具有对话的维度。

● 从西方古典时代直至现代,"诠释学"一词都首先指的是一些用于解释文本——主要是与神学、语文学及法学相关的文本——的方法原则。到了19世纪,诠释学才从运用于某一特殊领域的方法原则的观念进展成为一种"普遍的诠释学",即一种普遍的解释原则,它能够将各种"人文科学"扎根在一个科学的时代中,如狄尔泰期望的那样:诠释学方法将奠定人文科学的真理性,如同逻辑论证奠定了精确科学的真理性那样。

● 正是在这个意义上,可以说,诠释学仍然被许多人理解为"实用性"的。然而,为了从开始就避免一切可能的误解,我们应清楚认识到,伽达默尔在《真理与方法》中所反对的,恰恰就是这个意义,是诠释学的工作被赋予的这种实用性方向。他从导言开始便坚持说,这里涉及的并不是要建立一种科学理解的方法,而恰好相反,是要重新去反思那种

---

① Jean Grondin, *L'universalité de l'herméneutique*, Paris: PUF, 1993, pp. 7-8.

把"方法"作为一个认识领域的有效性原则的观念。因此,一个矛盾的现象是,有的学者倚据伽达默尔的思想,而同时又思考是否存在着一种"中国的方法"去做诠释学。①伽达默尔提出的不是方法论的问题(如何能达到好的理解?),而是哲学的问题:当我们在理解的时候,发生了什么? 理解如何就是可能的呢?②

● 如果我们与世界的整个关系是由理解的现象交织编成的,那么这些关系则是经由我们所属传统(Überlieferung)的中介而建立的。我们并不总是意识到传统的重要性,因为变化的事物引人注目,而那些不变的事物却轻易就被遗忘。今天我们与传统的关系,是在伽达默尔所说的一种"破碎的模式"中被体验到的。然而传统优先在经典文本中表达自身;这些文本与我们当下处境之间的断裂,赋予了我们一项任务:重新意识到我们由之而来的那个世界、我们向来身处其中的那个世界;换言之,去思考那支撑着我们思想的"无思"(l'impensé)。

● 与传统的这种特殊关系,使伽达默尔限制了理性的角色,但并未就此否定理性,或用另一个基础概念(例如:非理性、情感性、生活)取代理性的地位。对他而言,理性并不是其自身的基础;理性照亮(但只是部分地照亮)人性由之而来的那些晦暗的源头、幽深的底部,但并未清除这个底部。批判工作一向是考察我们的"限度"的工作,其中就包括了理性自身的限度。③

● 这项批判工作,让我们能更好地理解对伽达默尔来说什么是真正的传统。"我"正是作为关联于一个团体的、被插入该团体历史中的主体,预先知道——也就是以某种方式"已经知道"这一团体所诉诸的传统的意义。这就是"我"对传统的"前理解"。但通过对这一传统进行实际的、批判性阅读,"我"将真正以清晰的方式"理解"它,由这一行动,传统将重新得到奠定,依于此传统的团体也将得到更新:传统决定了

---

① 例如张玉梅:《南怀仁〈教要序论〉训诂学研究》,上海古籍出版社,2016 年,第 69—73 页。笔者无意于批评这样一部内涵丰富而具有启发性的著作,但希望指出,在笔者的视角与一些初看非常接近笔者之关怀的作品之间,存在着差异。
② 伽达默尔在《真理与方法》德文第二版(1965 年)的前言中正是这样确切地表达了此问题。
③ 尤见 *Wahrheit und Methode*, pp. 270 - 281。

"我",但它需要"我",才能作为传统而存在。奠基于传统的团体也是如此:"如果我们理解传承并且参与传承,我们就制造了团体。"①

二、什么是经典?

正是在传统的视域中,伽达默尔着手于"经典"的问题。我们在本书开头已经快速谈过"经典"的定义,后续章节也将再次回到对这个问题的细致讨论中。在此,我们仅对经典这个概念在伽达默尔的整体研究中占据的位置作一分析。

人文主义,尤其是以约翰·戈特弗尔德·赫尔德(Johann Gottfried Herder,1744—1803)为重要代表的"德国古典主义",将古典时代视为一种风格、思想甚至是生活的模范。"经典/古典"(classique)一词因而取得了双重意义:规范性的(它是风格与真理的理想典范)与历史性的(它存在于一个曾经实现了此理想典范的时代)。我们注意两点:其一,中国人也是以同样的方式,在不同的时代里思考自己的古典时代;其二,"现代"一词也同样获得了规范性与历史性之双重意义。在古典运动数十年之后,"经典/古典"的概念摆脱了规范性的基础意义,单纯保留了历史性的意义:"古典"仅仅被视为处在古代与巴洛克时代之间的一段思想时期。这一概念的历史主义演进,受到了伽达默尔的大力批评,他指出,所谓"古典风格"的一体性,是很难定义的;历史分析向我们表明,所谓古代、古典时期与巴洛克时期(无论我们运用哪些明确的修饰语,它们都是根据不同文化、不同时代而有所不同的),或多或少是循环相继、前后往复的,这就再度赋予了"经典"一个普遍性的维度,因为它总是一再重来。

伽达默尔说的"经典",实际上是一种历史现实(geschichtlich),而历史意识(historisch)从属于这种现实,因为经典的事物不因时间变迁或某个时代的品味变化而受影响。我们将一部作品归为"经典",因为我们意识到其中有某些东西独立于环境而长久持存。不过,因为一部

---

① *Wahrheit und Methode*,p. 298.

经典作品也代表着一种体裁的完满、一种既定风格在某一时期的最终实现,"经典"概念也就同样获得了一种历史含义。①

因此,对我们来说,一部经典是以某种方式直接处在当下的,因为"经典"一词说的恰恰就是一部作品直接传达其意义的这段时间在原则上是无限延续的。伽达默尔的一位评论者很好地总结道:"历史的深邃难解之谜正是在此:曾经发生过的事物,同时也就不复存在。因此,若历史上的事物显明了它在当下的勃勃生机,这就是经典。"②经典文本就是这样向我们提供了一个典范,示例了我们与传统的真正关系。文本不仅仅是客观认识的对象,它持续地承载着一种话语,在当下向我们说的话,甚至在我们还没有意识到它之前,这话语就投向了我们。对伽达默尔来说,"理解"首先就是一个"我"的主体的操作,是承认"我"被置入了一个连续不断的传递过程,在此传递中,过去与当下不断地重逢。③

这样的进路并不能告诉我们"如何"阅读中国经典或西方经典,但它确实向我们讲出了那仍然与阅读和理解行动息息相关的"挑战"。

三、什么是跨文化诠释学?

伽达默尔说,诠释学是"对一种共同意义的参与"④。然而,"共同意义"是以对话的方式建立的,通过对话验证我的理解是否与他人的理解相符。立足于"二者之间"(zwischen),伽达默尔将这个建立共同意义的过程理论化了:"理解"预设了一个距离,但此距离并非不可跨越;理解也预设了对一个团体的归属,但此归属是灵活的、开放的。通过加深我们与我们的原初归属、与我们对作品的前理解(它遮掩了作品的入口)之间的距离,我们就普遍地深化了对作品的理解,无论这部作品是

---

① *Wahrheit und Methode*, pp. 292-294.
② Marlène Zarader, *Lire Vérité et méthode de Gadamer*, Paris: Vrin, 2016, p. 216.
③ *Wahrheit und Methode*, p. 295.
④ Ibid., p. 297.

属于我们自己、或是属于另一团体的文化大陆。即使对一部属于我们自身文化传统的作品,经由"他者"的眼光来理解,也是必不可少的。一切诠释学潜在地都是跨文化的,因为它必须将"我"带离"我"的出发点。伽达默尔总结说,距离——首先是在作品与"我"之间的时间距离——是意义的积极要素;或者进一步说:"一旦开始理解,就有了别样的理解。"①

"二者之间"的主题、产生意义的距离、自我随着理解一个"他者"(文本或人)而渐渐得到转化,这样一些问题不可避免地引导伽达默尔把诠释学视为一种必然具有对话性的工作:在对话中的存在,意味着超出自身的存在,意味着与他者一起思考,并且再度转向自身如同转向一个他者。这是主导了伽达默尔在《真理与方法》之后撰写著作的主题之一。

然而,笔者寻思,为了将此对话维度的思考推进到底,伽达默尔本人的哲学是否能提供一切必要的资源。伽达默尔的思想扎根在德国与欧洲的传统中,尚缺乏一种真正的对话体验。因此,笔者先与伽达默尔拉开距离,讨论在今天奠立一种跨文化诠释学需要诉诸的一些其他进路。

"对话"一词本身,引领我们进入语言交流的领域。交流检验着知识:对话者共同确认知识内容的无误性,共同检验其有效性。知识可以分为两种:一种指某一给定学科的知识,如物理知识;另一种则通过人类置身的社会与人的本性来探索人的存在。在第一种情况下,对话交流处在与现实同样的层面上,通过数学公式的推演,确保关于物质世界的知识的进展。在第二种情况下,真理并非主要与数学相关,而是置于历史和文化的设定之中,只有对话能够进入真理的处境。在此情况下,对话交流并非一个机械进程,而是着力在不同的"他者"之间建立起关系:言词的交流就意味着,对"倾听"的经验,是一个转化的过程,与达致真理的途径密不可分。换言之,"真理范畴"(categories of truth)的确立,与"对话风格"(dialogical styles)具有内在的紧密关联。

---

① *Wahrheit und Methode*,p. 302.

笔者试举几例,说明真理范畴是如何与一系列不同的对话风格相联系的:

● 对话能够被理解为一种逻辑训练,能够得出普遍有效的命题,作为建立在非矛盾律基础上的真理系统的一部分。这样的对话在本质上与一位科学家为了确立真理而进行的独白式的个人研究并无区别。然而,在亚里士多德的辩证法中,一个对话者的存在(有时是隐而不显的存在)是必需的,为能确认那些似是而非的事实与论断并不属于科学的严格范畴,而是属于意见(doxa)的领域。推理的风格(包括对话的类型)会依据"存在"的领域以及与之相关的真理范畴的不同而有所不同。①

● 苏格拉底式的对话,如同为了戏剧上演而书写;其秘密就在于,对话各方达成一致的可能性要受到不同方式的考验。我们最好将这些对话视为一系列戏剧,步步累积到其成功或失败的高潮,而苏格拉底的审判则最终显示了对话冲突所能达致的最强音。对话的文学编排是相应于认识论的态度的,(柏拉图式的)真理,作为在多样之内并通过多样而发现的一体性,能通过(苏格拉底式的)对话中的各方在灵魂上和思想上逐渐达到的一体性,获得实现和表现,否则,它将进一步被意见的分歧与修辞上的逃避所掩盖。②

● 作为一种对话形式的经院哲学,在时间和空间中产生了不同的表达方式,也是基于同样的原则开展的,只不过,对建立在"自然之光"基础上的"普遍"原则的依赖,得到了文本依据——被经院研究所接受的文本——作为补充。③对这些文本的阅读同样也遵循非矛盾性原则。

---

① 参见 Aristote, *Métaphysique*, *Livre Beta*, chapitre I.
② F. Cossutta, M. Narcy, *La forme dialogue chez Platon*, Grenoble, J. Milon, 2001; Frédéric Cossutta, "Neutralisation du point de vue et stratégies argumentatives dans le discours philosophique", *Semen*, 17, *Argumentation et prise de position: pratiques discursives*, 2004.
③ 关于非西方国家中经院哲学的广义解释,请见 Jose Ignacio Cabezon (ed.), *Scholasticism: Cross-cultural and Comparative Perspectives*, Albany: State University of New York Press, 1998;以及 J. Tiles 对该书作的书评,"Quaestio Disputata De Rebus Scholasticis", *Philosophy East and West*, 2000, 50, pp. 119-130。

- 相反,孔子在《论语》中发起和示例的对话形式,首先是一种"生命的对话",寻求的是确保其弟子的行为与伦理体系和宇宙观相一致。对话是一扇门,通向真理与生命的结合。因此,这样的对话形式不是一种修辞设计,而是内在地关联于人们所欲达到并且生活出来的真理的性质。①

- 福音书里的对话,在某种意义上也接近于上一类型,但不同之处在于,福音对话不太强调智慧的获取,而是着重于转化人心的过程:进入这场生命对话的人,经历转变,最终要作出一个抉择,例如《马尔谷福音》中记载的耶稣与富贵少年的对话(10:17—31)。②

- 在《庄子》、禅宗著作以及某些印度学派中,我们能找到一种讲求"明悟"或者说通向"启明"(enlightenment)的特殊对话类型:对话挑战非矛盾性原则,推进到一个爆发点,使参与对话的一方的意识或世界观产生骤然转变。

- 当然还有一种宽泛的对话范畴,汇集了"民主对话"的不同形态。这种对话风格不仅适用于政治领域,也能为宗教间的对话提供一些范例。其关键在于,聆听的过程,被视为一个使对话各方"相互转化"的过程,对话者怀着同情去理解与自己"对面"者的经验与论述,致力于寻找一个立场,在此基础上彼此能够达成共同的决定,或者至少能够担保共同的生存。在此意义上,"民主对话"(它被视为构成了今天的国际交流与跨文化交流的基础)不能被误解为一种单纯的策略,而是应该知道,它响应于一种认识论的立场。③

---

① Donald Holzman, "The Conversational Tradition in Chinese Philosophy", *Philosophy East and West*, 1956, 6(3), p. 226.
② 关于福音中对话的重要性,在此以《玛窦福音》为例,耶稣基督总共被问了七十五个问题,而他本身则提出了八十个问题,尤见第十五章至第二十章。
③ 这是哈贝马斯论述的进程:"随着民主社会的发展,神圣者的权威逐渐被人们达成的共识的权威所取代。"参见 *The Theory of Communicative Action*, Thomas McCarthy (transl.), Boston: Beacon, 1987, p. 77。"只有那些得到或者可能得到一场实际讨论所涉及的所有参与者的认可的规范,才能称自身为有效的。"参见 *Moral Consciousness and Communicative Action*, C. Lehnardt, S. Weber Nicholsen(transl.), Cambridge, Mass.: MIT Press, 1991, p. 93.

前述这些对话形式也可以从另一个角度划分为两个范畴:一种是"施为式对话"(dialogue performatif),在其中,对话者相信彼此会因为交流的经验而产生转变;另一种是"表述式对话"(dialogue constatif),对话者相互确认其秉持的意见或事实是否一致,或者其理论是否符合事实。

施为式对话涵盖的类型是多种多样的。书信的交换因而也是这样一种对话,在通信中,认识论的意义和地位得到了突出。法国17世纪的"灵修书信"往来,即是一个有趣的例子:关于"神圣事物"的通信,建立了一个横向的沟通网络,脱离于教会与政治层面的审查,对话者通过信件交换灵修体验,试图分辨灵魂通过不断自我舍弃而前进的法则。随着信件的交换,灵魂延伸至与神性的沟通,对话者从而产生深层的转化。神秘主义式的书信风格与经院哲学的风格产生了强烈的反差,正如灵修神学与教理神学之间的对比一样。[1]

沿着这样的思路,我们能够将不同的对话风格视为不同的"语言游戏",其规则与不同的生活形式相关。[2]每一种对话风格都是由其规则定义的一个封闭体系,是"思想实验"得以在其中发生的框架。[3]初看来,当给定对话风格的规则得到更加严格清晰的制定的时候,规则所允许的思想实验就显得更加"纯粹",就像经院哲学的辩论或是禅宗师徒之

---

[1] 关于此点,参见 Sophie Houdard, *Les invasions mystiques*, Paris: Les Belles Lettres, 2008; Patrick Goujon, *Prendre part à l'intransmissible, la communication spirituelle à travers la correspondance de Jean-Joseph Surin*, Grenoble: Jérôme Million, 2008。

[2] 维特根斯坦使用"语言游戏"概念的方式有时颇具灵活性。在此笔者采用他如下的简要定义:语言游戏是一些"使用标记的方式,比我们运用高度复杂化的日常语言之标记的方式要更加简单"。

[3] 柯苏塔(Frédéric Cossutta)列举出一个苏格拉底式的对话,我们在其中能看到对话者如何基于语言游戏达成清晰的共识,由此使对话继续发挥作用:"苏格拉底:高基亚(Gorgias),难道你不想继续讨论,就像我们现在做的一样(一人发问,另一人回答),我们延续上次过长的谈话,就像波洛(Polos)刚刚开启的话语?但请注意,请不要改变你的承诺——请同意能简短回答问题。高基亚:苏格拉底,某些答案需要很长的言论。然而,我当然不会不试着尽量简短。我必须说,这是我试图要做的事,没有人的用字能够比我说得还要精简。"(*Gorgias*, 449c-d)参见 Cossutta, Frédéric, "Neutralisation du point de vue et stratégies argumentatives dans le discours philosophique", *Semen*, 17, *Argumentation et prise de position: pratiques discursives*, 2004。

间的对话那样。但我们可以思忖:在今天,思想实验不应该首先被视为生活交流——对口头交流的资源与惊奇的释放——的涌现吗?真正使思想实验得以发生的,不是规则的形式主义,而是规则的激进化引起步伐挪移的幅度。换言之,对话因其语言游戏的功能而成为真理的载体,其规则引发了一种思想实验,潜在地变革着对话过程由之而来的生活形式。

以上论述能够点明跨文化对话的本质。跨文化对话的挑战和方法论,是当代再三出现的问题。更一般地说,只有从文化的根基、从文化之间透过对话经验彼此转化的方式,严肃看待对话风格的生成,我们才能真正了解对话与普遍性的真实关系。

对话与文化这两个概念的内在关联,能够通过一个简单事实阐明,那就是:通往文化的渠道是语言。虽然语言是人类的一部分,但它并非人类任意创造的属性。语言、记忆以及延续而来的历史,将某种面貌赋予了人类群体。同时,人类的肉身也是语言的关键:艺术在各个文化中借着肉身展现,就像文化通过肉身的耕耘而决定了寓居世界的方式。文化定义了某些"风格",其中,"对话风格"也是文化催生的表达类型之一。

对话交流考验着知识领域,检验人们从各自领域出发所分享的知识能否达成共识,在某些情况下还考验着知识的生存活力。对话式的交流,并非一个机械的进展过程,而旨在建立与众多"他者"之间的关系,意味着转化彼此聆听的实践和体验,这一过程与达致真理的过程绝不能分而视之。换言之,对话应当成为一个调节性的观念(idée régulatrice),它由三个同时具有表述性(constatifs)和程序性(programmatiques)特征的原则所激活:(1)诸种对话风格的历史真理与文化真理,不允许将对话各方的某一方立为规范,使之能够依此去盼附其他各方;真理带来的是对各方逻辑的研究,以营造一种"家庭氛围",它能使各方聚在一起,同时在群体内展开论争。(2)纵观整个历史,在不同处境中发展起来的对话风格,走向了相互遭遇和相互转化。(3)这些对话风格之间发生相遇和转化的事实,也以一种缓缓渐进的方式,改变着相遇的模式本身:相互接触的对话风格汇聚在一起,构成一种"共同的居住"(oikouménê,我们必须共同生活于其中的空间),潜在地使一种"元风格的对话"(méta-style dialogique)涌现出来。

实际上,是对话风格具有的流动性使其具有了普遍性。真实的对话来自于对语言的一种使用,它(至少潜在地)允许一个第三方进入这场游戏——一场给定的游戏——之中,分享这场语言游戏的规则,并通过分享而使这些规则渐渐扩展和转变。对话越是扎根于现实的、与一种鲜活的文化相关的语言游戏,越是置于一个时空之中,它就越是带着其源头的印记和蜿蜒曲折、变幻不定的特征,就越是能发挥其自身的"普世性"责任,因为它能够被继续、被追寻。世界与历史能够被视为一场从未结束的对话的交织,尽管常常被切断,但一直期待得到继续。这场对话带着种种打断、缩短、僵局与忽如其来的突破,我们在自己的位置上也在他人中间参与到其中。我们应该致力去说的话,是一种从未封闭自身、而总是能够重新开始的话语,正如被接住又抛出的球,游戏规则使之往复继续,而这也就足够了。

更进一步说,蕴含在对话努力中的流动性与一体性,使我们能够把不同的对话尝试视为时空中的一个连续体,它把一切对话的尝试连接为一场不断进行的谈话。晚近的汉学家进入这场谈话的方式显然不同于早期汉学家的方式。对经典的对话式阅读,探索着全球对话——以文本和现今常见的多媒体为载体——的广度与限度。对话未曾开始,也不曾结束,对话一个接一个地出现,构成尚未完结的叙事,将苏格拉底、孔子、老子、耶稣、佛陀等各大思想之源的门徒们联结为同一个对话的整体。这样一个全球性的对话体终将成形,因为对特定对话投入的努力,首先滋养了(并且今天仍在滋养着)"地方性"的团体;归功于其对话的起源,这些地方性团体既是统一的,又向未来的扩展保持着开放性。对话在团体内部产生,但更重要的是,对话界定了团体的环境,也使得团体能够与不同的环境相连,形成新的交流空间,这一点正是通过团体语言规则的持续转变而达成的。① 因此,对汉学研究进行一番"考

---

① Benoît Vermander, "Scholasticism, Dialogue and Universalism",《哲学与文化》,2010,37(11),pp. 23-39.

古"溯源,能够帮助我们以反思的方式,探寻我们现今的研究何以能够参与全球团体的对话建构。

四、诠释学与神学

前文的思考向我们显示出,在对话过程中总是存在着一些未完成的事物、逻辑上不可能的事物;但正是这种困难激起了必不可缺的对话冲动,激发出对话的创造性。使我们无法达致相互理解的那些阻碍,反映出贯穿我们团体的或者使团体间彼此对立的冲突。①然而,这些不理解之处,即使永远也得不到明确的解决(如果我们之间总是存在着一种"距离",就像在原始文本与翻译文本之间始终存在的距离一样),我们也能够不断地绕过它们、避开它们、超越它们,即使我们还将会遇到它们。

雷蒙·潘尼卡(Raimon Panikkar)的研究看来也正是循此路向进行。他认为每个宗教就像一种语言,足备自身的一套规则;他偏爱以"宗教间对话"(Intra-religious dialogue)取代"跨宗教对话"(trans-religisous dialogue)的概念②,认为语言交流就像宗教交流一样,无论一个人的语言能力高强与否,都会力图尝试用几种语言为自己进行"翻译"(从一种语言到另一种语言的翻译,就像从一种宗教体验到另一种宗教体验的翻译),但是他不能使他人依归于他所不精通的语言规则。

潘尼卡的经验并非人人具备,而是与其非常特殊的人生历程紧密关联。同时,从一种深刻的对话经验出发进行神学研究的方法,在近几十年里也展现出令人瞩目的多样化。这些方法之一,就直接关系到比较经学的传统:一些来自不同宗教传统的读者聚在一起,展开阅读宗

---

① "我们从各自所居的松散地联结着的社团中,带来了无数仅仅是松散地联结着的语言",参见 Ian Hacking, "The Parody of Conversation", in Ernest LePore (ed.), *Truth and Interpretation: Perspectives on the Philosophy of Donald Davidson*, New York: Basil Blackwell, 1986, p. 458。

② Raimon Panikkar, *The Intrareligious Dialogue*, New York: Paulist Press, 1999.

教文本的尝试,形成一种共同阅读的传统。这种进路的诠释学含义也得到了中国学者尤其是杨慧林的特别关注①,他由"经文辩读"(Scriptural Reasoning)运动出发,提出了一些重要的诠释学论题。笔者在此也对"经文辩读"作一总结,并也涉及到杨慧林尚未直接引用的另外一些资源。

"经文辩读"并不要求参与者关心在什么领域内他们可能会取得最为一致的意见,也不需要他们隐藏自己所投身的传统与怀有的信念。相反,这样的对话提供一个语境,使读者在其中能够讨论、甚至能够更清晰地意识到自己的信念与投身,并以更新的方式表达出来。读者之间可以存在着异议,但只要异议能够改善交流与理解的质量,那么它就并不成问题。"经文辩读"也并不要求这些读者对他们所研读的经文的性质、权威以及正确解释达成一致的理解。促进友谊比增加共识更为重要。例如,参与者并不应假设圣经对基督徒、古兰经对穆斯林、塔纳赫对犹太人都扮演着同样的角色。同时,团队努力维护相互之间的好客伦理,使每位参与者同时作为主人与客人,在引导团队和激活团队的任务中平等地轮换角色。②

我们看到杨慧林以及其他中国学者被吸引走近这样的对话经验,并探索如何可能在中国进行运用。在中国学术界,"经文辩读"的运动在本质上就是跨学科的,它能打破过于狭隘的、人为的专业细分。最重要的是,"经文辩读"把中心地位赋予了文本以及文本间的对照,这尤其能与中国的经学传统取得共鸣。同时我们注意到,在此,与文本的关系是与一种建立在"好客"价值之上的"生活模式"相关联的。事实上,文本的传播与实践,从一开始便标志着一种适应于中国文化的神学的产生。我们完全可以在一些行为方式中,在礼仪的创新与团体的更新中,

---

① 杨慧林:《"经文辩读"与"诠释的循环"》,《中国人民大学学报》2012年第5期,第8—15页。
② 特别参见 Peter Ochs, "The Society of Scriptural Reasoning: The Rules of Scriptural Reasoning", *Journal of Scriptural Reasoning*, 2002, 2(1); "The Logic of Indignity and the Logic of Redemption", in R. Kendall Soulen, Linda Woodhead (eds.), *God and Human Dignity*, Grand Rapids: Eerdmans, 2006, pp. 143 - 160。

辨识出这种文化适应的神学,正如一些历史学家通过对中国不同省份的贞女团体的研究①以及对丧葬礼仪之演化的研究②中揭示出来的那样。所有这些实践都的确表现了心智的图式(schème),它将古老的事物与时新的东西编织起来,形成一种生活模式与思想模式。但我们不能因此就忽略了实践与文本的关系,至少文本是可能随着不同的读者团体而不同的。礼仪实践与文本的阅读方式二者是共同得到转变的。前文提及的《口铎日抄》中收集的对话,已经为此提供了大量例子。正如司马懿(Chloë Starr)所指出:

> 就像基督教通过团体内的创新与本地化的适应、通过围绕着一座教堂或传教所而形成的祈祷模式而被转变为中国的形式那样,中国的基督教神学也经历了其自身的转变过程,成为一种本地文本的宗教(local textual religion)。③

司马懿反思中国神学的历史与特点,坚持中国神学具有叙事性和对话性,并且常常兼具文学性的特征。换言之,中国神学首先以一种"风格"为标志:

> 中国的神学,就像中国的文本阅读一样,本质上是关系性的。读者或学生一步一步地达到他们的逻辑结论,这一过程并不像一位经院学者的精湛演示,而是一个更为开放的过程,文本将读者视为一个伙伴,邀请他进入一个共享的典故网络,让他在其内建立各种关系。中国经典的共同遗产,以及经由读者心灵中的一系列隐

---

① Eugenio Menegon, *Ancestors*, *Virgins*, *and Friars*: *Christianity as a Local Religion in Late Imperial China*, Boston: Harvard Asia Center Publication Programs and Harvard University Press, 2009;康志杰:《基督的新娘:中国天主教贞女研究》,中国社会科学出版社,2013年。
② Nicolas Standaert(钟鸣旦), *The Interweaving of Rituals*: *Funerals in the Cultural Exchange between China and Europe*, Seattle: University of Washington Press, 2008.
③ Chloë Starr, *Chinese Theology*: *Text and Context*, New Haven: Yale University Press, 2016, p. 40.

含联系而推进的一种阅读模式,创造出一种更富参与性的、具有开放性结果的阅读方式与做神学的方式。①

在徐宗泽(1886—1947)身上,司马懿发现了一个极佳的例子,可以说明用中文做神学的方式。徐宗泽是上海籍的耶稣会士、《圣教杂志》的主编,他创作了许多不同类型文学的作品,而始终与其时代、也与丰富多样的资源保持着密切关系,并能够综合各种资源,得出确凿而开放的结论。司马懿写道:"作为在旧式教育中成长起来的人,徐宗泽仍然与这些文本(无论是圣经文本、神学文本还是中国神学的文本)保持着一种经典学术式的关系。……在对中国基督徒作品的阅读与理解中,中文的文本形式的重要性,常常隐晦地发挥着作用。"②身处许多前驱与后继的神学家之间,徐宗泽处理这些常以灵活多变、不断更新的文本形式出现的各样资料的方式,标志着他的创造性;也多亏了这种创造性,他才得以持继地革新他身处其中的信徒团体。

这种做神学的方法蕴含的意义,也能更新其他的神学实践,并与一些相似进路的洞见不谋而合;如果结合米歇尔·德·塞托(Michel de Certeau,1925—1986)的思想,就会带来丰硕的果实。塞托更新和推进了人们关于神学的实践及其面临的挑战的思考,作出了很大的贡献。他的思考首先是以一种历史反思为出发点的,这一历史,正如《词与物》的反思一样,指向欧洲现代性的源头:宗教战争带来的危机重新塑造了欧洲思想,塞托对此有着十分敏锐的洞见。在宗教战争之前,一个显见的事实是:一切逻辑的、法学的和历史的辩论,都直接建立在天主的存在和能力的基础之上。欧洲的危机使这一事实变成了一个"属于旧社会的一致性的记号"③,它如今只是"被抛弃在进步的大道边的民间

---

① Chloë Starr, *Chinese Theology: Text and Context*, New Haven: Yale University Press, 2016, p. 3.
② Ibid., p. 127.
③ Michel de Certeau, *The Writing of History*, New York: Columbia University Press, 1988, p. 23 (Edition originale: *L'Ecriture de l'histoire*, Paris: Gallimard, 1975, rev. ed. Paris: Gallimard, Folio-Histoire, 2002)。中译本见米歇尔·德·塞尔托:《历史书写》,倪复生译,中国人民大学出版社,2012年。

传说"①。然而有另一些东西将会从被抛弃的事物中诞生,这正是塞托在《历史书写》(L'écriture de l'histoire)的导言中提出的论点之一:在16与17世纪,在宗教战争的年代里,显露出一个位于宗教与政治之间的"场所"。塞托写道:"在我看来,在西方过去的四个世纪里,'做历史'指的是书写。渐渐地,它用一种意义的实践取代了过去的神话……'做历史'受到政治权力的扶持,后者创造出它自己的空间(围墙内的城市、国家,等等),在其中,它的意志能够并且必定要书写(建构)一个系统(一个把实践活动连缀起来的理由)。"②故此,塞托把历史理解为政治权力的一种实践,后者"必定赋予其基础力量以一种权威,这个权威反过来又使政治权力显得可信"③。历史被书写,因为"权力必须被正当化"④。

根据塞托所说,我们不能只是把我们当前的看法和语言投射到过去之上;同时,我们也不能满足于学究式的、"客观的"数据累积。总是存在一种"缺席",一种"亏乏",一种真正打开通向"历史知识"的成长道路的张力。为书写历史带来风险的,正是我们起初以为切近于自身的事物所具有的相异性。塞托说,他开始真正能够写点关于让-约瑟夫·苏兰(Jean-Joseph Surin)的东西的时候,正是他认识到自己距离自己所研究的这位17世纪的耶稣会士有多么遥远的时候。

塞托对历史文本之地位的思考,来自他自己的历史实践,同时也影响到他的历史实践。罗杰·夏蒂埃(Roger Chartier)很好地总结了塞托的研究风格:"塞托作为历史学家的一切著作,都聚焦于对历史上男男女女的实践的精确细致的分析,他们通过这些实践,每人以自己的方式,把强加于他们身上的规则与场所为己所用,或者破坏既定的法则而创造出新的形式。"⑤

---

① Michel de Certeau, *The Writing of History*, p. 23.
② *Ibid.*, pp. 5 – 6.
③ *Ibid.*, pp. 6 – 7.
④ *Ibid.*, p. 6.
⑤ Roger Chartier, *On the Edge of the Cliff*, Baltimore: John Hopkins U. P., 1997, pp. 45 – 46.

历史研究把塞托引入对"信念"之性质的思索,并且也更新了基督教神学。塞托将基督视为"他者"和"陌生人"的形象,并把"信念"描述为一条让人经验自身虚弱性的道路①。他指出,这是一种存在性的虚弱,它同样铭刻在那些传递信仰、赋予信仰以社会表达的机构中。一个"虚弱的教会"是唯一能够完全忠实于基督信仰之特殊本质的机构模型。只有在虚弱性中,我们才能体验灵性的丰饶。基督教需要被"裂散"开来②,以获得新生。

塞托原本是研究 16 与 17 世纪神秘主义学派的历史学者,正是靠着在这个领域内的不辍耕耘,他才能够表达超越此专业范围的洞见。他并不依赖任何一种视神秘主义为普遍现象的宽泛解说,而是精研 16 与 17 世纪基督教文学所表达的神秘主义的具体历史人物。他从过去行进到现在,又从现在返回过去,把历史信息、语言分析以及弗洛伊德的假说结合在一起,为了去理解从十字若望(John of the Cross)、大德兰(Teresa de Avila)到让-约瑟夫·苏兰的那些重要的神秘叙说。当然,他也曾试图定义神秘主义者的特殊形象,用"永不停步的行人"一类词语去描述他们,因为他们就像永不满足于在某个确定地点安居的人。同时,这一心理学的描绘也是一种社会现象:

> 我们可以说,神秘主义是对垄断——从 13 世纪开始变得专业化的教士对真理的垄断——的反抗。神秘主义青睐文盲的灵感、女性的体验、愚人的智慧、孩童的沉默;它选择民众的方言而非学院的拉丁语。它坚持认为无知者也能胜任与信仰有关之事。……神秘主义是群众的权威,是一个无名者的形象。③

吕斯·夏尔(Luce Giard)为《神秘主义的寓言》(*Fable mystique*)第二卷的出版撰写的前言,让我们得以理解塞托从事的这类阅读与分

---

① Michel de Certeau, *La Faiblesse de croire*, Paris: Seuil, 1987.
② Michel de Certeau, *Le Christianisme éclaté*, Paris: Seuil, 1974.
③ *Le Nouvel Observateur*, 1982, pp. 118 - 121; Chartier, op. cit., p. 46.

析所暗含的意义:"神秘主义的叙事,讲述了一个为他自身作证的主体的经验,在此意义上,也唯有这个主体自身能够见证那突然发生在他身上的事情。他所经历的现象本身的性质,就让他无法诉诸知性的言辞,或传统的神学概念。他谈论的是不能真正被词语说出的'某种东西'。因此,他只好竭尽一切感官之能,去描述这种经验,去展示它在自己身体上留下的所有伤口和所有印痕。"①

塞托也对欧洲与美洲——特别是巴西——的相遇特别感兴趣。他常常前往巴西授课,并从中得出一些相似的神学结论。因此对塞托来说,对他者的经验是双重性的:一方面,是探询其自身的宗教系统中作为相异性而呈现的神秘者或者"狂人"(le fou);另一方面,是参与另一片大陆的历史,被跨文化与跨宗教的强力所印记的历史。

这一切经验,都为一种神学实践的诠释学肃清了道路:基督宗教的神学,如同历史一样,是运作在一种缺席——对神学来说,即是耶稣的缺席——的认定与经验之中的,神学忠实于它的来源和使命,即并不试图去充塞由缺席留下的空虚,因为这种缺席打开了创造性的发明与诠释的空间。神学也像神秘主义一样转向源头,为能表达它由之所出的真理,但它也转向未来,朝向一位总是在来临中的"更伟大者"。因此,神学的真理不能简单地被"传递",而是通过一些总是期待着更新的"开创性的断裂"而得以进行和表达。神学工作的出发点,是传统与文本的多样性。类似地,神学首先并不是"传授"而是"交流":神学愿意接纳与之发生关联的"他者"的馈赠。神学也深怀志向,愿与"他者"一起不断工作,为建设这一未来,建设这超越我们而同时又激活我们的"总是更加伟大者"。神学真理因而在建设团体的风格中彰显自身。反过来,一个信徒团体建设起来的关系(与其内在的关系以及与其环境的关系)所具有的的风格,应该被解读为一种真正的"神学风格"。相互质询的文本与实践,也在不断地相互感染。②换言之,今天的神学必然建

---

① "Michel de Certeau. La mystique et l'écriture. À propos de la parution du tome II de la Fable mystique. Entretien avec Luce Giard et Jean-Louis Schlegel", *Esprit*, 2013, Août-septembre, p. 159.

② 此段论述基于 Michel de Certeau, *La faiblesse de croire* (Paris: Seuil, 1987)及其他作品。

立在一种诠释学的实践之上,它首先去倾听"他者"和陌生人,倾听那些无论在社会上、在学术界还是在国际交往中被主流话语所忽略的声音,并由此启程。又言之,当代神学应当首先成为一种跨文化的诠释学;这是神学忠实于天主的突然介入的方式,这位天主在"历史上缺席",但在这同时,他又让人去寻觅他、去找到他。

五、开放的结论

本章的讨论虽然显得比本书第一部分更为笼统和理论化,但它正是从我们前文展开的叙事中取得了滋养:诠释学的变革和神学的转变都深植于历史之中,而对话带来的相遇、震撼、惊奇、混乱、失败和前进,都为这一历史打下了烙印。在历史中航行至今,我们还将看到,汉学、经学与神学交会的这一历史,是否能够、以及如何能够继续激发我们的未来。我们不再像在第一部分里那样基于一种笼统的叙述而工作,而是试图呈现三个个案研究。

接下来第七章将探询人们在历史上阅读中国经典的不同方式,包括所有那些曾经努力去解读文本的人们的阅读;但这决非为了推崇其中某种方式的优越性(因为这将与我们适才谈过的内容相抵触),而是为了深化下述问题:什么是理解?当我们力图理解一个文本的时候,确切地说,我们是在做什么?我们的回答不能是理论性的,而必须与"阅读实践"的丰富多样性与曲折性进行角力。

第八章将讨论当代亚洲神学的形成方式及其使命。相对于前面讨论的内容,此章将呈现出三个不同点:(1)我们将离开"文本"的纯粹领域,进而讨论文本以怎样的方式激发实践。(2)我们不再限于关注主导了明末清初这段时期的基督宗教与儒家的面对面相遇,而去思考亚洲宗教领域具有的多样性。(3)我们把中国置于亚洲的环境中,并尤其(但并非唯独)关注那些与中国共同分享儒家遗产的国家。正是在此,有着中国神学与诠释学都特别需要的、然而却很少付诸实践的一种开放性之所在。

第九章将回到跨文化的神学阅读中,并带着贯穿全书发展起来的诠释学关怀,与明末清初曾进行的跨文化阅读建立更加直接的关系。这种关怀就在于,通过与中国经典中的"智慧"的进路相结合,我们将试图以新的方式理解基督宗教的"启示"文本。诚然,对这项广大的规划,我们在此只能提出一些概念,但我们期望能以此展现一种跨文化神学可能结出的丰硕成果,这种神学的标志,就是它对其自身历史的批判意识所激发的种种解释的实践。

第十章将进一步明确,通过继承汉学留给我们的遗产,并且同样重视经典的交互阅读教给我们的功课,我们在今天如何能够推进一种跨文化神学的发展。

第七章

如何阅读中国经典？

我们对汉学起源的探索，以及儒家与传教士在彼此经典中的交相探索，将我们带回了当代。如果对过去的回顾不能指引我们走好当下的路，则对我们无所裨益。如何使之成为今天的指引，正是本章试图进行的工作。

今天的读者应该如何阅读中国经典，才能与来自另一时代的文本对话，而不至于缩减或扭曲经典自身的着眼点与思想模式呢？正是这个问题激发了下面的研究。仔细思考之下，这个问题至少涵盖了两个子问题。问题一针对我们是如何去参考所有这些经典文本的，这些文本所起源的文化，以一种自我定义的方式将它们认定为经典，这既是为了这种文化自身，也是为了它所面对的其他文化。①问题二则关注阅读中文经典的经验，考察这一经验能为我们今天阅读一切"经典"文集的方式带来什么样的启迪。

笔者将首先阐明本章的结构与性质，继而提出六种阅读模式，并分别进行阐述，这些模式决定了并继续决定着我们切入中文经典的路向。本章的研究同时是描述性与规范性的，将试图指出历史上不同的对话者曾以怎样的方式对中文经典进行有效的阅读，并也将评定这些阅读方式是否适用于我们在前言中提出的迫切任务。此外，本章还试图刻

---

① 确立一部经典文集，就是奠定一种文化的特殊性，同时也是肯定其普世性（至少是潜在的普世性）。伽达默尔提出的一部作品在时间中的"延展性"的概念，同样也适用于作品在空间中的延伸。同时，如果读者认为他与自己钻研的作品集有着某种谱系学的关联，那么，与"意义的'直接'传达"这一公设相关的那些问题，就多少会改变性质。

画一些灵活的阅读模式,使中文经典的阅读能与相应的大量文本的阅读相互沟通。

一、中国的"正典"与"经典"

确切地说,中文"经"这一概念来自"经典/经文"(classics/classiques)的概念,其含义之一是指那些"出类拔萃"①的、用以研读与背诵的文本,它们被置于教育体系与政治体制的中心。"经"字原本指纺织机上的经纱②,延伸至指连缀竹篾的线绳,将其编成竹简以供书写;约在秦朝初期(公元前221—前207年)或更早的时候③,它获得了上述指称经典文本的含义。此外,"经"也指贯彻宇宙、身体、社会结构以及文化的那些规律性。理雅各(James Legge)或许是最早指出下面这一点的人(1883年):拉丁文的"文本"(textum/textus)一词,与中文用以称呼经典的"经"字,二者都包含着同样的意像,即编织成文、连缀成篇的思想。④

(一)正典的演变

被广泛接受的观点是,汉代之前,一些短文或"篇"以各种方式被归

---

① "出类拔萃"(distingué)一词蕴涵两层意义,一是"编选",二是"一流"。关于这个概念的历史沿革,参见 Gregory Nagy, "Homère comme modèle classique pour la bibliothèque antique: les métaphores du corpus et du cosmos", in Luce Giard et Christian Jacob (eds.), *Des Alexandrines I. Du livre au texte*, Paris: Bibliothèque nationale de France, 2001, pp. 149 - 161。而 G. Nagy 的研究乃是基于 Rudolf Pfeiffer 的著作 *History of Classical Scholarship: From the Beginning to the End of the Hellenistic Age*, Oxford: Oxford University Press, 1968。中译本见鲁道夫·普法伊费尔:《古典学术史(上卷)自肇端诸际至希腊化时代来》,刘军译,北京大学出版社,2015年。
② 《说文解字》:"经,织也。"亦参见 Rudolf Wagner, *The Craft of a Chinese Com-mentator, Wang Bi on the Laozi*, New York: SUNY Press, 2000, pp. 21 - 306。
③ "经"的这一特定用法在《荀子》第一章《劝学篇》(著作日期不很确定)得到了证实,荀子提倡的学习过程以对《诗经》的背诵为开始,以对《礼经》的阅读和理解为结束。
④ Norman J. Girardot, "'Finding the Way': James Legge and the Victorian Invention of Taoism", *Religion*, 1999, 29(2), p. 111.

并组织成"集",而非严格意义上的"书"①。公元前136年(建元五年),汉武帝尊"五经",为每经设一博士,称"五经博士",于太学教授弟子。"五经"所选文本各以不同方式与孔子相关,并被作为国家正统思想与考试制度的根基。五经包含的文章数量与构成在历史上经历了变化,很快在正典中纳入了《孝经》与《论语》,又在唐代得到重新划分和组织,纳入了"春秋三传"而成为"九经"。至南宋,"十三经"正式形成,并被确立为儒家经典,直至如今。"十三经"不断刊印再版,今天也有了数字化的版本。"十三经"的确立,结束了国家对"正典"的确定过程,然而有意义的是从"十三经"内摘选汇编出的《四书》。1313年(元皇庆二年),元仁宗下诏恢复科举,朱子的《四书章句集注》自此成为了科举考试的依据。此后的历史中贯穿着某种无声的竞争,或是作为经典整体之根基的《五经》,或是具有相对独立性的《四书》,被赋予了某种优先地位。②

汉代的士大夫将正典作为一套融贯的文本来讲授,认为其中包含着统一的、系统化的思想。经典的这种融贯性常常被归于上古时期某个(传说中的)管理部门对每一部典籍的编订,或者也被归于孔子,他因为这一部门的崩坏而作出反应,对经典进行了整理。相反,从唐代开始,尤其在宋代,许多注疏者都认为,无论是建立于汉代的正典,还是构成正典的每一卷典籍,都具有相互不一的、异质的特征。③虽然经典的内在一体性仍然获得了肯定,但这种一体性是基于原则而非基于本文秩序而建立的。④汉代之后的大多数注疏者认为,是孔子对文献的删订

---

① 陈梦家:《尚书通论》,中华书局,1985年。在后面讨论结构修辞的部分,笔者将对这一论断进行细致的探讨,因为它否定了文本中隐含着某种组织结构的存在。相反,如果我们从这一论断中解读出另一种假设,即存在着一种本质上是组合性的文本结构,那么它就为我们描绘出了由《易经》开启的道路上的有意义的线索。

② 朱熹已经注意到:"语孟工夫少,得效多;六经工夫多,得效少。"出自《朱子语类》,"语孟纲领";亦见 Susan Cherniack, "Book Culture and Textual Transmission in Sung China", *Harvard Journal of Asiatic Studies*, 1994, 54(5), pp. 5-125。

③ John B. Henderson, *Scripture, Canon and Commentary: A Comparison of Confucian and Western Exegesis*, Princeton: Princeton University Press, 1991, p. 23.

④ Ibid.

和编辑而使之成为了经典。①正典在历史进程中产生的变化,具有很重要的意义。正如前文提到的,《礼经》中的《中庸》和《大学》两章被抽取出来,与《论语》和《孟子》一起构成了《四书》这部新的正典,这很好地阐明了宋代学术活动中对经典的分划与重构是怎样进行的。经典的重构活动本身标记着释经学的更新,揭示了一种"对经典的新生的热情,一种前所未有的信心,相信文人士大夫有能力阐发经典的意义"②。同时,文人士大夫们感到自己与正典处在一种新而自由的关系中,他们能够对文本进行大胆的剪辑引用,去追求一种超越经典文集所表达的意义。③

(二) 文本大陆的地形学

至此,笔者把中国经典视为一种"正典"的产出,因为人们通常是以这样的视角去看待经典的。不过本章只是间接涉及那些与"正典化"相关的问题;本文的研究对象,是今天的读者与公元前6世纪至公元前2世纪之间也即中国思想的萌生期所出现的著作整体之间的关系。人们通常以孔子的著述作为中国思想的发端,因为孔子汇集编修了古代的文献文集④;而标志着这一萌生期结束的界线,通常被认定为公元前213年(秦始皇三十四年)的焚书事件。焚书一事虽有其史实依据⑤,但它的现实效应无疑被夸大了,不过,该事件的象征作用仍然至关重要。

---

① John B. Henderson, *Scripture, Canon and Commentary: A Comparison of Confucian and Western Exegesis*, p. 29.
② Zhu Xi, Lu Jiuyuan, *Une controverse lettrée: correspondance philosophique sur le Taiji*, texte présenté, traduit et annoté par Roger Darrobers et Guillallme Dutournier, Paris: Les Belles Lettres, 2012, p. XCI.
③ Ibid., p. XCIII.
④ 对上述时期的划界,以及它与受争议的"轴心时代"概念之间能建立什么样的关系,这些问题显然不容忽略。历史学家余英时连同大部分中国学者同仁,接受了"轴心时代"的概念,但同时坚持,对中国思想而言,以孔子活动为典范的开端与前孔子时代的精神之间具有连续性;这一点揭示出,雅斯培依据"突破"概念提出的轴心时代的研究进路具有很大的相对性。
⑤ 被认定发生于秦代的焚毁儒家书籍的事件,只有司马迁《史记》中一段倾向性很明显的记述作为佐证。

正典形成过程的终结,是一个创伤性事件产生的后果,这个创伤使得既有文本遽然封闭自身、结晶为一体。这种情况并非中国历史独有,而让我们也想到耶路撒冷第一圣殿和第二圣殿的相继毁灭,它影响到了犹太社团的圣经正典、继而是基督徒社团的圣经正典之最终成形。[1]那些经历了"火之考验"的书籍,只要注疏者不会永无止境地提出异议,我们就可以说,它们成了不可辩驳的权威。

因此,经典是那些在秦代之前就开始编纂的文章或者文字材料,虽然它们经过汉代才得以最终完成。认真审视之,这些源于先秦的作品都将在某种程度上被"册封为正典"——或者得到国家的正统认定,或者被某个并不直接与正统相关的学派所尊奉,或者在历史中一直得到人们的研读——出于这个事实,它们在今天完全能够被纳入那些奠定了中国思想的基础文本之中。

上述观点可以从两个方面同时得到论证、补充和调整:其一,即使今天对中国思想之"萌生期"的定义仍有争论,但不应遗忘的是,从东汉初期开始,佛教经书及佛经语义进入中国,深刻地改变了我们在此考察的文本大陆所运用的概念、逻辑与思路(它们也将成为注疏的对象),这一点也足以使佛教思想从中国著作与中国思想的整体地形学中被单独分列出来;其二,中文教科书往往区分了"先秦"思想和秦代之后的著作,但若考虑到下述事实,这一分界线就将大大模糊:我们对这些文本的知识都深深依赖于在西汉进行的审查、组织与编辑过程,更不用提如何确定文本写作日期的问题,它关系到我们对著作的初期版本的认定。因此,划出分界线虽是合理的,但应当承认这些分界线在某种程度上总是游移不定的。

故此,我们可以把这里考虑到的数目庞大的文本进行分类,以便思考它们曾经是如何被阅读的,又能够以何种方式被持续阅读下去:

● 《尚书》《诗经》《春秋》《易经》与《左传》[2]构成的基石中,汇集了

---

[1] James A. Sanders, *Torah and Canon* (2nd edition), Eugene, OR: Cascade Books, 2005, p. 12 et al.
[2] 我们可以把《左传》和另外两部对《春秋》的注疏经典——《公羊传》与《谷梁传》——放在一起,虽然它们的编辑过程与目的各不相同。

最为古老的文学与历史的见证，为往后奠定了认识论的原则。

●《礼经》与另外两部关乎礼仪的著作（《仪礼》与《周礼》），要确定它们的写作日期是个棘手的问题；但它们前后经历了数次编修而成书，这一事实就见证了依据上述基础文本而进行的"实践的形式化"过程。

●《论语》与《孟子》将思想论题以对话形式呈现出来，解释和展开了《诗经》与《尚书》中的教导，并在一定程度上将其系统化了。这两部作品，尤其是《论语》，渐渐构成了中国思想的框架，使其中很大一部分论题通过这个框架而成形。①

●《荀子》《韩非子》和《墨子》所属的本文群，与通过《论语》和《孟子》建立起来的思想范式②多少拉开了距离。因此，尽管前者（尤以《荀子》为甚）也发挥了巨大影响，但从未被官方树立为正典。它们提供了一个并不全面、但深具启发性的视角，展现出从春秋到战国时代的"百家争鸣"的性质及活力。

●就其认识论原则与士大夫们所捍卫的原则相迥异这一点而言，《道德经》（《老子》）与《庄子》可能比上述文本离正典更远；它们位列于对中国思想影响最为深远的文本群之中。文本研究与考古研究都证实了《老子》很早就具备了强大的影响力。自秦帝国建立以来，《老子》和《庄子》就进入了一个宗教性而非国家性的正典化过程，经过漫长时间的发展，最终成为道教的正典。不仅如此，《老子》不断地被引用、被提起，围绕其阐释的争论滋养着中国思想不断向前发展。

●《淮南子》（公元前139年被呈献于汉武帝）与《管子》（现存版本约成书于西汉末年）都是以它们之前的各家文献为基础而成书的，它们见证了在中国思想萌生期末期的一种百科全书式的努力，博采众长，调和彼此争鸣的不同学派传统。此二书奠基于《老子》与《庄子》提出的基本原则，在此"树干"之上接纳其他学派的学说——特别是孔子的教

---

① 直到宋朝，《孟子》才完全发挥出其影响力。
② "思想范式"（normes de pensée）指的是一些认识原则与社会原则，而关于人性、政治秩序、社会关系以及伦理教化之目的与精神的话语，正是在这些原则的决定下形成的。

导,也包括《墨子》与《韩非子》的法家思想——作为其"分枝"①。

● 依据春秋时期各国史官记录的原始材料整理编辑而成的《国语》、第一部官修兵书《武经》②以及作为"辞书之祖"的《尔雅》③,都处于正统著作的谱系中,但扮演着相对次要的角色。

● 尚有其他一些著作,其日期、编撰过程以及被接纳为正统的程度尚不太明确。《楚辞》便是一个典型案例,它成书于公元前1世纪至公元后3世纪之间,包含许多创作于战国时期的楚国诗歌。楚国的文本和发源于中原的文本之间具有较大的文化距离,《楚辞》的影响力因而大大受限,但在今天却引起了人们强烈的研读兴趣。④另一部关于地理和民俗的著作《山海经》⑤也是类似的情况。至于我们所知的最古老的中医论著《黄帝内经》,其大部分内容的成文时间远早于汉代,但其编辑过程殊难追踪,并且主要是以秘传或"专业的"形式授受相传,而非公开传播的。

● 最近四五十年以来,对古墓葬的发掘(最著名的当属郭店楚墓竹简的发现与马王堆汉墓简帛的出土)使经典目录变得更加复杂了;在出土文献中,有一些文本印证了已经广为流传的著作,特别是《老子》⑥;

---

① John S. Major et al. (trad. et éd.), *The Huainanzi: A Guide to the Theory and Practice of Government in Early Han China*, New York: Columbia University Press, 2010; Sarah Queen, Michael Puett, *The Huainanzi and Textual Production in Early China*, Leiden: Brill, 2014.
② 《武经七书》简称《武经》,刊行于宋代,是更古老的兵书的汇编,其中包括《孙武兵法》与《孙膑兵法》二书的合编。
③ 《尔雅》是一部辞书,更确切地说主要是同义字词的汇集与训释,收录汉字约五千个,其中大部分内容撰成于约公元前3世纪。
④ Rémi Mathieu (trad.), *Élégies de Chu. Chu ci. Attribuées à Qu'Yuan et autres poètes chinois de l'Antiquité (ive siècle av. J.-C.-iie siècle apr. J.-C.)*, Paris: Gallimard, 2004.
⑤ Rémi Mathieu, *Etude sur la mythologie et l'ethnologie de la Chine ancienne: Traduction annotée du Shanhai jing*, Vol. I et II, Paris: Collège de France, Institut des hautes études chinoises, 1983.
⑥ Sarah Allan, Crispin William (eds.), *The Guodian Laozi: Proceedings of the International Conference, Dartmouth College, May 1998*, Berkeley: Society for the Study of Early China and Institute of East Asian Studies, 2000.

一些则是独立的文本，但与已知的著作有着紧密的联系，例如1993年郭店发掘出的道家典籍《太一生水》，以及可能早于《内经》的医学著作；还有一些教学性的文本①，以及一些前所未见的文书、档案、药方，以及为选择时日吉凶宜忌的占卜之书《日书》②。

我们可以用不同的方式来划分这个文本大陆，例如按照文本的不同发源地分类，或者依据文本在后来被正典化的不同程度分类。③这样能够突显诸如《庄子》《淮南子》与《楚辞》等著作之间的亲缘性，同时也能发现《楚辞》的部分内容有着近于《诗经》的形式特征，其原始编撰日期可能也很接近。更一般地说，上面列出的所有著作都具有一种明显的互文性（intertextualité）特征：即使地理发源彼此迥异，这些文本之间却有着大量的往来流通，这种流通开启了一个交互"感染"的过程。

因此，上面列举的书籍扩大了传统上的"经"——有别于其他著述的经典作品——的目录。对所有书籍的一般性分类系统体现在《四库全书》中，它是18世纪乾隆皇帝下令对书籍进行穷尽式的搜编辑录的结果。《四库全书》分为经、史、子（诸子百家著作）、集（诗文词集等）四部。我们通常所称的"国学"，其课程设置也是建立在同样的分类法之上。虽然如何定义"国学"的概念仍是有争议的问题，但国学一方面是指自古代直至清末的传统学习，另一方面，它在今天也指对传统文本的复兴与再解释，并且常常作为对现代学科的一种反击，因为后者的知识分类是建立在西方的认识论原则与美学原则之上的。④不过，即使"国学"学科的某些名称严格遵循了《四库全书》的分类法⑤，"经"这个词的使用也从此变得更有弹性了，因为正是我们上面列出的大量文本的整体，被广泛地视为了"国学"的根基。

---

① 例如《孔子诗论》。见马承源：《上海博物馆藏战国楚竹书（一）》，上海古籍出版社，2001年。
② Marc Kalinowski, "Les livres des jours (rishu) des Qin et des Han: la logique éditoriale du recueil A de Shuihudi (217 avant notre ère)", *T'oung Pao*, 2008, 94, pp. 1-48.
③ 此外还有一些著作在本文中没有提及，但它们不难被划归上述的某一类别中。
④ 见刘梦溪：《论国学》，上海人民出版社，2008年。
⑤ 见陈璧耀：《国学概说》，上海教育出版社，2008年。

二、六种阅读模式

现在,我们可以提出一些阅读模式,总结对中国经典的多种多样的阅读活动,也就是米歇尔·德·塞托所说的"阅读行为"(pratiques lisantes)[①]。通过这些阅读活动,前文提到的经典得以构成思想的根基,同时又展现出其交相编织的复杂性。应该认识到,阅读的活动兼具延展性与创造性的特点,没有任何一种建模方式可以完全海纳阅读之流;笔者将描绘六种阅读模式,并同时指出,每种模式都有自身的局限性,而正是其局限性使得不同模式之间能够互相通达、互相补足。我们将看到,这些阅读"策略"曾如何铺设了一条通向"清白的"(innocente)阅读的乌托邦之路;这个乌托邦又如何被对文本自身的历史批评所突破和拆毁;阅读行动又是如何被各种评注重新激活,去关注在文本海洋中复现的那些独特性,由此,文本在读者的感官中发挥了影响,在他的身体存在中产生了效应。

(一)根据一种既定"策略"

一般而言,经典文本并非"为了自身"而发言。一部经典在教育体系和在文化策略中都占有一席之地:经典文本成了文化团体和民族团体之归属感的参照;它给予一片视野,决定阅读的模式;它连同其他文本一起形成一个体系,共同勾勒出能够被不同性质、不同认同模式的群体所接受的文化、政治、行为选择的范围与界限。

换言之,文集的确定,如同阅读经典文本的模式之决定一样,是权力的游戏。如前所述,在汉代,国家意识形态的塑造和"经典体系"的确立是密不可分的。正是经典告知人们宇宙体系的关键,令皇帝在其中扮演主政者的角色,文人士大夫既为此角色辩护,亦通过向皇帝提出谏言而使此角色变得缓和。因此,围绕文本诠释的一切冲突也自然变成

[①] "La lecture absolue", *La Fable mystique XVIe - XVIIe siècle*, II, Paris: Gallimard, 2013, pp. 197 - 217.

了政治上的角力。①部分地基于这一认识,程艾兰(Anne Cheng)指出:"经典的真理性问题,从未被系统性地提出过。……引发争论的,毋宁说是理解经典与诠释经典的方式。事实上,中国经典向来所提出的仅仅是一个阅读的问题。"②

从帝国时代开始,经典文集的确立就处在政权管辖之下,这一事实有着许多例证,在此我们仅以《淮南子》文本的编撰为例。《淮南子》试图塑造一种相反于国家意识形态的思想,因为在那时,对思想进行一种新的综合仍然是可以讨论的话题。淮南王刘安(公元前179?—前122)是汉高祖刘邦之孙。登帝的野心破灭后,他召聚思想家和文人到其门下,著书立说,于公元前139年将他们的工作成果也就是《淮南子》一书进献给汉武帝。刘安本人很可能也积极参与了本书的编著,但他在著述中的地位没有得到正式确定。后来,刘安谋反的计划败露,最终自缢身亡。

扬雄(公元前53年—公元18年)的独创之举,在于他对经典特别是《论语》体裁的换置。他模拟《周易》的体裁而作《太玄》,模拟《论语》的体裁而作《法言》。他的创作既基于所推崇的经典对他的启发,同时也源于他与经典的字面意义拉开距离的一种尝试。扬雄宣称:"书不经,非书也。言不经,非言也。言、书不经,多多赘矣!"③这一简明扼要的表述可以被归纳为:"一个文本若不是经典或不会成为经典,它就不是文本。"或者说:"一个文本若不能成为被参考的规范,它就不是文本。"这段话的语义让我们想到希腊语中"标准"(κανών)一词的意义:起规范作用的工具。"规范"(norme)一词,在希腊语中原指木匠的标尺,它衡量文本,建立文集,又使之成为衡量其他文本的标准和范式。

---

① Anne Cheng, *Histoire de la pensée chinoise*, Paris: Seuil, 1997, pp. 304-310.
② Anne Cheng, "La trame et la chaîne: aux origines de la constitution d'un corpus canonique au sein de la tradition confucéenne", *Extrême-Orient, Extrême-Occident*, 1984, 5(5), p. 24.
③ Yang Xiong, *Maîtres mots* (Fayan), Béatrice l'Haridon (transl.) Paris: Les Belles Lettres, 2010.

第七章 如何阅读中国经典？

正如我们在前面已看到的，自利玛窦与罗明坚入华以来，耶稣会传教士着手从事对中国经典的解释工作，他们为阅读策略提供了更多的例子。在这里我们应该谈的是"不同的解释"甚至"解释的冲突"，因为耶稣会士们在诸多问题上都很难达成共识：采用何种解释原则、带来何种后果；如何在解释中呈现信仰的原则（regula fidei），使之能比肩于那些使中国经典得以构成的原则。① 利玛窦及其大部分后继者所倡导的解读，是从儒家经典中选取一部分他们认为反映了对独一天主的"自然"信仰的文本，作为解释的基础②，并且抛弃以朱熹为首的宋明学者对这些文本的注疏。相反，利玛窦的继任者龙华民，却在宋明注疏者的基础上选取和理解儒家经典，否定后者中包含有某种"自然神学"、某种对独一天主的原始信仰；③ 因此，基督讯息的呈现，应当唯独以基督宗教的启示性文本、以那些从古至今伴随着福音传播而问世的概念性著作为基础。随着时间流逝，传教士们对中国经典的认识不断深化，并导致了一些更加复杂的解决方案：《四书》的西译者不再把论证建立在寻章摘句的解读之上，而是以文集整体之中的逻辑为基础；他们完全支持认为其中存在一种"中国的自然神学"的观点，同时也认真考虑权威注疏者的解读。④ 某些译者，例如卫方济（François Noël，1651—1729），则走得更远，他在中国注经者的概念系统中找到了与西方思想传统中基于"自然"（natura）概念的建构相对等的东西，甚至颠覆了人们通常对

---

① 关于传教士释经观点的整体发展，有一个基于个案的研究：Nicolas Standaert（钟鸣旦），*The Intercultural Weaving of Historical Texts. Chinese and European Stories about Emperor Ku and His Concubines*，Leiden：Brill，2016。同时请参见古伟瀛：《明末清初耶稣会士对中国经典的诠释及其演变》，《台湾大学历史学报》，2000 年第 25 期，第 85—117 页。
② Matteo Ricci（利玛窦），*Le sens réel de《Seigneur du Ciel》*，traduit par Thierry Meynard（梅谦立），Paris：Les Belles Lettres，2013。
③ Niccolò Longobardo（龙华民），*Traité sur quelques points de la religion des Chinois*，Paris：Louis Guérin，1701。
④ 参见 David Mungello（孟德卫），*Curious Land：Jesuit Accommodation and the Origins of Sinology*，Honolulu：University of Hawaii Press，1989，尤见 pp. 247 – 299；Thierry Meynard（梅谦立）（trad. et éd.），*Confucius Sinarum Philophus（1687）：The First Translation of the Confucian Classics*，Rome：Monumenta Historica Societatis Iesu，2011。

这些中国注经者所持的观念。①自17世纪末开始,少数出类拔萃的耶稣会传教士在中国古籍中看到了圣经启示的喻象。他们的收获甚丰:马若瑟在中国经典里发现大洪水前的宗教痕迹②;白晋在其中找到预告《新约》的先知③;傅圣泽(Jean-François Foucquet,1665—1741)则在中国传说的帝王人物里洞见了西方远古圣人的形影④。以上研究者都运用了中国经典的既有注疏,对之进行发挥以迎合自己的诠释和特殊的阅读策略。

中国现代与当代的经典重读,与一种国家意识的重建行动密不可分。这也是陈来等哲学家所一再强调的。但应该注意的是,在一种阅读模式中验明它所用的策略,决不等于抹杀这种阅读模式的效用,而勿宁说是澄清这种阅读模式,阐明它是一种尝试由他人引导的"对阅读的阅读"的方法;这也是一种自我解释,当读者以他自己的方式阅读文本,他将发现,对他来说,"阅读服务于意向"(intentioni enim servit lectio)⑤。正是这种自我解释引导着人们甘冒风险去阅读,这也是我们接下来要讨论的问题。

(二)"依照文本自身所给予的"

在某种程度上,所有对经典的阅读,在一开始都只能服从于某种给定的阅读策略:处在文化体系内并且自身也参与文化体系建构的读者,从阅读之始,就遵循着为文本被纳入经典而辩护的逻辑;而身处文

---

① 关于卫方济对于注经者的诠释,尤见 Claudia von Collani(柯兰霓), "François Noël and his Treatise on God in China", in Ferdinand Verbiest Institute K. U. Leuven (eds.), *History of the Catholic Church in China: from its beginning to the Scheut Fathers and 20th century*, Leuven: Ferdinand Verbiest Institute, 2015, pp. 23 – 63.
② Knud Lundbaek(龙伯格), *Joseph de Premare (1666 -1736), s. j. : Chinese Philology and Figurism*, Aarhus: Aarhus University Press, 1991.
③ Claudia von Collani(柯兰霓), *P. Joachim Bouvet, S. J. -Sein Leben Und Sein Werk*, Sankt Augustin: Steyler Verlag, 1985.
④ John Witeck(魏若望), *Controversial Ideas in China and Europe: A Biography of Jean-François Foucquet S. J. (1665 -1741)*, Rome: Institutum Historicum S. I, 1982.
⑤ Guillaume de Saint-Thierry, *Lettre aux frères du Mont-Dieu*,转引自 Michel de Certeau, art. cit., p. 205.

化体系之外的读者,不可能不首先将文本与他自己所属的文化传统对待经典的逻辑进行对比,正如我们在传教士的读经策略中所看到的那样,而这常常会使他们逐渐深化和细化对这一新的文本海洋的认识。因此,意欲依照"文本自身所给予的"来阅读,这属于一种"第二次的天真"(naïveté seconde)。读者须得以一种如朱熹所言的"虚心"态度进入文本,这将是体悟圣贤真义的唯一方式。①

由这样的反应激发的对文本的投入,可能更多地构成了一种规范性的规划,而非一种阅读模式。例如,若我们专注地研读谈论"礼"的中国典籍②,就会激发出无穷的疑问:文本处理的真正主题是什么?此主题由谁决定?它关联其他哪些问题?如果其中涉及辩论,那么辩论是由谁开启、又是在哪个层面上展开?③换言之,"第二次的天真"想要超越一切策略性的阅读,但它本身却不能告诉我们如何阅读,它甚至能使一个注定要变幻不定的问题变得更加具体:如何思考这样一个事实,即当我们读《老子》和《论语》这样的经典的时候,总是难以确定文本究竟在谈论什么?借用诺斯普洛·弗莱(Northrop Frye)的话说:"批判的公理必须是,不是诗人不知道他在谈论什么,而是他不能够谈论他所知道的东西。"④这句话也清晰地照亮了我们所阅读的中国经典,因为其中的主题总是显得游移不定、易逝而迷离。众所周知,对《老子》的阅读就属于这种情况:我们很难说这是一部政治性作品,还是神秘主

---

① 朱熹:《读书法》,黎靖德编:《朱子语类》(第一册),中华书局,1986年。考虑到虚心之"虚"这个字在历史上丰富的哲学含义,应该严格地去理解朱子的这一建议:虚心,是使得所读文本的潜能得以在读者的内心中成为现实。
② 关乎"礼"的问题特别引人入胜,因为礼仪的领域常是一个没有得到界定的疆域;在某种意义上,它是一个不断延伸着的领域。狄百瑞提出了一条规律可供思考这个问题:在中国思想中,一个概念越是被置于核心地位,它的运用范围就越是会不断扩大。参见 William Theodore De Bary (ed.), *Self and Society in Ming Thought*, New York: Columbia University Press, 1970, p. IX.
③ 若我们试图确定关于"礼"的文本的意义与所涉范围,就会遇到诸多困难。以笔者的文章为例:"Du rite, de sa production et de ses usages: pratiques et spéculations rituelles en Chine ancienne", *Archives de sciences sociales des religions*, 2015, 172, pp. 147–178.
④ Northrop Frye, *Anatomy of Criticism: Four Essays*, Princeton: Princeton University Press, 1957, p. 5.

的、灵性的、宇宙论的、军事性的作品;它同时都是,又都不是。《孟子》以及诸如《淮南子》与《管子》这样的百科全书式著作其中很多篇章也是如此。现代的评论者在试图明确《论语》的某一章究竟在"处理什么问题"的时候,总是会一再失望。如果我们拓宽诺斯普洛·弗莱的话的运用范围,我们怀抱的梦想——在阅读中,读者通过超越一层层的偏见与利害关系,使自身变得"天真",从而能够达到文本具有的"原初透明性"——将被摧毁。这种想要"依照文本自身所给予的"去阅读的天真态度,在阅读任何文本的时候都不可能实现。一切文本都终将打破这种想要揭开文本之"直接"(绝对的、无中介的)意义的幻梦。

(三) 形式批判与来源批判的方法

对文本的阅读永不可能是直接无间的阅读,这一认识在很大程度上要归于来源史研究的成功,由此,来源批判式的阅读也成了一种"学者式的"阅读经典的方式。在形式批判与来源批判的阅读模式下,文本被细细地划分为一些小单位的合成,每个小单位对应于一个微形式(例如格言)。这一方法首先是在圣经研究的背景下得到理论化并付诸实践的,并且大大影响了今天的翻译者与注经者对待中国经典的方式。①它使人将所有高于微单元的层面都视为编辑的、演进的结果,因此总体来说无甚重要性,从根本上说,文本总是"被糟糕地合成的"②。

考虑到文本在时间中的发展,形式批判(formgeschichte)的伟大贡献就在于它使人不再假定存在一种"原始文本"(urtext)作为阅读的最

---

① 诸如《墨子》这样的文本,比较特殊,适用于上述模式,并且让我们想起主导对圣经先知文集的文本批判的阅读方式。见 Carine Defoort, "Do the ten Mohist theses represent Mozi's thought? Reading the masters with a focus on mottos", *Bulletin of the School of Oriental and African Studies*, 2014, 77, pp. 337-370.

② 一个例子是李克曼(Pierre Ryckmans),他在为自己翻译的《论语》前言中写道:"《论语》的文本是在孔子逝世后编纂而成的,这一工作至少经由两代门徒的努力,持续四分之三个世纪才完成……因此,文本自然存在着一些脱漏、重复、添加、不连贯的碎片、晦涩,以及一些文意不接或者时代错误的语句的插入。"(*Les Entretiens de Confucius*, traduit du chinois, présenté et annoté par Pierre Ryckmans, Paris: Gallimard, 1987, p. 9)从这个角度切入文本,就完全拒绝了文本可能具有的内在融贯性。

终依据。安德烈·保罗(André Paul)关于圣经文本的观点同样适用于其他历史语境:"今天已经被证实的是,'原始文本'是一个科学上的诱惑,一个意识形态的陷阱,它在事实上并不存在。从起初就存在着多个文本,我们必须确认这一发现。"[1]人们常常从这一发现跳跃到另一种做法上去,贬低文本本身和阅读的意义,然而这是不可取的,因为否认原始文本的存在,并不意味着不再去读文本,而仅仅意味着文本的"原初状态"是不可复原的,这一点使我们必须承认,文本的每一个状态(état)都应该作为一个文本来对待,它有其自身的逻辑与组织性,显示出它与这个文本的其他状态之间拉开的距离或者保持的融贯性。

历史批判方法已经构成了阅读文本的一切努力的前提,但这并不表示它是不可超越的方法。历史批判发展起来的逻辑并不等于最终消解文本,因也消解阅读的可能性,而是使文本丰富起来。因此,关键在于找到一条能够重新发起阅读行动的道路。

(四) 通过注经者而阅读

一般来说,在一个将自身奠立于"经典"根基上的文明中,对经典的阅读都是从注疏所构成的框架中切入的。注经者肯定其所注的文本,并推动其升入经典的行列。这种阅读模式(modus lectionis)构成了中国传统运用经典的特征。几乎所有中国思想,甚至中国的科学思想,都具有注疏的形式。

同时,如何区分经典与注疏("经"与"传"),也成了一个让人同时感到棘手和激动的问题。一种观念认为"传"是继"经"之后才出现的,对这种时间观,程艾兰提出了质疑,她写道:"现今被视为正典的那些文本,都只是在成为注疏的对象的时候,才开始成为经典的。"[2]早在汉代之前,"经"与"传"这两种类型的区分就很成问题。孔子作为最

---

[1] André Paul, *Et l'homme créa la Bible. D'Hérodote à Flavius Josèphe*, Paris: Bayard, 2000, p. 288.
[2] Anne Cheng art. cit., p. 14.

早的经典编辑者,已经表现出了他作为一个注疏者的工作。《论语》作为孔子话语的辑录,就包含对《诗经》多处的直接评述。①孔子授予注疏的权力,使注疏本身也能够成为注释的对象,受到注释的支持。②注疏对于读者进入文本起着如此关键的作用,注疏的形式与内容又在历史发展中展现出如此丰富的意义,以致我们可以说,一个经典文本有多少种注释,它就存在多少个版本。③因此,经典文本特别是儒家文本的恒久性及其持续的或是不断增长的影响,直接关联它们赋予其注疏的灵活性。

最早的注经者对经典的解读,旨在揭示经典之间的一体有机性。他们遵循的逻辑具有汉语和中国思想的二元性原则,总是把经典两两关联起来,比如《易经》对应《春秋》,前者彰示不可见的世界,后者从可感知的事物走向其隐藏的意义。少数注经者有时也把《尚书》和《春秋》进行对照比较。④读者遵循自己所学的释经传统,进入与文本的某种具体关系之中:有时,他们只是单纯地为"传"达经文,但"传"字在另一读音下也意味着解说经义,也会带来一些轻微的改变,从而进入注疏的行列中;有时,他们则面临着"复古"的挑战,试图超越主宰时代的传统而回到早先的传统中去,这种情况在历史上曾多次出现;有时,注经者则专注于文献考据,致力于原始文本的重建。但拒绝这种方法的人很快指出,在两种解读方式之间存在着对立:严格按照字义也就是章句式的解读,与能够带领读者通达深层文义以至于"见本知义"的解读。后一种解读并非说注疏是无用的,伟大的注疏者正是能够在读者的心灵与文本的深层意向之间激发一种直接关联。特别是《孟子》

---

① 见《论语·学而》十五;《为政》二;《八佾》八;《子罕》二七、三一;《颜渊》十。
② "注疏形式备受尊崇,以至于注经者开始在文本的行间书写,在更早的评注的行间、在经典本身之上书写,并称之为'疏'(subcommentary)。"Daniel K. Gardner, "Confucian Commentary and Chinese Intellectual History", *The Journal of Asian Studies*, 1998, 57 (2), p. 397。
③ Gardner, art. cit.;亦参见 Richard Lynn, "introduction", *The Classic of Changes: A New Translation of the I Ching as Interpreted by Wang Bi*, New York: Columbia University Press, 1994。
④ Henderson, op. cit., p. 16.

的许多篇章，能建立起一种对研读之最终目标的理解。①围绕着《孟子》本身组织起来的传统提供了一个很好的例子，让我们看到相继产生的注疏之间的分化，以何种方式揭示了与政治权力以及与国家正统拉开的距离。②

从此，"通过注疏者、与注疏者一起"阅读中国经典，成了一些当代汉学家要求并致力的目标，他们挑战长期以来主导着汉学研究的一个潮流，即回到"原始文本"中去、反对中国历史上的注疏者所建立的经典入口。通过注疏或通过文本在历史上的接受过程去阅读，这一迂回的道路在今天得到重新发现，成为一种完完全全的释经方法。这方面最有成效的探索之一或许是鲁道夫·瓦格纳（Rudolf Wagner）对王弼（226—249）的研究，他认为后者的《老子注》有效地揭示了《老子》的结构。瓦格纳写道，王弼的注经完成了三项任务："把文本建构为一篇可理解的话语；解释文本背后的哲学逻辑；拆除以前铭刻在读者意识里的建构。"③王弼本人的天才使他发展出一套解释学策略，既具有高度的独创性，又自始至终严格地符合文本内在连贯性的需要。王弼尤其感兴趣的是《老子》在结构和形式上的推进，以及在语言上的表现，他正是要为《老子》提供他的解释原则。④王弼所发现的以及瓦格纳在王弼那里一再发现的是，使"圣贤"与"百姓"相联为一体的那种关系，与在"道"与"万象"之间存在的关系，是同质的关系。

同时应该认识到，构成了经典的注疏体裁与注经工作，在今天是不能再被重复的。它们的效应很可能已经穷竭。在所有试图将注疏传统接续到今天的尝试中，我们或可止于戴安娜·阿尔吉热斯科（Diana Arghiresco）的《新儒家对中庸的解读》（*Lecture néoconfucéenne du*

---

① 尤其见《孟子·告子上》十一："仁，人心也；义，人路也。舍其路而弗由，放其心而不知求，哀哉！人有鸡犬放，则知求之；有放心，而不知求。学问之道无他，求其放心而已矣。"
② Gardner, art. cit., p. 407.
③ Rudolf Wagner, *The Craft of a Chinese Commentator: Wang Bi on the Laozi*, New York: SUNY Press, 2000, p. 299. 中译本见瓦格纳：《王弼〈老子注〉研究》，杨立华译，江苏人民出版社，2008年。
④ Ibid., p. 54.

Zhongyong)①,她在其中把《中庸》与朱熹的解读视为一个不可分割的整体。她一段一段地列出《中庸》文本、对应的翻译、朱熹的评注,对之进行介绍,然后冒险对这个整体作出一种"解释学的评注",其意图在于重新找回并再度启动注疏的体裁。但是,这样的操作似乎必定依赖于这部给定的"规范性正典"(canon normatif)——它超出了不同学派与历史时期的区别——的表现形式,因此这就要使"解释学的评注"同时符合所述经典的认识论的、伦理的与灵性的范式。②这就涉及去描述中国的根本思想中的关联衔接。此类工作的局限性,突出了一切试图依据其正典性阅读文本的尝试所具有的局限性。③

此外,在古代中国,文本与评注者的关系并不止于简单地更新某种给定的意义。这一关系的本质在于,注释允许文本的意义得到内化,相当于得到主观化。这种态度被陆九渊(1139—1192)以最令人震撼可能也最极端的方式表达出来,"六经注我,我注六经"。《语录》记载的这句话是陆九渊对一名弟子提出的"何不著书"问题的回答。对经典的真正的"注",是被经典内容所塑造的生存给出的超越了阅读的"注"④。注疏体裁滑向穷竭,这一点正是处在注疏的规划之中,随着注疏之规划逐渐实现,其走向穷竭的命运也渐渐揭示出来。我们能理解,从宋代开始,语录体裁、重现的口传体,都呼唤人们走上新的解经之路。同时,行间注疏的架构仍然保卫着正典的大厦,直到 20 世纪初,形式史与来源史的研究将中国与西方的文献学者联合起来,致力于一项共同的批判计划。⑤

---

① Diana Arghiresco, *De la continuité dynamique dans l'univers confucéen, Lecture néoconfucéenne du Zhongyong. Nouvelle traduction et commentaire herméneutique*, Paris: Éditions du Cerf, 2013.
② 关于这一点,Arghiresco 宣布,她并不依靠朱熹思想中的佛教资源(同上,第 35 页)。
③ 这一工作不同于一种阅读模式——根据经典在其时代与在给定领域内的正典程度去解释经典——而是涉及给出一种历史批判的与语境中的解释学。
④ 应注意的是,"注"字不仅意味着"解释"与"记载",也意味着"灌入"。
⑤ 关于 20 世纪上半叶东西方学者在文献学领域的相遇,见 Kevin Chang, "Dongfang Xue: European Philology in Republican China", *Geschichte der Germanistik*, 2016, 49/50, pp. 5 - 22.

（五）结构修辞学的考虑

注疏围绕着经典、调整着经典，有时也真正地"打开"了对经典文本的阅读。前述各种阅读模式建立在对注疏的思考之上，对它们的讨论引导我们发现了下面的第五和第六种阅读模式的动力。如果说第六种模式关注着对经典的"经验式的"阅读，以某种方式延续着前文提及的陆九渊的话，那么在此之前我们要谈论的这第五种模式则集中于"结构修辞"（rhétorique structurale）或者说谋篇布局（dispositio），通过它，我们的文本才得以组织起来并获得理解。① 王弼可以被视为此类方法的先锋，正如瓦格纳指出，王弼对《老子》的阅读，基于这部作品形式与建构过程的更新，并从其中提取出他的解经原则。麦笛（Dirk Meyer）在对郭店竹简之一的评论中也谈到了这种阅读模式的含义：

> 文本的形式结构，并不单单是传达意义的工具；写作的形式结构，反映出论证的逻辑结构，并相应地反映出其承载的思想。就此而言，作品的结构，是它所传达信息的一个本质构成部分。②

文本能够并且（可能）应该根据建构它的修辞手法而被阅读、被理解、被欣赏，这并非一个新主张。欧洲在很长时期里，学制里有特别用于深化经典学习的学年，并称为"修辞课程"。不过，如果从亚里士多德到西塞罗和昆体良，希腊-拉丁修辞都是一种早熟的理论化对象，那么，

---

① 笔者自知"结构修辞"这一术语的局限性：在某种意义上，"谋篇布局"（*dispositio*）一词能够更好地表达这里涉及的问题，至少在第一个层面上如此。本文前面做出的假设——中心化结构的某种"普遍性"——同时显示出，结构修辞也存在于言谈结构中。简单地使用"修辞"这个词可能会引发混淆，但在这里，它毫不涉及在希腊-拉丁语境中常用来指的那种使言语夸夸其谈地直线推进的说话方式。相反，同心性的"缠绕"，构成了一种与言谈的"铺陈"反方向运作的结构形式。

② Dirk Meyer, "Structure as a Means of Persuasion as Seen in the Manuscript 'Qiong da yi shi' from Tomb One, Guodian", *Oriens Extremus*, 2005, 45, p. 179.

修辞得到明确的认可,比起不同文化以不同方式组织起其生产的文本的结构和逻辑(论证逻辑或/和叙事逻辑),则要更晚得多。①对那些沉迷于"希腊化"文化的知识分子来说,推动他们接受圣经和福音文本的,有一个既难以理解又富有创意的因素,就是在希腊-拉丁修辞技巧与闪语族修辞技巧之间的距离。②从17世纪开始,闪语修辞自身的规则就被发掘出来,但直到近期,它们才成为系统化研究的对象。罗兰·梅内(Roland Meynet)总结了这一研究的一些成果:

> 我们可以认为,圣经修辞由两个根本特征决定:一是双重性(binaire),二是并置性(parataxe)。双重性意谓一件事物总是被述说两次。……双重性的特征存在于文本组织的一切层面。……并置性,因为两件事物被简单地放在一起述说,由读者自己去领会它们之间的关系。为什么关于创世有两篇看似相当不同的叙述,而它们被并置在一起,又有什么含义?关于十诫为什么有两次叙述?这些都启发我们去思考。③

此外,一般而言,排比(parallélismes)(以及交错配列法)的不同运用方式确定了一个"中心",一个闪语的文本常常在谜一般的形式下一次性地宣告出这个中心。④

---

① "修辞"一词大大超越了"结构修辞"中的"修辞"的含义(笔者在此将后者限定为对谋篇布局(*dispositio*)的审视),但值得关注的是,关于亚里士多德的修辞之普遍性的论题在今天仍然得到了辩护,至少被作为一个假设,由此出发检验不同文化中的论说模式。见George Kennedy, *Comparative Rhetoric: An Historical and Cross-cultural Introduction*, New York: Oxford UP, 1998。
② André Paul, *La Bible et l'Occident. De la bibliothèque d'Alexandrie à la culture européenne*, Montrouge: Bayard, 2007, pp. 314-322。
③ Roland Meynet, *Une nouvelle présentation de la rhétorique biblique et sémitique. Exercices de rhétorique* [*En ligne*](2017年1月25日), http://rhetorique.revues.org/486, 访问于2017年4月10日。关于闪语修辞方法的整体介绍,参见 Roland Meynet, *Traité de rhétorique biblique*, Paris: Lethielleux, 2007。
④ 除前述的参考文献外,最后列出一部重要的著作供参阅。Roland Meynet, "Rhétorique biblique, rhétorique de l'énigme", *Rhetorica: A Journal of the History of Rhetoric*, 2015, 33, pp. 147-180。

施古德指出，在两个平行或并置的句子中，中文的行文规律要求字与字之间的严格对应。①这一方向的研究却几乎没有后续推进，总体说来只是停留在微单元的层面，因为这一研究恰好被形式批判方法的兴起所打断，在那一时期，形式批判的进路激起了主导中国文献学研究的种种方法。在某种程度上，形式批判的发展阻断了下述观点的进展，即：文本的可理解性来自对文本结构本身的研究，而并非来自于对文本的某一校勘版本的外部批判。

笔者已经指出，尽管相关研究主要集中于构成《老子》的短章层面及其排比句交织的特色，但鲁道夫·瓦格纳关于王弼《老子注》的研究突出了文本的内部结构，文本以其自身的方式表明了其内在结构的诸原则。但我们还可以走得更远：对同心性（concentricité）的关注或可揭示《道德经》的结构，让我们看到，文本宣告了自身的组织原则：在《道德经》的正典版本中，处于中心的第四十章讲的即是"反者道之动"②。

基于《淮南子》的结构形成的假说，可以扩大我们的分析。《淮南子》前八章构成了著作之"本"，其中第一章和第二章分别基于《老子》和《庄子》的思想论述，是整部著作的"本中之本"。接下来的十二章构成了著作的分枝，或称之为"末"，旨在呈现次要的学说，由老庄之外的其他思想派别（尤其是儒家思想和墨子思想）所滋养，但它们与著作之"本"所奠定的逻辑是融洽的。虽说《淮南子》发源于一块特定的思想土壤，但它将其他许多知识和学派嫁接于自身，并从中展示出一条不断增长的思想之流，能够汇聚自然万象，广纳人生百态。"本"与"末"的组织同样存在于每一章的层面上。这一逻辑形式，与从一种总是从"外"而"内"的教化息息相关，其展现的宇宙观和政治学特别能感应到自然现象和社会现象的有机发展，同时说明自然现象和社会现象何以处于不

---

① *La loi du parallélisme en style chinois. démontrée par la préface du Si-yü ki*, Leiden：EJ Brill, 1896.
② 需要再次澄清的是，上述主题仅见于《老子》的正典版本；在马王堆帛书甲本中，这句话出现在第四章。只有仔细分析这些不同版本，继而才能探询其连贯性，思考是什么使这些版本成为一体。

断延续的循环与转化之中。①

人类学家玛莉·道格拉斯(Mary Douglas)指出,中国的修辞学以及许多其他文本系统都以"同心性"为本质特征;她的研究诚然需要得到更深刻的评断,但她所展示的直觉值得我们在研究中追随。②她的《环形的思考》(Thinking in Circles)一书旨在探询,并行形式和同心性形式在行文策略中的频频出现,是否能透露出思考结构本身的某些性质。马赛尔·儒斯(Marcel Jousse)也以不同的方式提出了同类的问题。③这使我们能够提出假设:构成文集的文本事实上是根据一些原则组织起来的,而对闪语修辞的研究以及道格拉斯与儒斯的发现,都使我们能够谨慎地去尝试接近这些原则,至少可以得益于由此与希腊-拉丁修辞拉开的距离。

《论语》似乎同样表现出一种环形特征:最后一句话(《尧曰》三)看起来很好地呼应了第一句话(《学而》一)。④它们都同样由三个短句构成,不仅如此,它们关心的共同问题是要确定为了成为"君子"需要获得什么样的"知"。这两句话同样适用于拜师求学的弟子与为师者自身。第一句肯定了三点:"学而时习之,不亦说乎? 有朋自远方来,不亦乐乎? 人不知而不愠,不亦君子乎?"⑤最后一句话则肯定:"不知命,无以

---

① 此段论述基于 J. S. Major 等的翻译与解读。见 J. S. Major et al (trad.), *The Huainanzi*, op. cit; Sarah Queen, Michael Puett (eds.), *The Huainanzi and Textual Production in Early China*, op. cit.

② Mary Douglas, *Thinking in Circles: An Essay on Ring Composition*, New Haven et Londres: Yale University Press, 2007.

③ "当一个人摇摆的时候,他的手的姿式也同样摇摆不定。如果他向右做一个动作,他即刻也要向左做一个动作。如果我们将此视为某种二元形式,我们就有了一套摇摆的词汇,就像在每一种平衡中的语义的韵律一样。……当这些摇摆平稳下来,当左右彼此回应,当一切平衡机制都组建起来,一个传统就由之创立了。"Marcel Jousse, *L'Anthropologie du geste*, Paris: Gallimard, 1978, p. 225.

④《论语·学而》一:"子曰:学而时习之,不亦说乎? 有朋自远方来,不亦乐乎? 人不知而不愠,不亦君子乎?"《论语·尧曰》三:"孔子曰:不知命,无以为君子也;不知礼,无以立也;不知言,无以知人也。"——译者注。

⑤ 在此,笔者对第一句话中三个短句的解释基于一个前设,即这三个短句是处于同一语境下的一个整体,即针对拜师求学的人而说的。

为君子也。不知礼,无以立也。不知言,无以知人也。"①我们可以大胆在词与词之间作一对照:"学而时习之"呼应于"知命";迎接远朋之"乐"传达出知礼而立的精神;"人不知"则是"不知人"的反面。在这些反置的对照中,一种理解和认知模式的条件就得到了澄清,它指向的是"知"(re/connaître),而非"被知"。类似此种"知人/对他人的承认"(reconnaissance)的模式,一直穿插在作品中,常常通过一种三元性结构的语句展现,而并行的主题就渐渐沿着这样的纬线编织起来。朱熹也注意到,《论语》首尾的这两块碎片是彼此回应的,而且他认为后者是前者的深化:他在"知命"与成为"君子"(人的"完成")二者之间建立的关系是如此紧密,以致构成了作品的"完成"②。不过,这一"完成"以否定形式宣告出来,或许正是要将作品抛回它的开端,要再度开启学而时习之的乐趣。

直至目前为止,依据结构视角的研究依然十分罕见,由于数量稀少,尚不足以引发必要的批判分析,以得出一般性的结论。今天对"中国修辞"的研究,一方面仍然集中在词汇学③的问题上,另一方面忙于辩论"修辞"一词是否适用于在中国发展起来的这种特殊艺术——其发展时间大至相应于修辞学在希腊得以确立的时期,并且,也忙于讨论是否可能将比较修辞建设为一个学科。④可以说,这些研究常常提供了阅读"策略"的绝佳案例(它们由激荡学术界的问题与挑战所启发),而未能就文本的内在布局提出一些观点。不过,某些研究仍然富有启发性,特别是将中国经典修辞学视为一种机制的观点,认为修辞学的目标是

---

① "命"可以理解为人受召去成为的存在。参见《论语·为政》四:"五十而知天命。""言"则可以指研读的作品中的言与老师所宣讲之言。
② 《朱子语类·论语》三十二。亦见程树德:《论语集释》卷二,中华书局,2010年,第1578—1579页。这些摘录表明,许多注经者都认为"不知命,无以为君子也"一语具有核心的地位。
③ 例如 Xing Lu, *Rhetoric in Ancient China*, *Fifth to Third Century*: *A Comparison with Classical Greek Rhetoric*, Columbia: University of South Carolina Press, 1998。
④ 例如可以参考下述文章:LuMing Mao, "Studying the Chinese Rhetorical Tradition in the Present: Re-presenting the Native's Point of View", *College English*, 2007, 69(3), pp. 216-237。

改变投身师门之下的求学者的习气(habitus)。至少在儒家的思想世界里,这一研究视野能够强化礼仪的风气实践与建立礼仪、评述礼仪的文本之间的关系。《论语》尤其在礼仪上实现了亚里士多德的《修辞学》在言谈上所实现的操作:研究其连贯性及其效用,由此建立一种"礼仪化的修辞"①。然而,此类研究进路(以及其他相似的、对特定方法感兴趣的研究,例如对幽默的研究②)相当接近与前述依据"文本自身所给予的"来阅读的方法,因为其引文和观察结论并置在一起,并不梳理贯穿文本的脉络,也不说明能够认定存在或不存在这样的脉络。相较之下,历史批判的进路仍然有其力量,它提出的假设是,即使文本中存在这样的脉络理路,对它的揭示也并不那么重要,更重要的是揭示出使文本成为我们今天所见之文本的那个编修过程。

  如何总结这一部分的观点?从文本的脉络编排出发,对一个文本或文本的某一版本进行整体性的阅读,都会进入结构修辞的领域。对于那些直接处在希腊-拉丁修辞领域中的文本,这样的阅读尝试已经牢固地得到了确立;对于其他语言,一些相似的阅读进路得出的结论虽然仍具争议,但使我们能够设定,存在着一个与希腊-拉丁修辞相媲美的闪族语系的修辞领域,从《圣经》"七十士"译本的初期版本开始,这两个领域就相遇了,并且开创了西方文学专有的修辞形式。在中文世界,类似的相遇从东汉时期开始发生,时逢佛经传入,佛经的教义与形式渗透了中国知识分子的观念和感受力,深刻地影响到他们的经注。中国的思想和语言的转变,是由佛教传播首先引起的,后来在很长时间之后,又因为西方正典的传入与生活形态的影响,而不断与汉代之前的文本拉开越来越大的距离。比起宋代儒者,王弼对《老子》的写作体例和文本组织有着更具直觉的把握,虽然从他的时代开始,注疏体裁已经以

---

① 见 Xiaoye You, "The Way, Multimodality of Ritual Symbols, and Social Change: Reading Confucius's Analects as a Rhetoric", *Rhetoric Society Quarterly*, 2006, 36(4), p. 429。作者写道:"我想要大胆地将修辞定义为一种艺术,它通过象征改变人的思想与行为。《论语》是关于礼仪象征的多模态性的修辞,它处理礼仪展示中的象征的同化与转化的修辞过程。"

② 例如 Christoph Harbsmeier, "Humor in Ancient Chinese Philosophy", *Philosophy East and West*, 1989, 39(3), pp. 289 – 310。

"客观化"为指向了,在文本与注疏者之间掘出了一道智识上的甚至是存在上的鸿沟。

至此,没有什么能让人肯定,我们一定能够按照文本和思想的谋篇布局来阅读经典。并且,这样一种让经典得以产生的整体谋划是否存在,在今天也仍是一个争论不休的问题。有人质疑这一阅读模式的有效性,有人却从中感到激动人心,但在这二者之间,隐晦地存在着一个共通点:如果的确存在着这种结构性规划,那么就必定只能通过中国经典致力于制造的"思想的经验"将它揭示出来。这一点也正是本文提出的第六种也即最后一种阅读模式所欲澄清的。

(六) 经验性的阅读模式

米歇尔·德·塞托(Michel de Certeau)曾写道,阅读可以成为一个"情感的花园"(jardin des affects):

> "风味""滋味""热度"强化了阅读,使阅读在行动中展开;感觉与动力结合了起来;情感意味着运动并且刺激了行动的产生。同样,阅读(lectio)被视为一种活动(actio)。阅读是一种过渡,它在书本的花园里耕耘,又把成果带到远离花园的地方。①

塞托在这里谈的是 16、17 世纪的灵修阅读的实践,而朱熹则把一个好的读者比喻为懂得细嚼慢咽、品尝果实之滋味的人。在同一篇章中,他又将好读者比喻为一位农夫,他懂得如何精心照顾果园,让其自然结实:

> 大凡读书,须是熟读。熟读了,自精熟;精熟后,理自见得。如吃果子一般,劈头方咬开,未见滋味,便吃了。须是细嚼教烂,则滋味自出,方始识得这个是甜是苦是甘是辛,始为知味。又云:"园夫灌园,善灌之夫,随其蔬果,株株而灌之。少间灌溉既足,则泥水相

---

① Michel de Certeau, *La fable mystique*, Tome Ⅱ, Paris: Gallimard, 2013, p. 208.

和，而物得其润，自然生长。不善灌者，忙急而治之，担一担之水，浇满园之蔬。人见其治园矣，而物未尝沾足也。"又云："读书之道，用力愈多，收功愈远。先难而后获，先事而后得，皆是此理。"又云："读书之法，须是用工去看。先一书费许多工夫，后则无许多矣。始初一书费十分工夫，后一书费八九分，后则费六七分，又后则费四五分矣。"①

朱熹要求读者，在读书时，一旦作出了初始的努力，就应该让文本在他心中去产生各种效果（effets）。实质上，文本的运作就像音乐一样。《吕氏春秋》提出，音乐的演奏能够并且应该触动统治者的灵魂，使之得以遵循大道在宇宙间的运行；我们也能够想象，一种放纵失序的音乐风格能产生相反的影响。《国语》则把音乐描绘为使风激荡于山间的力量，它广抒德性，激发道德的行动。随着中国思想详细而广阔地描画出宇宙的图像，音乐的力量也得到展现，它使圣贤在自己身体的小宇宙中进入与整个大宇宙的和谐共鸣之中。借助音乐学习，伦理风化与对此宇宙和谐的参与结合起来。②"共鸣"这个概念，也同样存在于文本的学习中。

当孟子被问到为何礼重于食、礼重于色的时候，他回答说：

> 紾兄之臂而夺之食，则得食；不紾，则不得食，则将紾之乎？逾东家墙而搂其处子，则得妻；不搂，则不得妻，则将搂之乎？③

很清楚，这段文本突出描画了"紾臂"与"逾墙"：听者或者读者正是借助设身处地的想象，认识到"礼"是关乎生死的大问题④，正如孟子

---

① 《朱子语录·读书法上》五十。
② Erica Fox Brindley, *Music, Cosmology, and the Politics of Harmony in Early China*, Albany: SUNY Press, 2012, pp. 125–129.
③ 《孟子·告子下》。
④ 荀子与孟子虽然有着不同进路，但在这一点上并非没有相似性。荀子曾说："礼者，谨于治生死者也"（《礼论》十七）。

在讨论"义"的时候,把鱼喻为生,把熊掌喻为义,而人必须作选择的时候,会毫不迟疑地舍鱼而取熊掌,因而也应当舍生取义。①

这样打比喻的策略,并非仅仅是为了灌输道德教说,而是为了邀请读者或听者进入对知识的一种经验模式中。在与告子的辩论过程中(《孟子·告子上》),孟子和他的对话者一样,反复诉诸于水的各种特性("人性之善、犹水之就下",虽可"搏而跃之"或"激而行之",皆非水之性也)来论证他们对人性的结论。爱德华·斯林格兰德(Edward Slingerland)把这样的论说方式描述为一种身体化的情感反应行动(embodied emotional reactions②),它建立和组织起"概念性的隐喻"(conceptual metaphors)。因此,在先秦思想中,"从""顺""逍遥游"这些词语,都是(常常与水相关联的)"词-像"(mots-images),它们建立起了"为无为"③的概念-隐喻(concept-métaphore)。④不过,可能不必借助"概念-隐喻"的观念,也能注意到下述事实的重要性:如果整个文本或多或少地诉诸于身体经验,如果整个阅读体验以某种方式产生了与阅读带来的其他情感不可分割的身体效应,那么,比起其他文本来说,我们所谈的这些文本就更加直接地激发读者投入一种有意识的经验阅读之中。我们仍然可以以孟子为例:在"证明"人皆有恻隐之心的那一著名篇章中,孟子要求读者想象亲眼看见一个处在危险中的小孩——"孺子将入于井"⑤,这一场景的视觉化,让读者几乎急忙要去将孩子抱离井沿。

毕来德(Jean-François Billeter)指出,视像化的行动使中国经典文本的意义不可阻遏地深入读者心中。他举《庄子》中的一句话为例,分解它的场景:

---

① 《孟子·告子上》。
② Slingerland, Edward, *What Science Offers the Humanities: Integrating Body and Culture*, New York: Cambridge University Press, 2008, p.195.
③ 《老子》六十三章。
④ Edward Slingerland, *Effortless Action. Wu-wei as Conceptual Metaphor and Spiritual Idea in Early China*, Oxford: Oxford University Press, 2003, pp.27-39.
⑤ 《孟子·公孙丑上》。

> 泽雉十步一啄，百步一饮，不蕲畜乎樊中。神虽王，不善也。（《庄子·养生主》）
>
> 试想象这个场景。我们在沼地上或荒野中漫步，看到了一只雉鸡。它没有发现我们一动不动地在一旁悄悄观察它。我们看着它，一步，一停，一啄，一饮，再次迈步前行。我们沉浸在这幅图像中。在这只雉鸡的行动方式中，有一种简洁性，一种直接的效力，一种自如，这些都是我们常常欠缺的，但正是在这个时刻，我们与之接近了：我们一心想着不要暴露自己的存在，这一欲望使我们的行动得以整合，赋予我们一种专注，几乎就像这只雉鸡一样。①

《老子》第十五章让我们能够更好地理解这些"概念隐喻"的机制。这一章先将"古之善为士者"描述为"豫兮若冬涉川"，其后又称之为"涣兮，其若冰之将释"。非常特别的是，在整部《老子》(当然不唯独在《老子》)中，隐喻都是对一种"进行中的经验（une expérience en effectuation）"的隐喻，我们看到这种经验在产生的同时也被抹去：智慧迈向它自身的超越，而实践智慧的人以轻快的步伐走过无法让人驻足的表面；阅读的经验也应当同样推进这一运动，推动读者进入文本的中心，又同样推动他离开，让他无法在此永远驻留。

阅读(中国)经典的活动，能够依循上面描述的每一种模式合理地进行，并且邀请读者去相继运用这些模式。阅读策略需要一种模式，这(部分地)是不可避免的，也是完全可以论证的：随着阅读探索的展开，读者终将阐明他在阅读中预设的前提，至少使他自己明了这些前提。一旦我们意识到某种阅读策略被过度运用，我们就会调整自己的阅读模式，试图去重现那个"纯粹的文本"，一个乌托邦，而这一向着乌托邦的努力使文本得以亘古长新。形式批判与来源批判的进路小心翼翼地踏着这个乌托邦而行；任何读者都不能躲开的这些批判活动，使文本的

---

① Jean-François Billeter, "Un fragment philosophique du IVe siècle avant notre ère: Le faisan de Zhuangzi", *Études chinoises*, 1999, XVIII(1-2), p. 71.

坚实性、一贯性甚至存在性都面临着深刻的质疑。然而,连绵不绝的文本评注,见证了文本在历史中产生的效应,认识到这一点,阅读的行动就得以再度启动。特别是在中文的领域内,文本的评注可谓"创造"了文本,建立了文本的经典地位。评注本身就是语义效应的制造者,由此规划出理解文本的道路;同时,这些语义效应又趋向于消解它们的源头,也就是评注本身,最终将否弃自己的适切性(至少是恒久性)及其参考价值;评注之路延引自身进入了另外的阅读。

正是在这一点上,笔者以一种更多是实验性的模式,引入了其分别称之为"修辞的"阅读和"经验的"阅读——在找到更好的词汇之前,姑且如此定义。"修辞的"阅读集中关注文本的布局、隐含的编排、文本细节的衔接以及整体的贯通。我们假定,同样的衔接也存在于文本和文本所构成的文集之间,文本自身也是另一种更广大的编织结构中的元素。这种编织结构自身,建造起了一个时代、一个地域的思想模式;它甚至能够揭示文化决定论和历史决定论所不能发现的那些常数。并且,这些塑造了相似的编排结构的模式,应当有着大量充分的例子体现,但我们远未能够一探究竟,至少在中文领域中是如此。另一方面,通过研究文本所想要产生的效应,我们揭开书写在身体里的思想经验,由此或许可以在文本的考古学中将"经验的阅读"追溯得更远。可能正是这种双重的关注——一方面,关注铭刻在言说、倾听、书写和阅读的主体身体内的印记,另一方面,关注存在于文本内部的思想模式,谈论是什么在支撑着它的生产——最终能够拉近并且整合"修辞的"阅读模式与"经验的"阅读模式。

同时,这里勾画出的乌托邦的野心,不也已经参与到一种明显具有策略性的阅读模式之中了吗?又该如何谈论那样一种憧憬着达成双重"启示"——既揭示文本内在的结构,也揭开读者内在的身体性——的阅读规划呢?如此,我们所关注的循环,从文本画出的循环,移步于这些系列相继的阅读模式所产生的循环。阅读行动揭开了它自己的面纱,它是"无止境的",因为它必然开始而又中断,中断而又开始,如此不断向前。

第八章

宗教对话与亚洲语境

在这一章,我们要离开文本的领域,进入实践的领域。但若要真正理解当前这一章的意义所在,我们就必须思索米歇尔·德·塞托在前一章结尾说的话:文本阅读中的感动,被带往他方、置于别处,激发我们采取行动和作出决定。现在,让我们思考中国的宗教间对话的现实处境及其地域背景,由此再来看待中国的基督徒与儒生曾经如何学习解释文本,并且如何在成功与失败接踵而来的交流过程中进行解释。各个团体正是凭着他们的记忆——首先是他们的文字记忆——才得以相互接触;这也意味着,为能平和中正地构想一种宗教间的对话,重拾记忆与净化记忆的工作至关重要。这样,宗教间对话才能再度赋予经典文本以勃勃生机与现实性,使宗教经典的共同阅读成为一种和解与和平的力量,抵抗不理解与冲突带来的威胁。因此,我们在此的研究角度并非只是分析性的,而必定是伦理性与程序性的。

本章试图对来自全亚洲宗教经验的资源进行评估,以便为中国的宗教间对话与合作的重要问题绘制一张地图。亚洲国家以其语言、叙事模式和诠释传统这三者的多样性而闻名。语言和叙事的矩阵,塑造了宗教进入现实的途径,同时它们自身也通过概念与故事之间的相遇得到重构。对这些相遇的回忆与理解,为团体提供了一个资源网络,可以帮助团体为宗教间对话发挥创造性的努力,重塑并深化对个人宗教经验的理解。同时,当前的宗教复兴运动提出了一系列新的挑战,重新定义了宗教间对话的边界,呼吁人们予以祈祷和"草根"信众的创见以更大的信赖。最后,中国市民社会的迅速成长提供了许多契机,倘若所有相关的行动者都能谨慎并智慧地运用这些机会,就能创造出更多有意义的宗教相遇。

当代中国的宗教对话,若与发生在世界各地许多国家的宗教对话相比,仍处于萌芽阶段。各种宗教之间的关系主要是共同生存,远甚于宗教对话与宗教合作;即使宗教间有合作,也通常是在政府领导下进行。追求更多自主空间的宗教运动,自然会趋向于强调其自身宗教的特殊性,而非寻求自身与其他信仰经验的共鸣。本章不打算分析出现这种种状况的原因,而是意图解释和评价发生在整个亚洲大陆上的宗教相遇之历史与趋势,因为从中得来的洞见对中国大地上的宗教对话来说具有重要的意义。

换言之,本章旨在提出一些关于中国宗教对话之未来的视角与洞察,但这些见解的得出,并非通过直接处理宗教对话在发展中必然面临的挑战,而是通过评估亚洲的灵性环境——中国的宗教也是在其中演进发展——能为辩论与合作提供何种资源。虽然需要顾及中国社会、政治和文化背景的特殊性,但向整个亚洲的灵性财富敞开心扉,将有助于中国更好地评估自身的宗教景观能够如何发展。需要再次提出的是,在实践中我们应该重新寻回文本的传统,因为文本传统构成了伽达默尔所说的"我们的思想之无思",也以这种或那种方式为我们即将引述的当代研究赋予了形式。

一、基督宗教的视角与东南亚的相遇

1546年,被称为"亚洲使徒"(Apostle of Asia)的圣方济各·沙勿略抵达印尼群岛中的摩洛群岛(Moro islands),致信给他在欧洲的耶稣会同伴:"这些岛上的人民相当野蛮,狡诈多端……每个岛屿都有自己的语言,有个岛上甚至几乎每个村子都讲着不同的语言。"[1]三年后,依

---

[1] J. Costelloe (transl. and ed.), *The Letters and Instructions of Francis Xavier*, St Louis: The Institute of Jesuit Sources, 1992, p. 142.

然是这位方济各·沙勿略,登陆日本,不无宽慰地看到:"这一整片土地上只有一种语言,并且不是特别难以理解。"①自 16 世纪起,基督宗教的传教士们对东南亚语言世界的发现,为他们带来了源源不断的困惑。巴别塔式的语言多样性一度被视为福传的障碍,并在某种程度上与当地人的"野蛮状态"关联了起来。相比之下,中国和日本的语言的(相对)统一性,是其文明程度的证据,表明它们更适于接受基督信仰。然而如今,东南亚的神学家们却肯定,语言和文化的这种多样性(印度尼西亚约有 600 种不同的语言和方言,马来西亚则有 135 种)是东南亚对全球基督宗教的特殊贡献。东南亚的基督徒们向他们的教会贡献了源于自己国家的丰富的语言、礼仪和世界观。

从宗教文化的角度看,东南亚汲取的资源来自五种主要的文化潮流:一是由道家传统、儒家传统和大乘佛教传统所体现的中国文化,这在越南和海外华人社区中最为明显;二是直接源于印度次大陆(特别集中于泰国、老挝和柬埔寨)的小乘佛教和其他宗教的表现形式;三是伊斯兰教——印度尼西亚是世界上穆斯林人口最多的国家;四是原住民的信仰与实践广泛存在于各个地区,并经常与其他信仰的表达联合在一起;五是最初成型于西方的基督宗教。但我们应当指出,基督宗教在东南亚的出现要远早于 16 世纪,这一点在今天对东南亚神学家们、对一些当地团体的身份确认,都具有特别重要的意义。例如从 6 世纪开始,借助波斯商人的往来,叙利亚教会就已经在锡兰、缅甸、马来群岛以及其他地方取得了一席之地。不过,东方教会在东南亚达到过什么程度、具有过什么样的重要性,相关证据仍然颇具争议性。

基督宗教在东南亚的面貌,如同东南亚诸国家一样,是多种多样的。就菲律宾而言,约有 85% 的人口信仰罗马天主教,8% 的人口信仰不同宗派的基督新教,其中福音派的人数不断增长;约 4% 的少数人口是穆斯林,主要集中在南部诸岛屿;约 2% 的人口仍然遵循原住民的信仰和习俗。虽然西班牙在 1565 年就将基督信仰传入了菲律宾,但菲律宾民间的天主教对各种传统元素兼收并蓄,至今仍构成当地景观的一

---

① J. Costelloe (transl. and ed.), *The Letters and Instructions of Francis Xavier*, p. 327.

个重要部分。基督宗教尤其是天主教,也是越南历史上一个强大而稳固的角色。相比之下,泰国和柬埔寨两国只有不到1%的人口信仰基督宗教,虽然这个局面正在被两方面因素改变——在西方归信基督宗教(特别是福音派)的人口向柬埔寨的回流,以及柬埔寨向国际社会的开放。在印度尼西亚和马来西亚,基督徒占总人口的8%或9%,并且在种族身份和宗教认同之间具有明显的相关性。

1974年,一本开创性的著作——《水牛神学》(*Waterbuffalo Theology*)——面世,作者是在泰国北部工作的日本新教神学家小山晃佑(Kosuke Koyama,1929—)。这本书开始于对在泥泞的稻田里吃草的一群水牛的沉思。"水牛告诉我,必须用最简单的句型结构和最单纯的思路,来向这些农民传教。水牛提醒我,放弃所有抽象的概念,而仅仅使用那些可以直接触摸到的对象。"①小山晃佑曾倡导使用文字画面(picture-words),以远离西方的抽象思维,同时回到基督信仰的本质和人民生活的核心。季风青蛙、糯米、斗鸡,这些现实事物都向信徒群体讲述着隐喻,近于旧约诗篇的语言富含的洞见。小山还把泰国佛教语汇和生活方式之"冷"与基督信仰的语言表达之"热"进行了对比。佛教强调从欲望和痛苦中得到解脱,由此生成了一套特有的语汇,而基督信仰着重于介入历史的上帝在炽烈的爱中的受难,从而形成了另一套特有的语汇。要让"热"的和"冷"的两种宗教立场相遇并且相互平衡,就需要对语言进行操作,总结回顾这两个传统各自提供的一整套语汇,以"加热"一种传统,并使另一种传统"降温"。在圣经正典中(小山显示出一种与他的神学规划很合拍的幽默感),小山把《雅各书》视为善于运用文字画面的一个范例和对语言"降温"的一种尝试。小山主张,东南亚的基督信仰应采纳一种谦卑的、"自我空虚"(kenosis)的语言,以使信仰深深扎根于这片土地上穷苦的人们所共同经历的尘世现实之中。总的来说,他的呼吁得到了广泛接受。在1987年于新加坡召开的"普世合一运动"磋商会上,与会者普遍同意"亚洲的精神特质非常专注和敏感于独特和具体的事物。每一种独特事物都按其本来面貌

---

① Kosuke Koyama, *Water Buffalo Theology*, Maryknoll NY: Orbis Books, 1974, p. vii.

得尊重、培育和生存。亚洲未曾企图将特殊事物进行缩减和抽象,使之符合既有的思想范畴"①。因此,语言工作的必要性和认识论的努力整合在一起:"如何从亚洲的精神气质内部出发,表达和理解基督信仰呢?"

正是在这样的前提下,神学的重点已经逐步从语汇问题转移到叙事的动力上来。人们认识到:宗教经验不仅是被转化为信条与实践,也被转化为各种不同形态的叙事。神话故事、圣徒传、个人皈依的经验、某些仪式的制定等等,都是多种不同层面上的叙事。对基督宗教而言,"使徒信经"的叙事结构,正如重演"最后晚餐"的叙事结构一样,已经构成了当代神学的惯有主题。基督信仰在东南亚扎根,难道不也依赖于各个信仰团体之间能够形成、发展和交流它们各自的叙事吗?

在菲律宾,何塞·方济各(Jose Mario C. Francisco)指出:

> 一些部落仍然保存着西班牙殖民之前的传统宗教叙事,在礼仪和节庆中继续讲述着民间的故事,吟唱着原住民的史诗。……[然而]由于菲律宾大多数人口信仰基督宗教,占据主导地位的宗教叙事是关于基督的故事,包括其正典模式,即来自圣经的叙事,以及民间模式,即人们喜闻乐见的以本土语言讲述的基督受难史(Pasyón)。在圣经被翻译为不同的本土语言之前,人们在圣周中吟唱并以戏剧表演基督的故事,这种民间叙事形式对低地的信徒团体来说具有史诗般的功能,它使基督的故事成为人人耳熟能详的基础叙事,成为基督徒自己的故事。②

---

① Federation of Asian Bishops' Conferences(FABC), Christian Conference of Asia(CCA), *Living and Working Together with Sisters and Brothers of Other Faiths*, An Ecumenical Consultation, Hong Kong: FABC Papers, 1989, 49, p. 80.

② J. M. Francisco, "The Mediating Role of Narrative in Inter-religious Dialogue: Implications and Illustrations from the Philippines Context", in DeVido E. A., Vermander B. (eds.), *Creeds, Rites and Videotapes, Narrating religious experience in East Asia*, Taipei: Taipei Ricci Institute, 2004, pp. 290 - 291.

这些弥足珍贵的资源,不断参与塑造着东南亚基督宗教的语言与叙事身份。叙事只要与礼仪维度相结合,就打开了一片超文本的诠释领域。关注话语和教义背后的或者超越话语和教义的宗教语言形式,在这方面,克利福德·格尔兹(Clifford Geertz, 1926—2006)的人类学研究进路起到了重要作用。这种对宗教的再评价,同时也带来了对基督徒的"身份认同"本身的挑战。超文本的诠释使得各宗教派别的边界模糊化了,并再度凸显出东南亚宗教经验的多样性。

注重基督宗教的叙事和仪式表达在东南亚文化中的扎根,也自然而然地引导我们去关注这一地区各种不同信仰之间的互动。不同的种族-宗教的冲突,特别是在菲律宾和印度尼西亚产生的冲突,也不断加深我们的关注。基督徒团体若欲成为和平的推动者,就必定会使宗教叙事发挥出作用。对正典叙事的创造性诠释,能够突出和平与和解的因素;在菲律宾南部的棉兰老岛的多元化局面中,一些叙事通过在其中纳入来自不同宗教传统的元素而发挥着中介调停的作用;在当地的草根阶层,对故事(特别是典范人物的故事)的分享,本身即是达到和解的要素。

二、东北亚与诠释的关注

自1550年起,由欧洲传统塑造的基督宗教开始和日本、中国与韩国的文明相遇。直到19世纪初,东亚各国共同见证了天主教传教士的到来,他们的通用语是拉丁语,尽管也以葡萄牙语和其他欧洲语言作为沟通和翻译的工具。19世纪初,新教传教士抵达东亚地区。他们的语言策略与把圣经翻译成各种本地语言的努力不可分割。

耶稣会传教士尤其直接与各种不同的语言问题打交道。利玛窦煞费苦心地以高雅的文言文撰写护教的作品。1615年,耶稣会获得教宗允许,可以在弥撒礼仪中使用中文,并可以将圣经翻译为文言文。然而,中国"礼仪之争"的发展却阻碍了上述实践。同一时期,在日本的相关尝试也遭到废止。更一般地说,以东亚语言撰写的护教作品或是教理问答手册虽然为数不少,但直到20世纪中叶,天主教的权威来源仍然是拉丁文的著作。使用汉语从事神学教学和神学研究,是相当晚近的一项事业;至少从17世纪开始,人们把"专业"神学家与"外行"区分开来,后者即是用自己的语言来表达信仰理解的人。举例而言,上海的耶稣会神学院(在1952年到1967年间转移到菲律宾)一直使用拉丁语作为唯一的教学语言,直到1964年才转为使用英语。在天主教世界,汉语的教学与研究是从1968年才随着台北辅仁大学神学院的成立而开始,但自那以后,这种转变就迅速而彻底地展开。日本和韩国也经历了类似的过程。

在远东的新教传教士,主要是通过圣经翻译而经历基督宗教与东方语言相遇的。通过1820年到1890年间的探索,《旧约》与《新约》的汉语和日语的全文翻译皆告完成。约在1910至1920年间,经过修订和润色、可信度较高的各种远东语言译本《圣经》出版,并且至今仍然在使用中。官话和"合译本"《圣经》的诞生,是一项持久的文化和文学运动,它恰于1919年即"五四运动"的那一年出版。在日本,权威的天主教版本和新教版本的《新约》大约于1910至1917年间问世。从20世纪20年代起,圣经的译文不仅作为宗教文本、也作为文学文本影响了中国、韩国和日本的人文发展,圣经叙事和文体风格进入了远东语言。1960年以后,基于新的学术研究,圣经的新译本也得以问世。第一部完整的中文天主教《圣经》(思高本《圣经》)于1967年在台湾出版。在韩国,新翻译的《圣经》——1917年出版的《新约》和1977年出版的《旧约》——得到了天主教和新教教会的共同使用,但这两个译本的可靠性受到了一些质疑;天主教的《圣经》译本直到2002年方才完成。

语境化的圣经诠释是从翻译事业中诞生的,它面临的挑战是圣经文本与远东文化正典之间如何进行解释和相互阐明。中国的经典注疏为一种本土化的诠释提供了基础,正如一些神学家注意到的那样,中国经典注疏的特点——道德实践是解释的标准——能够为这一进程起到很大的帮助。经典注疏不仅是运用逻辑,而也是赋予生活一个方向,让读者去思考自己的主体经验。圣经的历史也可以在与《易经》和《老子》的相互对话中重新阅读;反之,圣经也从其自身立场出发向中国文化和历史提出问题。

东亚的基督宗教神学可能仍需拓展其设想与研究,使其在规模和重要性上能够与其他的"区域"神学("regional" theologies)——例如印度的、非洲的或拉丁美洲的神学——相提并论。此外,在全球的神学讨论中,中文、韩文和日文即使不算边缘化的语言,也仍然发声甚少。同时,要以东亚语言精心建构一种神学话语,就需要诉诸中文,这有些类似于古典基督宗教诉诸拉丁语一样。由"道"(路)、"理"(原因)、"性"(自然)等范畴体现的语言-文化的概念,不论对中国还是对日本和韩国的基督徒思想家们来说,都是不可或缺的工具,而挑战在于:中国的智识传统——一个同时兼具智慧、哲学化的世界观和宗教生活方式的宝库——并不易于容纳概念框架,而基督宗教神学在当下正是借助概念框架才得到表达的。

汉语作为一种语言工具,与希腊文、拉丁文或梵文迥然不同。一方面,汉字的形态并不明确区分文法范畴;另一方面,汉字有其自身具体的韵味与暗示性,构成了一个将形式与含义紧密结合的框架,以表达看法与思想。因此,西方的一些基本概念,如"灵魂"(soul)、"实体"(substance)、"模态"(modality)等,常常以笨拙的方式被译为中文,而要为一些基本的中文范畴找到西方语言中的对应词语,也需要付出艰苦的努力。举例而言,汉语的"体"可以被翻译为"实体"(substance),但在中国典籍中,"体"总是与"用"(use)对立,而不是与"属性"(accident)对立,这种译法就很容易导致误解。这样的困难深深影响了跨宗教对话史和跨文化对话史。况且,中国的术语系统根植于经典著作,而经典著作构成了中国文化和哲学发展的基础。这就解释了为什么在整个东亚,基督宗教神学都一直感受到儒家思想是一个"深嵌的文化-语言矩阵"[①]——如韩国新教神学家金洽荣所说。为了让基督宗教能够更加适切于东亚的语境,神学研究必须对东亚既有传统承担起责任和使命,同时与之进行批判性的角力。面对这样的遗产,认识到神学

[①] 见 Heup young Kim(金洽荣),*A Theology of Dao*, Marynknoll NY: Orbis Books, 2017。

本土化与语义学息息相关,就不足为奇了。①

为在语言和文化上扎根于东亚语境,基督宗教进行的努力富含多层意义。这意味着与深嵌于词语、概念和语言结构中的东亚世界观进行具体的交谈,也要求向体现在各种语言形式中的经验的多元性保持开放。要深化神学的本土化,最主要的必备条件可以称为"诠释的关注"——这个条件可能适于一切宗教传统。东亚的宗教思想家必须处理的不同文本和文化-语言的表达,都应该基于它们的诠释地位进行分析。对中国经典的多义性进行仔细考察,能丰富对圣经的解释;东亚语境中的个人灵性经验的叙事,挑战灵修或神秘道路的西方范畴;佛教与道教经书遵从的诠释模式,则挑战神学话语通常的范畴化。佛教哲学家安倍正雄(Masao Abe,1915—2006)和天主教神学家大卫·特雷西(David Tracy,1939—)之间的辩论,就提供了一个很好的例子。②最后,藉由"诠释的关注"之路,以东亚的语言和范畴所表达的基督宗教,进入与更广大的基督宗教传统的对话,并参与重新塑造这个广大的传统。重新解释东亚文化特有的对"和谐"的追求,回顾那些艰辛、创伤、宽恕、生存和希望的故事,关注呈现在众多东亚文化中的讲故事的风格,都有助于书写种种不同的东亚宗教叙事。不同的语言讲述着同一个故事,在此川流不息之中,词语和概念成了血肉。

三、超越宗教复兴运动

在此我们不必强调亚洲宗教景观令人目不暇接的多样性,也不必概括从巴基斯坦延伸至日本的繁多信仰与传统。笔者只欲指出过去二

---

① B. Vermander, "Blessed are the Peacemakers: The Search for an East Asian Reading", in Heup Young Kim (ed.), *Asian and Oceanic Christianities in Conversation*, *Exploring Theological Identities at Home and in Diaspora*, Fumitaka Matsuoka and Anri Morimoto, Amsterdam/New York: Rodopi, 2011, pp. 149 – 166; B. Vermander, "Theologizing in Chinese Context", *Studia Missionalia*, 1996, 45, pp. 119 – 134.

② John B. Cobbs, Christopher Ives (eds.), *The Emptying God: A Buddhist-Jewish-Christian Conversation*, Maryknoll NY: Orbis Books, 1990.

三十年里在亚洲出现的一些普遍趋势,因为它们已经在一定程度上重塑了亚洲的宗教面貌,并且同时反思这些趋势带来的挑战。在亚洲,跨宗教对话的努力已经将一切宗教席卷其中,这不仅是出于灵性层面的缘由,也是为了达到如下目标:推动国家之间与种族之间的和解;确保人性的尊严;面对全球化的挑战,包括文明对话、生态议题、对抗消费主义,以及全球伦理的发展。

信仰复兴运动已经成为一种主导性的宗教趋势。最明显的例子是伊斯兰教不仅在亚洲也在世界各地滋生出新的活力。这项事实至关重要:印度尼西亚是世界上穆斯林人口最多的国家;在孟加拉和巴基斯坦,穆斯林占据压倒性的多数人口;在马来西亚也是穆斯林人口占大多数,但不像以上三国那么显著;在印度,穆斯林虽然只是少数,但其势头强劲;在菲律宾、泰国,穆斯林分布在易于发生冲突的边境地区。这里的关键问题是:这样一种"活力"——观察者在不同的立场上会体会到不同的感受——包含着一系列非常不同的现象,必须予以仔细区别:

● 一种信仰复兴的氛围:在后殖民的敏感性与广泛的宗教教育/教化的背景下,强调宗教与种族的自豪感,影响到全亚洲人民的意识。

● 边缘化的暴力运动:常常由国际网络滋生的暴力袭击。

● 一些广泛存在的政策:试图强制推行伊斯兰教法,强化伊斯兰国家机器。这些政策威胁着世俗国家的结构(后殖民时代的亚洲的一个特征),或者导致一些起初并不完全是世俗化的国家逐步走向公开的神权统治。

● 同时需要注意到的是:自2001年以来,穆斯林社会团体经常遭受日积月累的敌视与偏见,尤其是在穆斯林人口占少数的国家。这样的偏见也会助长暴力与反常的行为。一些穆斯林团体也处在较差的社会背景与匮乏的经济条件之中。

其他补充性的评论如下:

● 上述第三种趋势可能最令人关注。在伊斯兰国家中,政策根据穆斯林人口所占比例和整体政治局势而有所不同。我们需要把巴基斯坦、孟加拉国、印度尼西亚和马来西亚与该地区的另一些国家区别开来,在后者中,穆斯林发声不多,但有时会发出植根于民族历史中的怨言。同时，假如我们进一步对孟加拉国和巴基斯坦进行比较，就可以更好地评估文化因素与国际因素对宗教态度产生的影响：孟加拉国以其包容性与可适应性自豪，而巴基斯坦似乎正缺乏这样的精神。这两个穆斯林国家之间形成鲜明对比的作风，使我们需要去回顾那一系列深深植根于这两国集体记忆中的文化因素与政治因素。

● 有着部落起源的民众，通常更容易遭受被迫改宗以及歧视的伤害。同时，那些因其财富、职业或是教育程度而成为社会领袖的基督徒，常常站在第一线与上述现象进行不懈抗争，这种情形在巴基斯坦非常显见。

● 当然，除了伊斯兰的复兴之外，还存在其他一些源头，影响着整个亚洲大陆宗教间的冲突与合作，例如物质主义与消费主义，正在切断宗教间对话的动力根源。

● 可能除越南等国家外，人们在亚洲很多地方都能注意到基督新教的快速增长，有时表现出一种劝化的狂热，有时加剧了已经存在的紧张局势。许多国家里的"新兴宗教"也都带着这种"劝人改教"的特征。宗教公社主义（religious communalism）的增长带来的结果是，有的国家变得不如以往那样"兼收并蓄"，而是涌现出自信而独断的信徒，他们对宗派的分野具有非常明确的意识。

那么，应该怎么办？面对暗中破坏多元性与和平共处的诸多挑战，各宗教组织作出了相互协调的回应：

这个处境充满潜在的或现实的冲突，但同时也充满相遇和变动的边界，身处其中的信众，不应放弃并肩生存和携手祈祷的理想，并应以此作为首要的对话方式。有时，在不同的圈子里，人们对植根于共同祈祷的宗教对话形式心存犹豫，持有保留的态度。但宗教领袖也应该明智地允许并且鼓励信众去发现自己的方式，在冲突中祈祷、在自然灾害中祈祷，或仅仅是为了建立亲切友爱的邻里关系而祈祷。事实上，暴力最危险的特征，或许就是它发挥某种魅惑力，诱使所有人都去固化自己的身份，从而滋生一连串的暴力反应——即使不是行为上的暴力，也是精神上的暴力。以此观之，即使共同祈祷的追求看起来是一种"理想主义"，但宗教之间要达到相互理解，一条灵性的甚至是"神秘"的道路，其重要性不容忽视。

同时,宗教相遇既意味着对话,也意味着张力,我们不可能不去直接处理宗教相遇的政治维度:种族或民族的复兴运动与宗教复兴是紧密关联的现象;种族、党派与宗教之间的界限常是模糊不清的。在天主教会,梵蒂冈第二次大公会议的《宗教信仰自由》(*Dignitatis Humanae*)宣言,确立了宗教信仰自由的准则,并将此准则关联对国家之使命、性质以及责任反思。这份文件也深受美国宪政主义传统的影响。亚洲的宗教领袖大多数倾向于贬低或者断然拒斥世俗国家,但现在他们需要澄清对世俗国家的立场。跨宗教的以及跨种族的相遇,会因为共享的叙事而变得可能,或者被冲突的叙事所阻碍。如果在相遇中,冲突的叙事能够得到诚恳的承认和再度讲述,那么,这样的相遇就能治愈人们的记忆。

语言、文化和宗教上的不可缩减的多样性,是亚洲的标记。这种多样性曾经被基督宗教视为实践上和神学上的挑战,但它现在成为一座宝藏,需要得到重新评估、重视和解释。因此,和平的缔造应该被视作一项与跨宗教对话的发展密不可分的持续努力:这两项任务都牢牢系于一个解释的过程,在解释中,各种文化、信条以及世界观都永远不断地得到重塑。从长远来看,与他者的深度相遇带来的对传统语言和叙事的"翻译",滋养了人的灵修与信仰的创造性再诠释。宗教文本的流传,相互的认识和交互的解释,对激活这种创造性来说,都是至关重要的。"语言游戏"并不是空洞的游戏,而是见证了自太初以来在人类的多样性中不断工作着的智慧的"游戏"(《旧约·箴言》8:30—31)。

价值教育与其他导向对话文化的行动,必须优先着眼于女性和青年群体,因为这两个群体更易于促进一种更柔和、更富有同情心的社会文化。价值教育必须从不可或缺的生存价值——比如诚信、相互尊重、喜乐——出发。宗教间的合作实际上密切维系于对基本价值的滋养,在理想情况下,在一个多元化的世俗国家,这些价值能够并且应该在学校里得到培育。

四、迈向一种泛亚洲的和谐神学

由于亚洲各宗教之间的关系可能变得比以往更加紧张,一种关于"对话"与"和谐"的新的话语需求因此也比以往更为迫切。这种话语的着眼点必须超越抽象的层面,它不能仅限于学术的交流,而必须努力去感动人心、转化人灵,改变人的日常行为。

印度的耶稣会神学家迈克·阿马拉多斯(Michael Amaladoss)强调了和谐与对话文化之间的共生关系:

> 一种和谐观(vision of harmony)接纳团体中的多重身份,视之为上帝为了丰富一切人而赐下的礼物。和谐观促进每个群体共同参与建立民主秩序,作出自己的贡献。和谐是通过各个群体的共识、而不是通过任何一个群体的统治而达成的。对话是促进和谐的适当方式。任何被视为来自上帝的使命,都只可能是对话性的。①

另一位印度神学家、慈幼会士约瑟·库提阿尼马塔提(Jose Kuttianimattathil)试图系统地描述以亚洲方式进行的对话,指出它具有如下特征:强调互补性而非排外性;强调现实认知具有对处境的敏感性,而非"无处境的";强调对"终极实在"的"了解"(realizing)而非仅仅是"认识"(knowing);最后,强调任何经验都具有关联性的特点。② 出于对他所称的"一切现实的根本关联性"③的敏感,这位神学家主张:

> 展开对话的方式,就是让人使他获得的对其他宗教的经验与

---

① Michael Amaladoss, "Identity and Harmony", in Robert J. Schreiter (ed), *Mission in the Third Millennium*, Maryknoll NY: Orbis Press, 2001, p. 39.
② Jose Kuttianimattathil, *Practice and Theology of Interreligious Dialogue*, Bangalore: Kristu Jioty Publications, 1995, pp. 599 – 606.
③ Ibid., p. 607.

知识,通过学习、反思、祈祷和默想,与他自身所属团体所认定的信仰相互作用,以使他修正、丰富和改变自己,并且也向对方提出挑战……像任何神学方法一样,对话方法的有效性也只能由对话产生的神学来证明。如果一种对话方法能够在多元宗教的处境中使基督信仰的宝库得到融贯的发展,而基督徒团体也能在此发展中认出自己的信仰,那么这种方法就可以说是有效的。①

与此同时,我们必须认识到,"和谐"一词包罗万象,它的含义可能显得难以捉摸。天主教亚洲主教团协会(Catholic Federation of Asian Bishops)的一份工作文件在开头就提到"和谐"这个词,但不是将其作为一个"专业"概念来处理,而是视之为一扇门,它敞开了一条道路,通向一个既是精神的也是社会的世界:

> 有一种进入现实的亚洲方法,对现实的一种亚洲理解,它是深刻的"有机的",即是说,在这一种世界观里,整体或全体是关系网络的总和,是其各个部分之间的相互作用。没有哪个部分是与其他部分毫无瓜葛的;所有的部分共同构成了全体。"部分"是在其相互依存性中得到理解的。我们想要消除不和谐并促进生命之整全性的努力,需要从我们的亚洲文化与宗教资源汲取养料,这些资源将与我们的人民共鸣,并更有效地向人民说话。②

然而,"和谐"需要成为一个更有操作性的概念,这就需要区分出和谐的不同层面。亚洲主教团协会的另一份文件区分了个人的和谐、宇宙的和谐、社会的和谐与作为一种灵性理想的和谐:

---

① Jose Kuttianimattathil, *Practice and Theology of Interreligious Dialogue*, pp. 608 - 609.
② Federation of Asian Bishops' Conferences (FABC), *Asian Christian Perspectives on Harmony*, Hong Kong: FABC Papers, 1996, 75, part. 3.4.

和谐可以在不同层面被感知和实现：个人生命内的和谐——一个人身体与心灵的整合；与宇宙的和谐——不仅是和谐地与大自然同生共处，而且也公正地分施自然的恩赐，以促进人民之间的和谐；与他人的和谐——接纳、尊重、欣赏彼此的文化、种族与宗教身份，以自由与友谊建设团体；合作中的和谐——作为促进世界一切和谐的方法；最后，是与神或"绝对者"，或任何被我们感知为人生终极目标的事物之间的和谐。①

还有其他一些文件对"和谐"一词的含义作出了更有计划性的陈述：和谐的理想首先需要在生态层面实现；其次在社会关系的层面上实现，因为没有对人性尊严的敬重，就没有和谐；最后，和谐需要成为一种在多元性之中的生活方式，这意味着对宗教对话予以特别的关注。最后这项任务已经在好几位亚洲神学家那里得到了强有力的表达，迈克·阿马拉多斯就写道：

如果我们真的相信神的计划是"归聚万有"并且"使万物和解"，那么，宗教间与文化间的相遇就自然会带来共生与和谐。深层次的相遇可以引导我们去探索那超越"名字与形式"的经验的新维度。②

此外，亚洲的和谐神学还包含一个我们迄今尚未接触到的解释学的维度：当文本与语言在我们心中唤醒那内在的、沉思的静默之时，就是它们真正向我们说话之时。反过来，我们只有在内心中滋养那种进入内在静默的能力，才能听见文本的声音，"理解"也才能够成为"启明"。静默与言语之间的辩证关系，是亚洲神学家钟爱的一个话题，其

---

① F. J. Eilers（ed.）, *For All The Peoples of Asia*: *Federation of Asian Bishops' Conferences Documents from 1992 to 1996*, Quezon City: Claretian Publications, 1997, p. 51.
② Michael Amaladoss, "Syncretism and Harmony", in Michael Amaladoss, *Beyond Dialogue*, Bangalore: Asian Trading Corporation, 2008, p. 153.

中一位可敬的先锋,阿洛伊修斯·皮瑞斯(Aloysius Pieris)常常沉思这一主题:

> 在言语和沉默之间的和谐,是对亚洲之真实性的检验;事实上,正是圣灵——永恒的能量,使每个词语跃出沉默又复归于沉默,使放弃中涌现投身,使深沉的安憩中流出斗争,使严厉的纪律中绽放出自由,使静止中升起运动,使超脱中出现"发展",使淡泊中得到收获……无论是敬拜、服务或是交谈,如果其中有着言语与沉默之间的和谐,那么圣灵就在我们中间。①

关于新生的亚洲和谐神学的当前方向,我们还有许多话可以说。前文选择性地突出了一些方面,因为这些方面的内容具有诠释学的效应,也因为它们能与中国传统对"和谐"的理解产生共鸣,同时以来自亚洲其他语境的洞见,丰富中国传统的和谐观。

本章对今日中国和今日亚洲的跨宗教相关问题进行了简要的历史回顾,提供了一幅前瞻性的图景。本章同时提出了滋养一种诠释文化的必要性,因为每个宗教传统都是通过灵修层面和神学层面的语言架构,表达其对历史情境和制度发展的关注的。这种诠释上的关注,有助于我们采用创造性的神学方法,运用不同的对话风格,使各宗教的前景得以交汇。在下一章,我们将检视神学词汇中的两个重要概念——"智慧"与"启示",来阐明以上的论述。"智慧"一词在中国传统中较为常见,佛经中也时常论及。"启示"一词则更多关系到基督宗教传统,但在道教与佛教语汇中并未缺席。这两个概念常被人视为相互对立。我们应当如何理解这两个词语的相关性,它们之间的连接又能以何种方式确立一种跨宗教传统的对话风格?我们将在接下来的一章里回答上述问题。

---

① Aloysius Pieris, "The *Asian Sense* in Theology", in John C. England (ed.), *Living Theology in Asia*, Maryknoll NY: Orbis Books, 1982, p.175.

第九章

智慧与启示的相遇

通过在中文语境中考察"智慧"与"启示"的相遇,本章试图作一些准备工作,为在下一章里以更普遍的方式处理跨文化神学及其关怀、资源与方法的问题。本章也始于中国的神学思考,源于笔者很久以前和"汉语神学"的一次相遇。①"汉语神学"是中国当代思想家倡导的用中文发展神学话语的尝试,既让言者的自我能通过母语真实地表述自己,又拒绝简单地从中国经典著作和概念中借用范畴来建构一种"中国的"神学。②他们认为,这后一种本土化融入的模式与世界智慧相妥协,不可避免地会导致神学建构者在其文化身份和种族身份里自我封闭:神圣的启示总是一个突如其来的事件,它从根本上挑战中国的智慧,正如

---

① 原载 *Revue théologique de Louvain*,2011,42,pp. 53 - 74。
② 请参见汉语神学的始倡者刘小枫的一篇代表作,经笔者译为法语,发表于:*Le Christ chinois. Héritages et espérance*,Paris:DDB,1998,pp. 225 - 237。刘小枫在《汉语神学与历史哲学》(香港汉语基督教文化研究所,2000 年,第 94 页及后)中主张"信仰者自我"至上。此外,汉语神学自从在 20 世纪 90 年代出现以来,经历了一定的分化,某些方面可能有着与本文不同的强调重点。因此,在有关汉语神学的"非专业化"特性以及神学与公众领域的关系方面,中国表现出更甚于别处的复杂性。李秋零在"Historical Reflections on 'Sino-Christian Theology'"(《'汉语基督教神学'的历史反思》)一文中,对此作了全面评价,见 *China Study Journal*,2007,Spring-Summer,pp. 54 - 67。亦参见杨慧林、杨熙楠(D. H. N. Yeung),*Sino Christian Studies in China*,Newcastle:Cambridge Scholars Press,2006。关于汉语基督教神学在中国神学整体发展中的位置,请参见马明哲(M. Nicolini-Zani),"The Development of Chinese Christian Theology in the Last Decades:Between Indigenization and Contextualization",*Tripod*,2009,Tripod XXZX(155),pp. 31 - 54。

它挑战世界上一切其他智慧一样。①汉语神学思想家因此致力于构想和他们生命中的启示事件相回应的话语,而拒绝向来自他们本身传统的哲学智慧的虚假盛名作出任何让步。②

尽管这种立场具有一定道理,但它一方面忽略了基督信仰传统在"智慧"与"启示"之间建立起来的丰富而复杂的关系,另一方面低估了自己试图摆脱的中国智慧的认识论地位。因此,有必要对以下两方面进行重新认知:其一是我们今天所理解的智慧与启示的关系;其二是中国的智慧形态、并引伸到其他"民间智慧"的形态(按照更新的阐释方法)。这样做的目的不是为了和基督教汉语神学展开"对抗",而是利用这个机会重新探究神学本土化融入中的一种根本关系,正如其他类似的讨论促使我们去做的一样。

一、基督宗教传统中智慧与启示的关系

在圣经和基督教神学传统中,智慧与启示的关系远非单一。除了圣经相关章节里对此采用的多种不同语调之外,阐释的历史又取决于哲学的性质和来源,从而丰富了这两个关键概念之间的相互作用。让我们以一个近似的类比开场。在基督宗教思想的漫长历史中,智慧与启示的关系(对立、从属、互补),基本上遵循着我们所构想的哲学与神学的关系。奥古斯丁阅读西塞罗《荷腾西斯》(*Hortensius*)时的经历具有象征性:"爱好智慧,在希腊语名为哲学,这本书引起我对哲学的兴趣。……我所以爱那一篇劝谕的文章,是因为它激励我,燃起我的热焰,使我爱好、追求、获致并坚持智慧本身,而不是某宗某派的学说。但

---

① 这是曾庆豹严格坚持的立场,见曾庆豹:《什么是汉语神学?》,载《汉语基督教学术评论》,台湾中原大学出版社,2006年第1期,第125—157页。这一立场源自刘小枫,基于此,他弃绝"本土化融入"的观念本身,亦拒绝信仰表达和民族或文化身份具有的任何关系,而主张把神学话语建立在主体的存在经历之上。
② 刘小枫、曾庆豹和侯外庐都严厉批评自利玛窦以来的中国天主教在与儒家思想相遇的基础上展开的本土化融入的尝试,前两位作者认为这种尝试把基督教"伦理化"了,向民族智慧作了让步,使"十字架的愚拙"的意义被简单化了。第三位作者则认为其把儒家思想当作了一种工具。请参见曾庆豹:《什么是汉语神学?》,第146—148页。

有一件事不能使我热情勃发,便是那篇文章中没有基督的名字。"①

古典哲学首先是智慧学派,正是通过它们对智慧资源的汇总,才形成了"基督教哲学",后者与启示文学具有的特殊关系使它得到了神学之名。对"哲学智慧"采取的接纳、回避或者弃绝的举动,决定了人性智慧和神性启示的相互地位。同时,启示本身对智慧的评价,预定了这两类"知识"之间的关系(两者都与从自身归纳出的实践密不可分),最常用的经文是《新约·格林多前书》第一章至第三章以及保禄书信的其他段落。

神学通过决定智慧学派的用途和真实性来确立哲学的地位,但不仅如此,当哲学试图从自身思想努力之内重新奠定自己的智慧地位时,也反过来指定了启示的地位。在这里,斯宾诺莎在很大程度上建立了现代哲学与神学关系的一种"颠覆"②。20世纪之后,埃里克·维尔(Eric Weil)在遍览基本哲学范畴后建立智慧范畴的方式,对于人们深层理解启示不无影响。③

尽管神学通常承认自己需要诉诸哲学的智慧,才能把自身建立在理性中(早在神学从智慧中借用语言与工具之前,在理性中建立自身的这种需要本身,就已经标志着它对智慧的尊崇),但神学与智慧的关系也可能变得紧张,到如今依然如此。让-卢·克雷建(Jean-Loup Chrétien)的论说就是明证:他声言,"智慧"在其通常的含义上,一方面是诸哲学学派对其学说的自我肯定,另一方面是经验的积累和沉淀(《旧约》圣经也见证了这一点);从这两方面来说,寻求智慧的动机都是

---

① 《忏悔录》卷三,第四节,引文见奥古斯丁:《忏悔录》,周士良译,商务印书馆,1996年,第40页。
② 启示(首先在"预言知识"的形式下显现)与"想象"力紧密相连,这并不意味着后者在斯宾诺莎那里仅有否定的内涵。依据斯宾诺莎,《新约》标明了从想象到理性以及理性讨论方式的未完成的过渡,之所以未完成,是因为"当使徒的宣教传达普遍伦理教诲之外的东西时,它的理性是虚幻的"。参见 H. Laux, *Imagination et religion chez Spinoza. La potestas dans l'histoire*, Paris: Vrin, 1993, p. 248。
③ 埃里克·维尔在其《哲学的逻辑》所描述过程的结尾写道,"'人'是智慧的,因为智慧不再是一种恩典状态,一门特别的学问,而是一种确信,确信理性就是世界,世界就是理性,对于个人来说,二者皆未完成,并且皆可以完成,有待于人在其所处的世界中来完成"。参见 Eric Weil, *Logique de la philosophie*, Paris: Vrin, 1996, p. 439。

出于对平安与安全的需要。然而,"基督教智慧……处处与上述特点相反。……因为它并非来自于对最通常发生之事的观察,而是源于一个独一无二、对世界智慧来说不可想象的事件,关联于神至高无上的自由:道成肉身。……神圣智慧在世界智慧的盲点中前行。……神的智慧在我们看来近于愚妄,是我们智慧的颠覆、反转、中止"①。克雷建继续说,确实存在一种基督教的智慧,当托马斯·阿奎那指出这种智慧不是仁爱的原因,而完全是仁爱的结果时,他就阐明了这种智慧的运作。②但是,这种智慧首先是通过一种否定来得到定义的:它并非哲学智慧或者经验智慧所能诉诸的对象。前言中所总结的汉语神学话语,就处在近似的思路中。

如果我们固守上述立场,一切"智慧"都只能构成接受启示事件的障碍。我们可以猜想,适合于希腊智慧的评述也至少同样适合其他文明中的智慧:"人类智慧呈现出多种多样的文明形式,但它们在许多方面均有一致之处。"③在我们这个历史时期,智慧与启示之对立的加剧,具有现实原因,滋生于本地化的传教过程中可能产生的失望。尽管本地化的很多尝试取得了相对的成功,地方教会在当地的扎根以及获得的社会认可,都被视为信仰的真正新颖而有创造性的表达,但本土化的努力仍然可能被质疑,被认为强化了身份认同,损害了《新约》圣经所传达、所宣告的向"普世性"的有效开放。

同时我们不难看出,把这些范畴对立起来而导致它们的僵化,既有愧于圣经相关文本的丰富性,对于扎根于历史特定时期的实际信仰经验之反思的现代神学,也有害于其大有前途的发展。在下文中,我们试图提出几条可以把"智慧"与"启示"理解为"开放的"范畴的途径,并探讨它们的开放性如何能形成一种富有成果的新关系。

---

① "La sagesse apprise au pied de la croix", *Christus*, 2004, 203, p. 266 - 267。"愚妄"一词源于《格林多前书》:"十字架的道理,为丧亡的人是愚妄,为我们得救的人,却是天主的德能……天主岂不是使这世上的智慧变成愚妄吗?……因为天主的愚妄总比人明智"(1:18—25)。

② Ibid., p. 269.

③ Ibid., p. 265.

二、智慧或"共同的空气"①

随着时代的发展与学派的更迭,"智慧"一词获取了多种不同含义,这些含义固然并不相互排斥,但其多样性也表明了人们对智慧之"价值"的不同评估。

● "智慧"首先可意指"共同的智慧",它来自人运用自身的记忆官能与思考官能而进行的观察和获得的经验。②圣经中的智慧文集的形成,就建立在这种共同智慧的基础上,但同时适切地指出这类智慧在危机处境中的局限性,"他一发命,风浪狂掀……他们胆战心寒,恍惚且晕眩,有如醉汉;一切的经验,全部紊乱"(《圣咏(诗篇)》107:25—27)。

● 根据这条思路,"智慧"一词有时会带上论争的语调,使一切智慧都等同于"假智慧"、等于一种虚幻的保护,或对存在意义和天主计划的根本误解。这样的智慧永远是那些"摇头"和"嗤笑"者(咏 22:8;路 23:35—37)的智慧。这种意义或极端的阐释,并不被圣经所认可,但在圣经的字里行间也会有所流露,并在其他一些传统中也得到体现:自命有智慧,会被嘲笑为极端的愚妄。值得注意的是,对智慧原则的贬斥,即使是基于对"天主的愚妄"的赞美,也不能免于一种欲望,它恰与我们想要揭露假智者的那种愿望是完全对称的:营造一个坚固的立场,从其出发去嘲笑对方的所谓愚妄,却没有清楚意识到,我们发言的立场变成了我们的盲点,或者说我们自己的"盲目智慧"。

● "民族智慧"(sagesse des nations)这一表达,特指在基督宗教的影响之外发展起来的民众的智慧,或者被用来标明对启示的准备,或者

---

① P. Beauchamp, *L'un et l'autre Testament*, Tome I, Paris: Cerf, 1977, p. 117。"共同的空气"(l'air commun)这一意像作为"智慧"的定义,正是借用自该作者的首创。

② F. Jullien, *Un sage est sans idée. ou l'autre de la philosophie*, Paris: Seuil, 1998, p. 18。儒连(F. Jullien)乐于阐述"智慧"与"哲学"的对立:"智慧没有历史……。智慧因此是思想中非历史性的部分;它超越时间,来自世代的深处,出现在所有传统中。"从中国智慧中引出其"平淡的滋味"可以帮助了解并"显现出哲学没有构想的东西"(Ibid., p. 226)。

被用在真正的基督教智慧的对立面。

● "哲学智慧"指各种这样的哲学学派,它们明确意图引导人们通过正确地运用理性和其他官能而遵行理性生活之路。哲学智慧因此也是一种"实践",正如在古希腊罗马时期,这样的实践同时是一种生活方式和"治疗方式"①。

● 智慧一词在今天常见的用语"东方智慧"中重拾了现实性,在此,"东方智慧"和在古希腊罗马时代意义上的"哲学智慧"一样,意指那些释放人的天赋能力、以之引导他追寻知识、平安与福乐的教诲与实践。

● 智慧亦可指《旧约》文集中的格言和真理,它们可以说介于"民族智慧"和在《旧约》中已经预感到的基督教启示的内容之间。

● 正是在这个语境中,"智慧"确切地指向了"拟人化的智慧",尤其是《旧约·智训篇》中那被称为智慧的发言者。②这位言说者被基督教释经者解释为圣言或者圣神,或者有时和基督教神学中的其他概念联系在一起。无论如何很显然的是,《智训篇》以及《箴言》(第八章22—31节)都把智慧作为天主在世界历史中的自我彰显。

● 在《新约》的语境下,"智慧"可以指一种"生存习性"(habitus),即一种美德或一整套美德,它是通过把启示的教诲内在化并通过与之相符的行为实践,在整个信仰生活中培育起来的。因此这正是"基督教的智慧",人们常常强调它具有与"世界智慧"相悖的特点(格前1:22—25;3:18)。

● 不过,从经文查考和神学构想中都可以看出,智慧还可以指"智慧的恩赐"。依撒意亚(以赛亚)先知传达的许诺(依11:1—3)和撒罗满(所罗门)求智慧的祈祷(智9:1—12)都肯定地表明,智慧与其说来自传授或获取,不如说是来自领受。在整个神学和灵修传统中,智慧归根结底是圣神的至高恩赐,依据智慧,人得以判断其他事物是否神圣。

● 最后,"智慧"可以是用在基督身上的称号:"永生天主的永恒智

---

① 参见 P. Hadot, *Exercices spirituels et philosophie antique*, Paris: Albin Michel, 2002。
② 在《箴言》第八章、《约伯记》第二十八章、《德训篇》第二十四章、《巴路克》第三章第9节至第四章第4节和《智慧篇》第六章至第九章中,拟人化的智慧是话语的主题,或者自己表述自己。

慧",这一点在《玛窦(马太)福音》12：42 已经可以看出。这里启示出的因而是智慧本身,正是一位慈爱的天主降临于人性中的救赎计划。

我们需要在这些含义中做出选择吗？不,因为正是"智慧"含义的多元性,一旦和与之相对的"启示"概念联系起来,就正好创造出了智慧与启示之间的关系。这种关系是模糊的、不断发展而又充满矛盾的,但它是完全"真实"的关系,因为它的多义性相当准确地反映了基督宗教的神学用来定义自己在世界的诸多智慧、文化和宗教内部的位置以及角色的所有表现形式。

"智慧"一词在圣经里的用法,也值得在此加以注意。在《旧约》里,"智慧"是一个出现较晚但十分关键的范畴。对此,除了上文总结的多义性之外,保罗·波尚(Paul Beauchamp)的精炼解读为我们提供了一种融会贯通的理解：

> 我们可以把智慧定义为反偶像,正如书籍可以定义为反图像。的确,智慧和偶像寓居于同一个空间——既非人亦非神的空间：世界、受造界。偶像关闭道路,而智慧开启通途。然而,智慧与图像生于同一地,当欲望在感性的门槛上选择其方向时,智慧或图像就诞生了。……对智慧的欲望,并不止步于智慧本身：智慧从神而来,深入历史、深入人的痛苦,又随着先知预言的浪潮冲涌,而奔向神。在这个意义上,智慧自然而然地和《旧约》传统所称的"预象"(figure)相关。……但智慧不是一个预象,而是包揽着所有预象,是每一个预象在"此时此地"成为现实的真理之地。①

如此建立在圣书与智慧之间的对称关系,不仅是形式而已：是智慧让圣经呈现出来,智慧因其本质具有的调解性(médiatrice),使律法和先知得以进入对话,而圣书的构思正是在这个对话中发展形成。这一构思过程必然伴随着承认人民所发出的多元化的声音,这是智慧的"民主",因为智慧不能被任何人垄断。与先知和立法者相反,圣经里的

---

① P. Beauchamp, *Le récit, la lettre et le corps*, Paris: Cerf, 1982, p. 77.

"智者"(le sage)总是一个"复合的单数"。"律法和先知向人民说话,而智慧篇章的作用是把发言权还给人民。"①

圣经的智慧,因此也是调解性的:

- 在人与神之间:为了在神的超验性和人类世界的内在性之间架起桥梁,圣经才将智慧拟人化,并使之向人讲话;
- 在律法和先知之间;
- 在以色列和列国之间;
- 在人类的关系总和里,因为智慧始终是传承的成果,同时也是传承的原则("智慧之子,听从父亲的教训",《箴言》13:1)。

在具备调解性的同时,智慧也是形象化的:

- 智慧是图像或形象,或者形象的聚合,以之弥补神的不可描述性;
- 智慧通过图像、比较、箴言、故事和比喻而及于人;
- 智慧是"普世的语言",正如图像的语言一样;
- 最后,智慧是人民的形象,因为它具有多元性,并且在经验、格言和声音的多彩绚丽的交织中表述自己。

圣经的智慧因此不能被定义为一种内容,而是一个"汇流地",一个"十字路口"(参见《箴言》8:22所载),是一片游动和流淌之地,因为它取决于汇流者的轨迹,而这个轨迹会被历史动荡所改变:以色列充军期之后的智慧,将不再与流亡之前的智慧完全相同。智慧根本的开放性因此来自其脆弱性:智慧是复合的,因为它由多种声音所表达,并被这些声音自身的经验所改变;智慧是形象化的,因为它总是作出近似的表达,又不断超越它;智慧是中介和调解性的,因为它不为自身、而只为它所建立的关系而存在。但正是其脆弱性本身,使智慧成为"对话式相遇"(rencontre dialogique)的空间:人与文化之间以及更为罕见的人与神之间的对话式相遇,都在其中不断重启,虽然一再遭遇威胁,仍然持续地获得更新和充实。

---

① P. Beauchamp, *L'un et l'autre Testament*, Tome I, Paris: Seuil, 1977, p.142.

三、启示与诠释

今天,当我们试图解释"启示"一词的意义时,也有必要进行一种类式的"搅动"或"开放"过程。《箴言》说:"首先应争取的是智慧"(4:7)。这种"争取"正如商人在寻找完美的珍珠时突然发现一颗罕见的珠子时所采取的行动(《玛窦(马太)福音》13:45—46)。这就首先向通过"争取"而得的"智慧"与通过"领受"而得的"启示"之间的对立展开了质疑。"智慧"与"启示"二者的获得,既是作为恩赐,也是通过"争取",为争取而付出的代价,证实了愿望的强烈性与真实性。

"智慧"与"启示"还有另一个交会点:寻找完美珍珠的商人的故事,证实了比喻这种体裁的重要性,比喻正是"智慧"与"启示"相会的"形式"。《玛窦(马太)福音》在讲述了撒种人的智慧之后,紧接着就赞美了那些有福领受天国奥秘启示的人(13:11)。普遍的智慧和终极的奥秘,在同一个比喻叙事之处交相盘绕,如同在期待之中。

"所需代价"和"叙述地点"(lieu narratif)是智慧与奥秘的启示所共有的,这一双重认识促使我们去关注当启示在个人生活与团体生活中被现实地表述出来的时候,连带着的一种"语义效果"[1]。克里斯托夫·瑟奥巴德(Christoph Theobald)提出,从阅读在读者身上和读者之间产生的这些语义效果中,可以看出不同于我们理解圣经启示的传统原则[2]的另一可选原则[3]。圣经文本的多样性和多元性,以及读者从圣经中为自己的现时找到意义的灵性自由,瑟奥巴德把这二者联系在一起,从而使文本的开放性成为生命存在的"开放性处境"的保证,通过这些处境,人们才能够在一种重新建立的关系之中作出信仰的决定,并且

---

[1] 语义效果(effet de sens):通过各种修辞手法运用创造性的独特词语来表达更加丰富的涵义,发现和表达这些涵义同时又会在人的生命中增添更丰富的意义。
[2] "La Révélation. Quarante ans après 'Dei Verbum'", *Revue Théologique de louvain*, 2005,36,145 - 165.
[3] "可选"(alternatif)一词并非出自瑟奥巴德,而是出自笔者,是笔者对他文章的开篇命题的理解。

承担他的决定。①人的"已在"（déjà là）由此得到了揭示，所揭示出的不是别的，而正是这一内心深刻的表露："已在"源自别处。因此，神所启示的无他，而只是已经临现的神自身。换言之，在行动中给予的启示，使"我"能够看见当下，同时发现与"我"一同进入当下的神，只有这个神为"我"存在。当神把自己给予人、让人去认识他，人在认识他的道路上将越来越能够这样说："神让我们认识他，为与我们一同进入当下。"换言之，随着"我"逐渐发现神在"我"个人历史中的参与，这一发现也反过来促使"我"投身一个团体的历史中，通过这一冒险投身的经历，"我"对神的体验得到深化和扩展，并成为人民对神的知识的一部分，而神正是在这人民中行走。从这个意义上说，启示是亘古常新的，启示的神是"常新降临，与不断被历史和文化更新的人相遇"的这样的一位神。②约瑟夫·莫安（Joseph Moingt）继续指出，启示在原则上的新颖性就在于：启示来自于未来，复活的基督在那里等待着收获，而他自己就是收获的初果，为把整个收获献给神，使神成为一切人的一切，万物中的万有。③启示就是在不断被引向其完满的过程中得以实现和完成的。

因此，智慧与启示这两个范畴的共同线索，就是一种不断实现的更新。它们二者在今天都是通过不断地重新启动而获得其意义与中肯性的，它们不再呈现为一种其内容能够一劳永逸得到确定的学问，而是展现出一片饱含恩惠的田地，未来的收成在这片土地上不断萌发着看似重复、但每次常新的苗芽。

四、智慧的中国形态

上文的概述可以帮助我们不再把"世界的智慧"的运用当作工具化的方式，或者一种身份的骗取，而是视之为开放性的活动，离了它，启示

---

① 瑟奥巴德的另一著作纵览了启示在今天向人显示其各种语义效果的生存处境，参见 *La Révélation … tout simmplement*, Paris: Editions de l'Atelier, 2001.
② J. Moingt, *Dieu qui vient à l'homme. De l'apparition à la naissance de Dieu*, Tome 2, Paris: Cerf, 2007, p. 1151.
③ Ibid.

事件的实现就不可能真正发生。

关于智慧与启示的语汇

我们可以通过中国的例子来阐述同样的立场,但在此之前,可能有必要先定义需用的词汇。西方语言中的智慧(sagesse)一词含义丰富,但也困难重重,基督宗教的翻译通常用中文的"智慧"一词来解释,《智慧篇》(*Livre de la sagesse*)之译名正是如此。"智"字在古汉语中一方面指一种植根于心灵的自然之光的知识,同时也指一种几乎属于天赋才华的行动能力,甚至可以用来筹划"计谋"。值得注意的是,孔子认为"智者"乐水而"仁者"乐山,这是《论语》中最著名的句子之一。智与仁两者并非截然对立,但是流水似乎与智慧更加呼应,因为水在蜿蜒曲折的流程中能够使自身适应于不同的具体情况,而山显示出一颗忠贞之心的始终如一的仁善;智与仁的两端应当始终相连(我们可以顺便指出,在《论语》的同一段落里,智慧与快乐相关,而仁善这种平和的美德则与长寿相关)。① 而"智慧"这个双字的词语之所以变得常用,是因为佛教经典的中文翻译用"智慧"来译梵语的"般若"一词,即完美圆满的智慧。

这里有必要指出,另一个词本来也可以用来表达"智慧"在圣经中的意义,这就是在古文中更为重要的"圣"这个字,在西方(包括在基督宗教的语境中)通常翻译为 saint。但中国经典的世界具备自身特有的范畴,在那些最著名经典中频频出现的"圣"字,无论翻译为 saint 或者 sage 都同样有道理。圣(聖)字有着表示"听"(耳)的偏旁,它更通常指的是传说中上古的先王,他们是至高的圣贤(sages),达到了与事物本原完全合一的境界。由于他们被奉为完美的楷模,因此人们以他们为引路的"圣人"(saints)。② 在中国传统中还有另外一些很重要的词汇,

---

① "智者乐水,仁者乐山。智者动,仁者静。智者乐,仁者寿"(《论语·雍也》第六)。
② "智"与"圣"二字意义的相近,可以在《老子》十九章得到证实("绝圣弃智")。同时,"圣"也相当倾向于指"圣王";"内圣外王"一直是中国哲学和宗教的重要主题之一。Anna Seidel 在公元 1—2 世纪道教的出现和形成过程中,发现了这种对先王的怀旧情绪。参见 Anna Seidel, *La divinisation de Lao Tseu dans le Taoisme des Han*, Paris: Ecole Française d'Extrême Orient, 1992, p. 110 - 120。

没有被基督宗教的语汇所吸收，比如庄子之后的道家思想特有的"真人"一词，代表在其生命内达到天人合一境界的人。①

"启示"(révélation)一词的翻译，也处在语言学的丰富背景中。作为限定词的"启"(啓)，其最古老的含义指天空放晴、开启门户，从中引申出教育行动和开启精神的词义。第二个字"示"的最古老意义是供奉祖先的祭台，被用来指预兆吉凶的天象，并从中引出更广的意义：告示、信件、通知……应当注意，有一类佛教内涵很强的词汇，也没有进入基督宗教的语言，即那些有关"从内在"感受到的照明，如"觉醒"(éveil)，通常被翻译为"悟"。这一点非常重要，因为20世纪的中国思想家在重建中国哲学传统的尝试中，常常会把绝对中心的地位赋予了这种内在觉醒的能力，它由教育的引导而实现。沿着这条思路，"悟"可以说是智慧的"启示前沿"(pointe révélationelle)，也是人性化的事业——当这项事业与人所处的宇宙空间和谐作用的时候——的至高成果。②

任何翻译都不是中立的。圣经翻译词汇的选择，其优点在于纳入了一种非常古老的中文即儒家经典的语调，并且摒除了公元3世纪到8世纪之间佛教经典中译的独特过程中产生的那些佛教色彩浓厚的词汇，而"智慧"一词是个例外。在总体上，圣经中译采用的是儒家的、"精英的"语汇，同时又保持足够的弹性，能够容纳词义的转移和用法的创新。

那么，这个被认为同时涵盖了民间用语和哲学构想的中国"智慧"，传达了什么信息，加工了何种材料？以下的思考尽管显得仓促，但也勾画出对这些多样素材的一种可能的阐释。我们当前的情况——尤其考虑到"正典"从一开始就是在重重经注之中建构起来的，使解释成了一种"重新创造"文本的行动——只为一种解释留下了空间。举例而言，王弼的著作——中国哲学最富原创性的著作之一，无非是对《道德经》

---

① 见《庄子·内篇·大宗师》第六。
② 以下两部著作为这种思路提供了很好的例子，冯友兰：《新原人》，商务印书馆，1943年；牟宗三：《中国哲学的特质》，上海古籍出版社，1997年。

的精炼的解注。① 当然，我们并不以为自己的阐释是唯一可能的，也无意于发掘中国智慧文本的"本质"，而只是为之提出一种合情合理的解说。当然，千差万别的行为举止，以及中国文化的千百种面貌，可能与这里陈述的精神不尽一致，从这个意义上说，本文的解读难免"抽象"，但是对任何在其历史文化处境中的智慧来说，都同样如此。重要的是要理解，在这里，中国智慧与福音讯息之间建立的流通，不能归结为两种"学说"之间的一致性。

此外，中国智慧还有一个优越的汇集地：故事、寓言、逸事、传闻，中国智慧特别偏好藏身于其中。这些广为人知的故事流传至今，仍然在听者的心灵中不知不觉地起着作用。故事的好处在于它能够被人不断重新解释，而这正是智慧的特点之一。在道路拐弯处讲述的故事，总是启发人，而不会束缚人；它允许听者追寻自己的奇遇，把这个故事续写下去。中国智慧是一种寓言的智慧，事实上，它的寓意有时相当接近于福音比喻的教诲。

"孝心"与"赤子之心"

让我们通过一个具体主题——亲子关系（filiation）——来建立解经原则。《旧约》的《德训篇》是一卷地道的智慧书，大部分内容由父亲对儿子的教诲构成。总的来说，在所有文化中，对智慧的学习就首先包括要懂得如何做儿子——为在将来不会成为不称职的父亲，这大概是一条最佳途径。"孝敬父亲的人，必在子女身上获得喜乐"（《德训篇》3：6）。"做儿子"意味着什么？这是中国思想中经常提起的问题，首先在孔子及其弟子那里得到了阐发。"孝"这个字，在中国代表一种美德，离开它，一切其他美德都不可想象。人们有时也可能嘲笑孝心的一些表现，认为它们流于形式，或者像一个僵死的外壳，阻碍自由与创造性的表达。这些批评并非没有依据，但是从其灵性的根源来说，"孝"并非

---

① 对同一部作品的不同解释以及由此而来的理论建构，可参见 Alan K. L. Chan（陈金梁），*Two Visions of the Way: A Study of the Wang Pi and the Ho-shang Kung Commentaires on the Lao-Tzu*, Albany: State University of New York Press, 1991。

如此。

孔子思考的出发点很简单：爱父亲的人，不会愿意让父亲难受，因此他不会犯罪。因此，德行的根源正是对父母的爱和尊敬。但是这个出发点很快会延伸到深远的意义，"慎终追远，民德归厚矣"（《论语·学而》第一）。这是什么意思？孝心让我们一步一步地追溯到我们的本源、我们的祖先，我们由此能够感受到生命的涌现、诞生的恩惠、存在和成长的奥秘。"孝"就是扎根到生命沃土的最深处，以便能笔直地生长，直到圆满完成一切。真正的孝，甚至有着违抗的责任。如果人不幸有个堕落而糟糕的父亲，该如何尽孝？孟子讲了先王舜的一个故事，作为一个范例：舜"不告而娶"（《孟子·离娄上》），因为他担心父亲如果不允许他娶亲，会违背延续后代的原则，而损害到父亲自己。在此，真正的服从，有别于流于表面礼节和形式化的顺从。①

"孝"的主题，反照出本源的主题——"合抱之木，生于毫末"（《老子》第六十四章）。一切中国智慧，似乎都是从这样一个简单场景中涌出：坐在某一条在中原大地纵横交错的水流边，观察水的流动和岸边植物的生长；这些植物柔软而弱小，一如生命，而死亡总是伴随着那些坚硬僵直的东西。②"天下莫柔弱于水，而攻坚强者莫之能胜，以其无以易之。弱之胜强，柔之胜刚"（《老子》第七十八章）。正如我们上文提到的，孔子也认为："智者乐水"（乐于观水）。孟子进一步说："观水有术。"③

因而老子认为，"含德之厚者，比于赤子"，因为初生婴儿就是以生命的温柔和脆弱为其本性，并且"骨弱筋柔而握固"（《老子》第五十五章）。

"父啊！天地的主宰，我称谢你，因为你将这些事瞒住了智慧及明

---

① 《孟子·万章上》第二；《孟子·离娄上》第二十六。此外，在另一段里，孟子为弑君作出了类似的辩解。
② Sarah Allan（艾兰）在 *The Way of Water and the Sprouts of Virtuel*（Albany：SUNY Press, 1997）中，指出了水和植物的隐喻在"道"的概念形成中所起的根本作用。
③ 《孟子·尽心上》第二十四。和水有关的隐喻在孟子笔下可能比在老子那里还普遍。自然向下流的水是不变的政治和伦理原则。

达的人,而启示了给小孩子。"(《路加福音》10:21)这句话赞美的是那位向弱小孩童启示自身的天主。当这句赞颂在中国大地上回荡的时候,它让我们想起了什么?如同其他文化一样,中国人也自发地信任贤能与智者、文人和官员,因为这些人博学多知,运筹帷幄,他们对世上的事情显出如此大的权威,或许最好也把天上的事情托付给他们。然而,中国智慧从其起源就发出了对孩童、对赤子的赞美之声,这是《老子》的最重要的主题之一。真正智者的工作,是让赤子——转向自己本源的、虚心吮吸母乳的婴孩(《老子》第十章、第五十五章等)——在人的内在诞生。

为什么中国智者从初生婴儿的身上找到了他们的楷模?对他们来说,婴孩是最为接近本源的。婴孩不以为可以靠自己存活,他不以为自己是自己的本源,他知道自己依靠谁,而在这依靠中,他找到了自己的喜乐和自己的呼吸。中国的智慧也需要和那滋养我们、围绕我们的宇宙空间的气息和谐共存,让我们自己的呼吸与吹动天地的风箱①保持一致。生命正是起源于其内的"另一个"呼吸,谁能对此惊奇赞叹,并从中获得滋养,谁就能与宇宙的和谐同生共存。处在源头的人,已经懂得了收获一切的秘密,因为源头的存在本身,就是赐予,是源头使其自身成为赠礼。

我们可以用同样的方式解读其他主题、文本和传统。从严格的意义上追根究源,中国智慧从具体处境出发,从农夫和耐心的观察者的经验中汲取资源,但同时,它又趋向于虚己,趋向于自身的消解,以婴儿或"愚人"②为模范;这一点,又因为它总是依据着生命的两极,总是返归于生与死,而显得尤为强烈。智慧的"愚妄"(folie)体现在它甚至能以热爱生命、欣赏生命——这种热爱和欣赏正是智慧所培养起来的——为名,而选择牺牲,直至死亡。中国的智慧当然不是"基督的愚妄",但如果不懂得它所讲述的教诲和置备的开放性,那将导致灵性上的软弱和神学上的轻率。

---

① 《老子》第五章:"天地之间,其犹橐籥乎?虚而不屈,动而愈出。"
② "庄子妻死,惠子吊之,庄子则方箕踞鼓盆而歌"(《庄子·外篇·至乐》第十八)。

还可以更进一步说,中国智慧的认识论形态的确很特别,但也许它正是如此才以其自身特有的方式揭示了智慧的一切真正追求:它是一种失去的、中空的和消逝的形态。它如同临春的冰雪,"涣兮若冰之将释"(《老子》第十五章)。中国的灵性正是活动在这个交接处,在从固态到液态的过渡,在脚刚要踩空却要继续前行的关口。中国智慧不是"没有启示的智慧",而是"无底的智慧",没有借以奠立的坚固基础。水流的隐喻广为传播,这和底基的缺乏不无关系。那么,中国智慧是"预备"启示的智慧吗?可以说不是,因为它的教诲并不是另一种高悬于它之上的教诲的绪论。但也可以说是,因为它的使命是培养这样一种人:在他们身上,人性化的过程与对失去、追寻、倾听、自由的感受密不可分,与敏锐的目光和内省的意识融为一体。这种智慧常常遭到周边"文化"的背叛、曲解或者反驳,但它是灵性的智慧,它从古到今都如一篇悖论的文本,邀请人在文字之下找到四处漫溢的、超越文字的信息。这时,正是智慧本身在宣告:"绝圣去智"(《老子》第十九章)。

五、创造一种语言

常有人指出,《旧约·智慧篇》是一次写作实验,它以希腊语写于亚历山大城,采纳了世所常见的诸多智慧范畴。"写作实验"这一表达,恰如其分地标明了智慧内容在特定文化中的一切涌现所具有的特征。《论语》《老子》和《庄子》这几部著作的文学形式(虽然各有特色,差异显著,《智慧篇》也同样独特)在另一个背景下印证了这一点。可以说,智慧寻索自己的词语,那些忠实表述它的、"施为性"的词语,让它在听者心中降临和觉醒。同样,《若望(约翰)福音》的写作,是"为叫你们信耶稣……赖他的名获得生命"(20:31)。一种语言的创造,是智慧的凸显和信仰的启示所具有的共同特点,正是这种创造,见证了在听者心中产生的意义的效果(l'effet de sens),并同时为那将持续在读者或听者心中产生的意义效果作着准备。

在历史上,"智慧"与"启示"是通过翻译工作而编织出其共同经纬的。如果说,在经典的神学里,"智慧"为"启示"的凸显作了"预备",那么,在历史的进程中,启示的宣告必须"返回"公共智慧的根基,启示希冀进入哪一种文化,就需要诉诸于这种文化拥有的语言资源。由此,在对语言的营造中,"启示"与"智慧"得以牢牢地系在一起。

通过信仰群体所讲述、延续和复述的故事,通过这些群体从他们的文化中接受的语言和文字,"智慧"与"启示"编织出了共同的叙事。那就是神的启示,他借助其选民的人道化("仁"与"义"的不断培养)将自己显现给他们,使之眼见耳闻,并且见证启示的效能。启示的语言与智慧的语言都受到召唤,去共同编织一项叙事。由此,一个新的人类得以意识到自身是通过时间和空间的迁移而产生。在标志着人类历史的人潮迁徙中,在必须创造一种新语言的突破口,"智慧"与"启示"彼此都经受了考验,同时又"成为了现实"。

换句话说,尤其是在移居和迁徙的历程中,在走出一片"地域"而迈向另一片未知大地的经验中,智慧与启示交会结合,成为同一的经历。由紧迫状况引发的迁徙,反而见证了神持续的耐心,展露了每一次在深重危机里开启的机会。从今往后,人类的移居发生在一个不仅有限而且全球化了的世界之中,在这样的世界上,任何一地发生的事件都会在其他许多地方引发反响。因此可以肯定,比起从前,移民的迁徙将会更加改变历史的面貌,不仅使其现实效果而且也使其语义效果增长繁多。移民于是成了可以被称之为"意义的构造学"(la tectonique du sens)的作用力:各文化的接触、各宗教的相遇、不同生活方式的对抗、经济制度的交错、冲突的风险,正是这些事物,带来了或导向了协商和交流的新模式。虚拟的迁徙和现实的迁徙,共同为一个正在诞生的新世界描画着地图,在那里,经济与思想的各个大陆继续漂移碰撞,形成它们的板块,而迁徙和流亡仍然是神圣崭露的特选之地。

六、智慧的流动性与启示的开放性

以上论述可以总结如下:

从基督教神学的角度看,我们认为圣灵在世界智慧的深处工作。只是我们同时也应当说,比起智慧所作的断言,圣灵的工作更多显露在智慧的"流动性"中。"流动性"在这里指智慧特有的能力:通过智慧的阐释、通过智慧的各部分之间的关系的建立,这样形成的"游戏"能够让智慧进行自身的超越。智慧、任何智慧都不是置于启示面前的一部"文集汇编",而是一泓"水流",它冲刷着我们反复回顾的经验,重新塑造它,直至将它投射到当下的迫切需要之中。

那些把特定智慧"物化"、将智慧纳入某种文化、种族或者宗教身份特有的一套固定"语录汇编"的人,同时也背弃了智慧的秘密灵感。说到底,智慧在创世之初,宛如"雾气"一般覆盖"整个大地"(《德训篇》24:3),这表明了它对边界的藐视和它本质的不确定性。智慧的位格化,可能更忠实地反映出,是什么让一切智慧成为一种真正的智慧:在生命的进程中,反复回顾的经验得到变化和扩展,《箴言》8:22—31 勾画出了智慧从孩子成为"技师"的这一过程。"位格"首先是一条关系的线索,一条游移不定、时而矛盾的路线,它很好地反映出智慧特有的知识形态。

从这个角度看来,离开了智慧的背景,启示不可能被接受和理解,只有智慧才能提供引介的线索,让启示经由鲜活的解释而被人接受。或者让我们借用中国智慧和《智慧篇》里的隐喻来说,智慧是承载启示的江河水系,通过它,启示才能深入大地的内部,让土地结出硕果。否定或毁坏智慧的系统,等于是让启示变成还未栽种就注定不能结果的树。

换言之,更进一步说,只有在反复回顾、统合成形的经验的基础上得到解释的启示,才能得到倾听和理解,才能确保适切于此时此地。只有智慧的现世内容,由智慧提供的悠长的叙事经纬,才有能力让启示成为一个"音信",一个"福音"。

因此,启示事件之所以可能,只有通过智慧的叙事经纬所编织出的"情节",在其中,那突如其来的、被宣告的启示"成为了事件"。所以我们不应当说,智慧仅仅在平常时候才"有用",而一旦危机、事件、意外突然来临,就无济于事。上文提到的那种"僵化"的智慧可能的确如此,然而,鲜活的智慧,一方面通过反复回顾而融合了过往危机时刻的教训,让人能够凭借回忆和对过去危机的经历而度过当下的危机,另一方面也成为思想借以辨认真正新颖事件的背景。

依循这个逻辑,我们不妨把教会权威在历史上确立的对启示的阐释视为"智慧的话语",对于福音信息所遭遇的文化和穿越的时代,其引导和推动对福音作出其特有的智慧阐释。这个视角强调教会权威的智慧建构所具有的集体特质,而智慧的集体领导特质(collégialité sapientielle)也是圣经传统的标志,并且阐明了这种智慧话语的逐步建构:如同所有的智慧话语一样,它是对经验——在这里包括所有基督徒民众的经验——的反思和消化。它为两种阐释——教会权威对启示的智慧阐释,与定位于各文化中的智慧对启示的阐释及阐释的延续——之间的关系提供了一个模式:后者也是对经验反复回顾的结果,由此成为全球基督徒经验的一部分,并在不同时代、在不同程度上被教会权威所吸收。

中国的智慧,体现在经典的诠释以及当代的多种重新诠释之中的智慧,成了一种重要的诠释资源,通过它,启示不断持续的新颖性得到了确认。这一点有两个截然不同的原因:其一,在于这种思想经验的内在本质,它能够使自身的流动性、虚己性和恒久的超越性成为它所提出的叙事经纬本身;其二,在于中国在当前历史时刻的重要性,这一点在神学方面的蕴意仍然有待探求;近四十年来,全球化进程与中国的崛起是紧密共生的,这两个现象都不可能离开对方而孤立产生。①

重视中国智慧的资源,将会影响到神学事业的语言和叙事风格。神学应当使启示的语言和智慧的语言交汇在一种共同的叙事中,经受了移民迁徙与全球化之双重冲击而"重新上路"的人类,通过这种不断的讲述,能够成功地构想一个不断变得更人道的未来。智慧在今日与其说是对过往的回顾,毋宁说是奔向未来的激情和生命冲动②,奔向那位渴望将自身在万有中赐予一切人的"神"。

---

① 如果中国没有在 1978 至 1979 年间发动持续促成其上升的改革和对外开放,中国的全球化就不可能产生;反过来说,如果全球化机制没有在同一时期到位,改革开放的政策也不可能成功。笔者本人在拙著中阐述了这一主题:*La Chine ou le temps retrouvé. Les Figures de la mondialisation et l'ascension chinoise*,Louvain-la-Neuve:Academia Bruylant,2008.

② 在这里,笔者想到孟子所形容的君子的道德力量自然运行,"盎于背",如同"浩然之气"。见《孟子·尽心上》二十一章;《孟子·公孙丑上》第二章。

第十章
跨文化神学的"应无所住"

前文提到甘易逢神父（Yves Raguin，1912—1998）曾经说过，他毕生工作的渴望，就是让中国的宗教资源与文化资源进入"人类的灵性计算机"之中。甘神父在许多方面都以新颖的方式表达了 17 与 18 世纪的耶稣会士曾经怀有的雄心壮志，虽然那个时代的神学还未能给予这样的言词，让他们言说自己在发掘中国经典时心中升起的梦想。在笔者看来，甘易逢神父从事的比较工作，表达了今天仍然存在的文化、灵性与神学的各种挑战——尤其是建构一种由经典的交叉阅读所鼓舞的跨文化神学带来的挑战——的某种本质，因此，他的工作也为笔者提供了一个出发点，本书最后一章试图由此出发展开反思。

如果存在着某种如同人类的"灵性计算机"般的事物，那这种机器是由什么构成的呢？它的基本元件必然是我们个人的经验，以及我们力图表达这些经验的方式。我们的种种经验，在一个不断增长的意义网络中演进，如果我们在自己的生活中去回顾和反思它们，使之融会贯通，并且勇敢而清醒地去推动这个成长和内省的过程，那么这些经验就会变得更有分量，更有深度。这就是"灵性计算机"的工作所需材料的第一个层面。

第二个层面是由我们的相遇形成的；不仅是我们在公开会议上的正式会面以及在学术讨论和跨宗教集会中的相聚，而更是那些深度的相遇：那样的相遇，出于幸运或是出于奇迹，产生在那些真诚坦荡、虚怀若谷的人们之间，他们有能力彼此倾听、彼此交谈、相互承认。这样的相遇滋养着每个参与者的生命，为他们的追寻开启新的维度。

在第三个层面上,"灵性计算机"工作在另一种类型的相遇之中:有时,我们被某个素未谋面之人的思想、言谈或生活所触动,虽然时间与空间将他与我们永远分离,但他的求索与我们的追寻遥遥地产生了共鸣。在某种意义上,这样一位人物成了我们灵性上的父亲或母亲。灵性的谱系就这样建立起来,创造出一种穿越时代、跨越文明的团结和凝聚。这些关联,使人类的灵性计算机能够处理新的内容,并使它所遍历的意义网络得到丰富。

此外还有一个层面:我们瞥见其他文化和其他处境中的"意义的追寻",并与我们最密切的人谈论我们所瞥见和觉察到的东西,我们就会看到,我们表达自我的方式甚至我们的信念本身,通过这种接受、解释和相互回响的工作而产生了移位。正是由此,一个解释与再解释的网络,由相遇的重重线索——虚拟的和现实的相遇、个体的和集体的相遇——越来越密地编织起来。

我们借以出发的隐喻,将我们带到了一个基本点上:计算机是由许多精细元件装配成的一个其复杂性不断增长的整体。这个过程让我们朦胧地感到了德日进所称的"复杂性的无限"(l'infini de complexité)。"物理学仍然是在两种无限上打转。然而,为能在科学上涵盖经验的整体,我认为有必要去考虑宇宙中的另一种无限,它与另外两种无限同样真实:我想说的就是复杂性的无限。为什么不在原则上提出,意识是物质排列状态的一种独特而特殊的属性,它在低标准下是观察不到的,因此也被人忽略,但它在复杂性的高标准下渐渐显露出来,并终将取得支配地位?"①

这不也是在说,给定的个体对真理的追求,以及他们赋予这一追求的表达,将通过由这些寻求所构成的一个有机整体、通过这些在暗中的摸索相互缔结成为的一个能指(signifiant)的整体,而永远延续下去吗?神学或灵性的探索,不是一个装满死书的图书馆,而更像是一个从未确立的计算机信息的"文本",总是处在介入者对它的充实、修正和适应化

---

① Pierre Teilhard de Chardin, *Oeuvres*, Tome 11, Paris: Seuil, 1973, pp. 183 - 184.

的过程中。实际上,神学与灵性的探索,就像一个"超文本"一般运作着。

故此,笔者在此所称的"人类的灵性计算机"是一个空间,在其中发生着不断的交流,其中的每一个人由此以自己的方式表达各自的内在追寻,对从历史、从其他文化、从人际相遇以及从创造——从既往追寻的不断交遇中涌生的创造——之中获得的财富进行重新加工。这部计算机是"虚拟的",但它比那些处理银行信息、技术信息或战术信息的计算机都重要得多。

灵性道路的相互连接,织就了人类集体探险历程的锦绣图景。没有任何人能够预见这幅织锦最后决定性的形象与色彩;但归功于我们虚拟的灵性计算机,它得以不间断地编织下去。愿我们确信,它将在一场创造意义的游戏中将我们的内在探险——显得那么贫乏、有限而不完美的探险——连接起来;同样,愿我们相信,其他文明、文化与宗教的财富,也会在我们共同的探险旅程中,与我们自己的财富汇合。人性历险故事之美,将远远超过最精彩的电子游戏所能唤起的美;也只有这台虚拟的灵性计算机,能够在其复杂性和终极的单纯性中处理我们共同的追寻。

一、作为迁徙的神学

前文所述及的内容有助于笔者将接下来要阐述的论题变得更加可感而具体。事实上,灵性计算机的隐喻将"思想行动"作为灵性历程、作为"经历"而呈现出来;这个隐喻也表明,思辨在不停地编织和迁移,与其他思想经验相互缠绕,而后又将旅行者遣返回到他自身的孤独之中。然而,正是从这些孤独的交织之中,诞生了一种"互文"(intertexte),一幅共同的织锦。笔者将要展开的三个论题,也正是需要从这一深度出发而得到把握:

● 神学在本质上是一种迁徙的行动,尽管这一特性会依据神学所起源的不同宗教、哲学和文化传统,而得到更多的强调或较少的注重;

● 这种迁徙必然使一切神学话语走向一个"虚拟地带"(lieu

virtuel），也就是它们的相遇之处；

● 出于这个事实，一切神学表达都会走向本地化，而一切本地的神学都是跨文化的神学。

接下来我们首先针对上述第一个论题进行陈述。

首先谈谈"神学"这个词。我们的出发点，也就是中国儒者与耶稣会士的相遇，使我们首先从基督信仰的意义上去理解神学。即神学是一种关于神圣者的言说，它与对圣经文本的解释、与人类理性和传统、与灵性经验是相互连贯的。不过，虽然在言说的风格和依据上相当不同，我们也能谈论一种佛教的、伊斯兰教的或道教的"神学"，甚至也同样能谈论一种不依附于某种特定宗教的"世俗"（laïque）神学。毕竟，神学这个词首先出现在柏拉图的《理想国》（II，379a - 383c）中，被理解为对神话文本的一种哲学净化或提纯。在"叙事"与"理性"之间的这种张力，贯穿一切神学的努力，人类自身口口相传的故事，似乎讲述着一种由单纯理性无法接近的现实，但这些聚焦于超越理性之彼岸的叙事，仍然需要理性的能力对它们进行"工作"。亚里士多德对"神学"一词的运用，使问题变得更复杂了：神学同时被用以指对分离于质料的实体的知识，以及诗人们（荷马和赫西俄德）特有的对神圣者的认知模式，与哲学研究的模式相反并且互补。这些描述对我们当前的研究范围来说足够了，我们不必再去深入讨论在亚里士多德的视野下，神学、本体论、形而上学之间的重重关系。

然而，神学探险启程的行动，在笔者看来其本质就是一种迁徙的行动。笔者将在犹太教与基督宗教的背景下描述这一观念，随后简要地指出这一观念能够为我们对其他宗教——主要以佛教为例——的理解产生什么启发。

对一位"流浪的"神、一位随着其子民而迁徙的神的经验，在圣经中是最根本的经验之一，或许也是人对神最初的经验。耶稣也正是在行走之中，从巴勒斯坦地区的一极直到犹大，在步履不停的来来往往之中，才让人们得以认识他。在这个视角下，基督宗教在其发源地（近东）之外取得了历史性的发展，今天也在"古老的基督教世界"（vieille chrétienté）的疆域之外，在非洲、拉丁美洲和亚洲的某些地方获得了最为生动的表现，或许就并不令人感到惊奇了。如果我们将天主视为那位"全然相异者"(le Tout Autre)，那么就有一股力量，它必然不断推动神学的言说离开它自身，离开其既有的那些智性的、文化的与传统的表现，同时倾空它过于固化的内容、能量与种种表达方式。

伊斯兰教的传统提出了不同的问题：仅仅将阿拉伯语视为神圣的礼仪语言，这样的语言地位会引发神学上的特殊难题（尽管我们不应低估在伊斯兰教内部关于古兰经的性质及其与语言的关系的辩论，也不能忽略其古兰经与阿拉伯语的关系所特有社会-政治维度）[①]。这阻滞了去思考"文本的迁移"(déplacements textuels)的可能性。同时，与圣经文本以及与亚伯拉罕传统遗产的关系，数世纪以来在穆斯林学者、犹太教和基督徒神学家之间发生的跨团体的交流，希腊哲学以及基督宗教对教义的思辨方法产生的影响，所有这些因素，都使伊斯兰的神学与我们前述的讨论有了连续性。[②]此外，对古兰经文本的一种"修辞性的阅读"(lecture rhétorique)，也将古兰经视为更古老文本的延续与演化，并从中发现一种组织形式：处在文本统一性的中心的话语，召唤人去超越那些曾经被宣告的禁令和规定[③]："我已为你们中每一个民族制定一种教律和法程。如果真主意欲，他必使你们变成一个民族。但他把你们分成许多民族，以便他考验你们能不能遵守他所赐予你们的教律和法程。故你们当争先为善。你们全体都要归于真主，他要把你们所争论的是非告诉你们。"（《古兰经》5：48—50；参见 5：65—71）而在伊斯兰教的另一流派苏菲主义中，追寻绝对者的人，就如同一个步履永不停歇的"朝圣者"。中国伊斯兰教的历史，尤其在明末清初，也是一段"文本迁移"的历史，古兰经与儒家经典的相遇，在王岱舆的《正教真诠》和刘智的《天方性理》中得到了见证。

[①] 例如，可以参见 Niloofar Haeri, *Sacred Language, Ordinary People: Dilemmas of Culture and Politics in Egypt*, New York: Palgrave Macmillan, 2003。
[②] 关于伊斯兰神学与其周边思想体系之间的相关性与交流的概览，可参见《牛津手册：伊斯兰神学》(Sabine Schmidtke ed., Oxford U. P., 2016)的结构安排与多篇文章。
[③] Michel Cuypers, *Le Festin. Une lecture de la sourate al-Mâ'ida*, Paris: Lethielleux., 2007.

不断迁徙的目标是基督宗教神学事业的标志,与之有着最直接关系的,却可能是佛学。正如基督宗教的情况一样,佛教也并非在其发源地印度,而是在"别处"获得了成功;正如基督宗教一样,佛教也不断调整着它的文化表现,并且今天也在其传统地域之外——例如在西方——获得了特别的动力;正如基督宗教一样,佛教也并非倚恃一种不可染指的"神圣语言",而是开怀接纳了其真理在众多语言中的翻译阐释(历经多个世纪的无数梵文文本和巴利文文本的中译,可能构成了有史以来最伟大的翻译事业)。这种流动性与佛教的固有言说是密不可分的:《金刚经》中的著名句子"应无所住而生其心"(第十四章)强调的是,固步自封于一个给定的处所(地理位置、社会立场、真理的既得阶段),将导致人拒绝去发现和深入终极的真理。必须以某种方式持续不断地离开这个由概念和表象所形成、所限定的"我",为能进入一片任何边界都无法限定的证悟的空间。

同样的洞见在庄子口中也得到了强有力的表达:"今子有大树,患其无用,何不树之于无何有之乡,广莫之野,仿徨乎无为其侧,逍遥乎寝卧其下?"(《庄子·逍遥游》)对"大"者、也就是对那无界限者的追寻,只能通过一种持续的出发而展开,不断移步于既有概念、已知领域、固有习俗与表现方式之外。《庄子·天下》也同样将那些以一个"领域"或一种方法("方")著称的专家,与那些生活在"道"之不可预测的持续运行中的人,作了对比:"天下之治方术者多矣,皆以其有为不可加矣。古之所谓道术者,果恶乎在?曰:'无乎不在。'"(《庄子·天下》)。正是从这个角度,"老子西行"的神话——据称,老子正是在西出函谷关之时、在继续其旅程之前撰写了《道德经》——能够获得新的解读。《道德经》的文本及其作者,都呼唤读者去进行迁徙,不要止步于文字,也不要止步于文本所教导的真理,或者囿于自己在物质上或理智上的安逸区。老子已经离开了,他在前行……这样的老子,向道教传统投来了一束不同的光照,因为道教传统常常只在"生根"的单一视角下呈现出来,而忽略了另一个同样临在的维度,即"移置"的视角。

《论语》明确拒绝进入神学的领域。至少孔子的好些话语正是这样被理解的,例如,"季路问事鬼神。子曰:'未能事人,焉能事鬼?'曰:'敢问死。'曰:'未知生,焉知死?'"(《论语·先进》)以及"子不语怪、力、乱、神"(《论语·述而》)。诚然,这个问题比它初看来的样子要更为复杂,孔子明显地谈论过与"天"的一种特殊关系(正如在《汤诰》与《书经》的其他文本里提到的上古三公那样)。我们或可称之为一种"如在的神学"(théologie virtuelle)的形式,以便去体会下述这样的话语的意义:"祭如在,祭神如神在。子曰:吾不与祭,如不祭。"(《论语·八佾》)很清楚的是,对孔子来说,"如"(如同它在《道德经》中的同义词"若"一样),是一件思想的工具。只有当人祭神时把神视为"如同"已经在此,只有当人全心全意地专注于事神,神圣者才可能临在。换言之,只有首先有了整体上的"神的实践"(theopraxis),才可能会有"神的学问"(theology)。我们已经看到,这或多或少正是那些信奉了天主教的儒者试图要让龙华民理解的东西,因为龙华民极为重视他们运用的神学语汇,远甚于重视他们对神人关系以及人际关系的体验和实践方式。较之于孔子,孟子更明显地表现出一种"神学倾向",例如他写道:"尽其心者,知其性也。知其性,则知天矣。存其心,养其性,所以事天也。"(《孟子·尽心上》)但我们也在这段文本中读到,孟子没有将对天的认识(知)与对天的事奉(事)分开来谈论,恰如孔子一样。也正是在这样的光照下,我们能够在儒学文本中找到一种迁移和出发的趋向,这使儒学与那些更明确地具有宗教性的传统产生了关联:"子欲居九夷。或曰:'陋,如之何?'子曰:'君子居之,何陋之有?'"(《论语·子罕》)"子在川上,曰:'逝者如斯夫!不舍昼夜。'"(《论语·子罕》)正如那句著名的论断:"天何言哉?"(《论语·阳货》)这一迁徙的趋向显明,话语谈论着那超越话语的东西,并且因此被召唤去"超越",去冲出自身的地域界限、文化边界、修辞范围甚至是逻辑领域。

二、神学朝向虚拟领域的迁徙

因着这个事实,想要清楚阐明(或至少提出或描绘出)一种神学话语的雄心所激发的所有文本,都走向了更远的地方,抵达了一个虚拟地带(lieu virtuel)。这个地带无非是这些文本的相遇之地,因为它们至此都超越了自身的语言、文化、宗派的决定论。所有神学言说的相遇之地,或许也是绝对者隐身之地。辨认出这样一块"虚拟"之地(而非直接或简单地将其作为乌托邦那样的"不存在之地"),能让我们向远方再迈出一步。这种由所有神学都承载着的、将我们引向一个虚拟地点或场所的张力,是人性化的整体进程中不可或缺的构成部分。

"虚拟/潜在"(virtuel,拉丁语 virtualiter)一词的出现,可以上溯到 13 世纪。圣多玛斯·阿奎那写道,原因潜在地(virtuellement)包含着其结果。因此,"虚拟"与"现实"相对。类似地,莱布尼兹也说,单子(monade)明确地或至少是潜在地包含着其一切谓称(布鲁图斯在 3 月 15 日对凯撒的刺杀,已经包含在"凯撒单子"之中)。柏格森谈到,在记忆里虚拟地包含着过去的一切事件,因此过去也就虚拟地处在当下之中。①德勒兹的评论和分析拓展了柏格森的视角,也成为当代许多思想家考察虚拟概念的依据。②在这整个传承中,"虚拟/潜在"意味着那种有潜能的、在自身内包含着自我实现的能力的东西,而无论这种实现是否已经在现实中完成。当看到终点仅有数米之遥,赛跑运动员就已经"潜在地"赢得了比赛,但只有当他越过终点线时,他才会实际地获得胜利,而就在这数米之中,他仍然有着被另一位选手超过的可能。

这里我们关注到的某种悖论,就像人性的在世存在所包含的悖论一样:世界自身就是现实化的过程,世界只有通过它所包含的种种可能性的实现才能够存在。生命本身也只有在从潜在到现实的不断过渡之中才能维持,才能存续。如果虚拟总是虚拟,就没有什么能够生长或持存。与此同时,人性化就是虚拟化的过程。虚拟性最早的例子可能就是图像与书写,它们使人能够跨越时空的界限,让图画与文字的作者能够虽逝犹存地"在此"。作者在这些媒介传播的讯息中虚拟地临在,而对这些信息的接受,将使他的临在得到"现实化"。图像、书写、合约、

---

① 参见 "Virtualität", in Joachim Ritter, *Historisches Wörterbuch der Philosophie*, Darmstadt: Wissenschaftliche Buchgesellschaft, 1971。
② Gilles Deleuze, *Le Bergsonisme*, Paris: PUF, 1998(1966)。

数学的符号化、数字化……不断地增加着虚拟化的实例。

这样的虚拟化在图像的数字化中触及了自身的边界。图像自此以二进制的方式被书写下来。对于那在传统上表达着感性的、梦想的、不可掌握的事物的图像来说，这又是一个悖论。就感性总是关联于时间和空间而言，我们可以说，通过数字网络的图像分享，通过它所定义的这种"具体的普遍性"（universel concret），人类的一体性也得到了体验。以二进制书写图像，这个决定性的飞跃已经足够清晰地标明，虚拟化在本质上就是语言的操作。支配着人类通向虚拟世界入口的信息技术本身，被领会为一种从其逻辑结构出发围绕着需要处理的命题而建构起来的话语。计算机因此把语言模型作为虚拟性的根基：一切信息产品的底层都是一种书写，二进制的书写。

前述所有内容表明，在何种程度上，虚拟化与全球化只能被视为同一种现象。在根本上，这是一种元语言的发明，同样地引领了虚拟现实的运动与全球化的浪潮。我们可以认为，人类自其起源和最早的那些迁徙活动开始，就展开了一个全球化的过程。一切迁徙，一切从土地到土地的接触，一切那些促使人类居住的世界成为同一个有限系统的活动，都属于全球化的活动。

前文使我们能够为神学言说的"虚拟相遇"补充一些意义；神学的言说诞生于围绕着神圣者或绝对者展开的历史中，而它们言说的对象本身召唤它们彼此相遇，邀请它们去超越自身的本位主义。通过它们的张力，人类不断编织着虚拟的关系，这些虚拟关系既将人类联结为一，同时也加剧人类的冲突，将人类组成一个系统，在其中一切元素都相互追溯，彼此影响。显然，全球化在当下阶段仍然更加强烈地呼唤着神学言说透过"人类的灵性计算机"去溯及彼此，这台计算机的语言和程序已经成了虚拟化与全球化的语言和程序。通过传统与经典的交会，诸种宗教与神学相遇的这个"虚拟地带"，几乎成了一个现实的地带、实际的领域；但那分开"虚拟"与"现实"的距离看起来仍然存在，它既微小而又无限，永远是不可逾越的。

三、作为本地神学的跨文化神学

事实上,一种神学传统或灵性传统不会同时与所有传统相遇,在现实中,它总是遇到另一种传统,一个接一个地遇到其他的传统。耶稣会传教士与中国儒士之间的相遇是独一无二的,正如一切具体的相遇——中国历史上佛教与道教的相遇、非洲世界里基督宗教与伊斯兰教的相遇,等等——都是独特的一样。换言之,推动所有神学言说走出自身、超越自身的那种力量,具体地呈现在神学言说与一个对立的他者的相遇之中,而神学言说将与对方建立起一种独特的关系,一条常常以冲突和相互转化为标志的纽带,把它们连系在一起。从这个事实出发,一种跨文化的神学在实际上总是一种本地的(locale)神学,它在特定的情境下,面对那些决定了一个信众群体的信仰风格的、既是实践也是理论的——例如,对祖先的崇拜是否违反对天主之独一性的信仰?中国思想关于"太极"的言说是否为人理解神圣奥秘提供了一个入口,抑或反而阻碍了对神圣的理解,因为它将"自然本性"与"神圣性"混为一谈?[①]儒家学说里关于德性的获致,使人能够充分认识其本性,而这将使犹太-基督信仰中的道德观变得更容易抑或是更难以被人接受?——等等一系列问题,而使对绝对者的渴求和超越教义表述的愿望得到检验。

因此,在跨文化神学和本地神学之间并无对立。更应该说,所有神学都是由一种指向跨文化(或者说指向迁徙,因为我们已经看到跨文化与迁徙的同一性)的张力所激发的;通过具体化为本地的表达,神学会认识到这种张力,认识到它遇到的问题的具体性将会构成无数鲜活的现实。所有本地的神学也是由问题、张力和动力鼓舞的,这些问题和张力将使本地神学深深扎根,同时又潜在地超越它所植根的地域:所有

---

① 见 Thierry Meynard(梅谦立),"François Noël's Contribution to the Western Understanding of Chinese Thought: Taiji sive natura in the Philosophia sinica (1711)", *DAO: A Journal of Comparative Philosophy*, 2018, 17(2), pp. 1 – 12.

本地神学都有迁移自身的召唤。进一步说,一切跨文化神学"实现"在本地神学中,而一切本地的神学都"潜在地"是跨文化的神学。

　　此外,"神学"与"宗教"之间的关系有时会让人感到很棘手。在许多方面,一种"宗教"是一套定位系统,是某种 GPS。宗教使个体在其与团体、与自己的过去的关系中,找到方向;它通过在神圣与世俗之间的分割而建构出一个时空。宗教把那些由实践引发的精神导向与心理导向转录为一系列空间标记:或大或小的圣所、有时是圣山或者圣树,还有受到祝福或诅咒的地点或方向。反之,一种宗教带有的神学,却可能使信徒进行"迁移"(délocaliser):神学虽然向信徒阐明其信念的内容,但也告诉他,一切定位的路标与超越者相较都只具有相对性,一切词语与概念都不是终极现实,从而为他打开一片未知的风景。诚然,在宗教与神学这两个观念之间的区分是相对的。神学同样也是一套定位系统,反过来,依于一种宗教礼仪而产生的对神圣的经验,能够使信徒"失去方向"(désorienter),使他重新感受到,他所颂扬的终极现实离开了他的掌握,超越人的能力,超越地域与时间。无论如何,前述分析都能使我们超越过于简化的对立,尤其能使我们懂得,一切神学言说既是普遍性的,同时也是本地的,总是带着与一位"他者"相遇的标志——在现实的抑或仅仅是虚拟的相遇中,这个他者向神学讲述着它所缺失的东西。

四、跨文化神学中心的历史经验

　　本书在第二部分探讨一种跨文化的诠释学之前,首先以第一部分来谈论历史,这是因为跨文化的探索为我们带来了对一般经典和神学言说的新理解,而这只可能在历史中得到实现。跨文化的追寻是由相遇的具体情境决定的;而汉学通过角力各方的激烈辩论与棘手的问题而得以形成的那些情境,在历史向我们展现的硕果累累的文化相遇事件之中,无疑是最为激动人心的案例之一。对于一个文化的、宗教的或神学的整体,承认自己是一个"个别",是"众中之一",就等于承认自己也屈服于历史的偶然性。然而,一旦某个文明或宗教承认它在历史偶然性中固有的脆弱，它就同时成为可交流的，因为它如同它遇到的文明或宗教一样，都带着同一种脆弱性的烙印。它同时会感到，它的脆弱和烙印在它自身内激起了一种对他者的渴望，它承认自己体验到一种缺乏的痛苦，它必须接受来自他者的经验，不为填充而为转化自己，为使自己的探索旅程不断延伸下去。对神学的这种跨文化重新定向，当代天主教神学家约瑟夫·莫安(Joseph Moignt)是这样表述的：

> 基督宗教的使命，不是使一切人都归顺其麾下，而是使自身分散到一切人群中——这是流亡的召唤，而不是占领的召唤。在所有需要他者以说出真理尤其是做出真理的地方，基督宗教都只是特殊的一员(particulier)。……因此，对基督宗教的这种重新诠释，能够激励它去建构自身在社会上和历史上的特殊性，使之向着普遍性开放，然而拒绝把自身表现为无所不包的意义整体。……为避免使基督宗教走向极权主义，基督徒的思想就应该被建设为真理的一种具有特殊性和暂时性形式的思想，作为真理的"过渡之地"(lieu de transit)，而不是自充为朝向普世真理的笔直道路，一切确定信念的永恒宝藏。①

同样的态度当然会引领一切诉诸于文本典藏的传统（基督宗教、儒家、佛教、道教、伊斯兰教……）与其自身历史拉开某种距离。并且，今天的历史学科首先致力的是去思考这些距离，去理解文献中谈论的人物何以是一个"他者"，而不是我们自我投射的对象。在此距离之下对传统的经验，不会将我们囚禁在过往之中，而是解放我们，使我们自由地承担起当下的责任。正是以这样的方式，我们在全书的旅程中与中国儒者、耶稣会士以及其他的汉学家碰了面，虽然他们对中国经典和基

---

① Joseph Moignt, *Figures de théologiens*, Paris: Cerf, 2013, p. 123。在同一页，莫安在评论米歇尔·德·塞托的时候说，承认对"他者"的缺乏，就是在延续耶稣对他的父和对他的门徒的呼唤，而这正是基督信仰的"起源事件"；因此，"'不能没有他者'与'不能没有你'是一贯的"。德·塞托与莫安的神学方法，是为抵抗西方基督宗教的危机，但也显示出对其他处境和领域的适切性。

督徒经典的认识,不同于我们今天拥有的认识,他们的问题。虽然为我们的提问作了预备,但也不再是我们今天的问题。然而,正是他们的相遇,是他们常常在质疑、困苦与矛盾中展开的解释工作,使我们得以用别样的方式,来阅读这同样的文本,并使我们各自的阅读以某种方式交遇,解放出我们内在的想象力——不仅是诠释学的想象力,也完全是神学的想象力。

结　语

我们走过的这段旅程，可能会令某些读者感到困惑。我们从明代中国与文艺复兴时期的葡萄牙出发，一直周游到了当代的印度神学家与韩国神学家那里；伽达默尔的文本与朱熹的文本在旅途中交会；汉学的历史也介入了对德国诠释学以及对今日各宗教相遇的思考之中。尽管如此，我们希望这趟旅程内在的融贯性会渐渐显明：传教士们带来的文本和知识，与儒家正典之间发生的相遇，是一个启动性的事件，由此出发我们展开了思考并且至今仍然在思考：人们能够在对话中阅读来自不同传统的文本，这一事实究竟意味着什么？这样的讨论也影响到我们如何去构想、去生活、去创造宗教之间、文化之间、人民之间的关系。

在本书的开始，我们提出了四个方面的问题：（一）对文本的阅读，是如何被实践、知识与信念的体系——正是它们塑造了读者的"认识型"——所决定的？（二）迄今为止，经典的比较阅读产出了什么果实？（三）从这一比较工作与对话遭遇的种种成功与失败之中，我们能够学到什么，从而更好地思考文化之间和信仰体系之间的相互理解的可能性？（四）一种跨文化的诠释学，能够怎样改变人文科学的任务，更新我们对关系——那种把人类团体联合在一起的关系——的理解？所有这些问题，不可能得到完整而系统的回答，但本书已经提供了许多评估要素，笔者也仍将试着对自己展开的这些质询作出一个较为全面的回应。

很显然，中国儒士是从其自身的"认识型"出发去认识传教士带来的知识与文本的，而传教士们也是以同样的方式认识中国儒学正典的。

然而，如果把这场相遇视为两个顽如磐石的系统之间的冲撞，那也将是错误的。每个系统在自身中都包含着多样性、裂口与开放性，它从诞生之初就已是一个"复合物"。对西方正典来说，希腊文与拉丁文的经典、圣经的遗产、欧洲本土的传统（例如日耳曼的神话传说），以及帮助欧洲重新发现亚里士多德的阿拉伯知识分子的遗产，等等，在相互的摩擦碰撞中，产生了一场持续进行的解释游戏。对中国来说，先秦思想的百家争鸣，使注疏传统得以产生的文本解释的灵活性，佛教带来的向抽象而系统化的思想（佛经的语言与希腊语同属一个语言学大家庭，因此与中文的语言逻辑相去甚远）的开放性，由诸如传统中医这样的学问所激发的对世界的实践知识，等等，这一切都使得对世界和对文本的经验变得更加灵活、更加开放、更加多样。换言之，这些文本将在其知识系统的脆弱之处和连接之处相遇。中国的编年将挑战圣经的传统阅读模式，这正是因为这种模式已经在圣经传统的内部受到了质疑，尽管这种质疑还未能找到属于它自己的语言。反之，基督教神学之所以能找到一种与中国思想结构兼容的表达，正是因为中国思想在种种辩论中为这一表达作好了准备，因为在它的内部有着许许多多的潜能……与另一种不同传统相遇，总是能揭开我们自身传统的缺陷、开口、疑难。正是这些缺陷，使我们得以一步步走近对面的传统，并且在这同样的步伐中，也重新寻访了我们所由之出发的传统。

这趟旅程还让我们知道，不应拘泥于所谓纯粹文本自身，而应该总是将阅读置于实践中和相遇中：我们正是通过实践和相遇来阅读文本的。在《写作与差异》(*L'Ecriture et la différence*)出版前后，福柯向德里达提出的批评，其中总有些我们可以学到的东西。福柯坚持认为，文本是通过实践被阅读的，在此实践之外，文本并不存在。如果认为在文本之外并无他物，这就是绝对化了一个主人的立场，他无限地阅读文本、解释文本并使他人来阅读文本[①]（对圣经和儒家正典的某些阅读，曾经是并且仍然是以这样的方式展开的）。我们关注比较经学在历史

[①] 福柯在1972年出版的《疯癫与文明》(*Histoire de la folie*)的第二版结尾，着重表达了这一批评。

上结出了什么果实,这一兴趣让我们转而探索:那些新的知识领域是如何诞生的;这些文本如何不只在言谈中并且也在日常实践中得到重新解释;对文本和行动方式同时带来的东西,人们如何投身并且依托其中;而当他们所依托的传统与不同的传统相遇,又如何产生出新的文本和新的行事方式。

上述思考对我们今天面临的挑战来说很有价值。共同阅读不同传统的奠基文本,这是可能的,但这种阅读要求每个对话者都认识到,他自身的经文传统或宗教传统是开放的、未完成的,它期盼着新的解释,也有待进一步的成长。这种未完成性,并不意味着减损依托于这些文本的人在团体生活与实践中的权威,而是意味着这些文本超越团体的解释与实践;而对团体而言,一方面通过听取其他团体是如何阅读这些文本的,另一方面也通过其他传统的视角来阅读自身的文本,就能够使团体的意义得到更新与深化。这种态度,我们可以合理地将其称为"文本的好客性"(hospitalité textuelle)。

文本的好客性存在于一种跨文化神学的根基之中。我们在第十章所谈的跨文化神学的开放性,无疑是全书最具奢望的构想。显然,今天的神学对话与跨宗教对话的现实,仍然与我们描绘出的视野相去甚远。但这样的开放性毕竟潜在地或虚拟地存在着,我们也强调了在相遇与对话之中去发现这样的虚拟事物的重要意义。尤其应当看到,耶稣会士与儒者之间的对话的发起者,他们可能从未想象过使对话得以进行的神学上的开放性——基督宗教的去中心化与儒学的普世化,同样,我们也无法想象,我们从事的解释与重述的工作,也就是在今天作为儒学、基督宗教、佛教等等正典的注解者的工作,将会产生什么样的果实。

文本的好客性,在今天仍是一个理想。但不应将它与一种乌托邦的理念或一种抽象的构造混淆起来,毕竟世界的开放已使得每个人都能进入文本与文化的广袤世界之中。我们甚至在没有意识到的时候,就已经将时光用以解释和分享我们的解释,用以行动——依据我们将自身关联整个("整个"为我们创造意义)这些不同的文化编码的方式而行动。我们知道自己"身在某处",我们力图去理解这个"某处"究竟是何处,为何我们在此常常感觉像个异乡人,我们如何能够经由其他地方迂回而重新熟悉这个"某处"。这些文化上的迂回循环,每个人都以不同的方式、在相当不同的层面上亲身经历过,它构成了我们甚至尚未察觉到的实践的一部分:我们"发明"了我们属于世界、居于世界的方式,而我们甚至对此浑然不知。

今天,为使我们的跨文化再诠释的日常实践能够结出果实,能够创建新的团体,能够表明它自身不仅是个人的而也是社会的创造性要素,这种诠释就必须保持其反思性的特质。诠释的实践应当依据下述问题得到衡量:"什么是理解?""一个文本与一种传统如何能为一个团体取得新的意义?"以及"文本的理解与再解释,如何能够打开团体的边界,而不是使其封闭于自身?"诠释学工作的历史正是在此取得了它的全部意义,因为它自然而然地使这些问题涌现出来,使历史上的失败如同创新一样成为重新撬动阅读、解释与相遇等行动的杠杆。

笔者愿引用朱熹的一句话作为结语:"读书乃学者第二事。"这是《读书法》的第一句话,有如警钟长鸣。朱熹极为详细地描述读书的方法,强调进行阅读必须具备高度的专注,但他却使阅读从属于活生生的经验。激活我们内在的伦理原则和人性原则,才能使我们的阅读真正带来丰收;我们阅读,是为了更好地认识到这一原则早已存在于我们内心,并通过阅读使它充分活跃起来。经验激发阅读,而阅读训练我们不断深入经验之中。不同经典交会的阅读,也离不开这同一条智慧的规律。我们投入其中,因为与"他者"的相遇对我们来说已经成为现实的事件和鲜活的经验,而比较阅读则为此经验赋予词语和意义,以使我们敢于更深地投入其中。阅读,尤其是阅读那些奠立了我们种种文明的文本,既不是最初的起点,也不是最后的终点,而是一个十字路口,我们在此驻足观望,为辨明方向,为决定该向何处重新出发。阅读仅仅就是这么一回事。然而,若无阅读,我们彼此离散的生活道路将永远不会相逢。

参考文献

中文文献

1. 陈璧耀:《国学概说》,上海教育出版社,2008 年。
2. 曾庆豹:《什么是汉语神学?》,载《汉语基督教学术评论》,台湾中原大学出版社,2006 年。
3. 陈欣雨:《白晋易学思想研究:以梵蒂冈图书馆见存中文易学资料为基础》,人民出版社,2017 年。
4. 程树德:《论语集释》,中华书局,2010 年。
5. 古伟瀛:《明末清初耶稣会士对中国经典的诠释及其演变》,载《台湾大学历史学报》2000 年第 25 期。
6. 冯友兰:《新原人》,生活·读书·新知三联书店,2007 年。
7. 梅谦立:《从西方灵修学的角度阅读儒家经典:耶稣会翻译的〈中庸〉》,载《比较经学》2013 年第 2 辑,宗教文化出版社。
8. 郑海娟:《薪传与新诠:〈古新圣经〉的解经之道》,载《文贝:比较文学与比较文化》,复旦大学出版社,2014 年第 1 辑。
9. 黄一农:《南明永历朝廷与天主教》,载《中梵外交关系史国际学术研讨会论文集》,辅仁大学历史学系;亦收入饶宗颐主编:《华学》(第六辑),紫禁城出版社,2003 年。
10. 蒋向艳:《迁移的文学和文化:耶稣会士韩国英法译〈诗经·蓼莪〉解析》,载《澳门理工学报(人文社会科学版)》2017 年第 3 期。
11. 伽达默尔:《真理与方法》(修订本),洪汉鼎译,商务印书馆,2007 年。
12. 景海峰、赵东明:《诠释学与儒家思想》,东方出版中心,2015 年。
13. 康志杰:《基督的新娘——中国天主教贞女研究》,中国社会科学出版社,2013 年。

14. 李天纲：《跨文化的诠释》，新星出版社，2007年。
15. 李孝迁：《葛兰言在民国学界的反响》，载《华东师范大学学报（哲学社会科学版）》2010年第4期。
16. 刘耘华：《诠释的圆环——明末清初传教士对儒家经典的解释及其本土回应》，北京大学出版社，2005年。
17. 刘梦溪：《论国学》，上海人民出版社，2008年。
18. 刘小枫：《汉语神学与历史哲学》，香港汉语基督教文化研究所，2000年。
19. 马承源：《上海博物馆藏战国楚竹书（一）》，上海古籍出版社，2001年。
20. 马塞尔·莫斯：《礼物——古式社会中交换的形式与理由》，汲喆译，商务印书馆，2016年。
21. 牟宗三：《中国哲学的特质》，上海古籍出版社，1997年。
22. 潘凤娟：《形神相依、道器相成：再思徐光启与跨文化对话》，载《道风：基督教文化评论》2015年第43期。
23. 汤一介：《能否创建中国的解释学?》，载《学人》第13辑，江苏文艺出版社，1998年。
24. 张玉梅：《南怀仁〈教要序论〉训诂学研究》，上海古籍出版社，2016年。
25. 宋刚：《"本意"与"土语"之间：清代耶稣会士贺清泰的〈圣经〉汉译及诠释》，载《国际汉学》（新版）第5期，外语教学与研究出版社，2015年。
26. 孙尚扬：《明末天主教与儒学的交流和冲突》，台北文津出版社，1992年。
27. 瓦格纳：《王弼〈老子注〉研究》，杨立华译，江苏人民出版社，2008年。
28. 魏明德：《对话如游戏——新轴心时代的文化交流》，商务印书馆，2013年。
29. 魏明德：《比较经典与汉学的对话性》，载《世界汉学》，中国人民大学出版社，2016年。
30. 吴昶兴：《再解释：中国天主教史研究方法新拓展》，橄榄出版社，2014年。
31. 杨慧林：《"经文辩读"与"诠释的循环"》，载《中国人民大学学报》2012年第5期。
32. 于树香：《享誉世界的北疆博物院》，《天津日报》2004年11月29日。
33. 张晓：《近代汉译西学书目提要：明末至1919》，北京大学出版社，2012年。
34. 钟鸣旦：《礼仪的交织：明末清初中欧文化交流中的丧葬礼》，张佳译，上海古籍出版社，2009年。
35. 邹振环：《晚明汉文西学经典》，复旦大学出版社，2011年。
36. 黄士毅编：《朱子语类汇校》，上海古籍出版社，2016年。

37. 史式徽:《江南传教史》(第一卷、第二卷),天主教上海教区史料译写组译,上海译文出版社,1983年。

外文文献

1. Ad Dudink, "Opposition to the Introduction of the Western Science and the Nanjing Persecution (1616 – 1617)", in C. Jami, P. Engelfriet and G. Rule (eds.), *Statecraft and Intellectual Renewal in Late Ming China: The Cross-cultural Synthesis of Xu Guangqi (1562 – 1633)*, Leiden: Brill, 2001.
2. Alan K. L. Chan, *Two Visions of the Way: A Study of the Wang Pi and the Ho-shang Kung Commentaries on the Lao-Tzu*, Albany NY: SUNY Press, 1991.
3. Alfred Bonningue, "Chine rouge. Premier bilan", *Etudes*, 1947, t. 253.
4. Alfred Korzybski, *Une carte n'est pas le territoire*, Paris: Editions de l'Eclat, 2010(1998).
5. Alfred Owen Aldridge, *The Dragon and the Eagle, The Presence of China in the American Enlightenment*, Detroit: Wayne State University Press, 1993.
6. Aloysius Pieris, "The Asian Sense in Theology", in John C. England (ed.), *Living Theology in Asia*, Maryknoll NY: Orbis Books, 1982.
7. Alvarez Semedo, *Histoire universelle du grand royaume de la Chine*, J. P. Duteil (trad.), Paris: Kiné (reproduction de *Histoire universelle de la Chine*, Lyon: H. Prost, 1667), 1996.
8. André Paul, *Et l'homme créa la Bible. D'Hérodote à Flavius Josèphe*, Montrouge: Bayard, 2000.
9. André Paul, *La Bible et l'Occident. De la bibliothèque d'Alexandrie à la culture européenne*, Montrouge: Bayard, 2007.
10. Anna Seidel, *La divinisation de Lao Tseu dans le Taoïsme des Han*, Paris: Ecole Française d'Extrême Orient, 1992.
11. Anne Cheng, *Histoire de la pensée chinoise*, Paris: Seuil, 1997.
12. Anne Cheng, "La trame et la chaîne: aux origines de la constitution d'un corpus canonique au sein de la tradition confucéenne", *Extrême-Orient, Extrême-Occident*, 1984,5(5).
13. Anthony E. Clark, *China Saints: Catholic Martyrdom during the Qing*

(*1644 – 1911*), Bethleem: Lehigh University Press, 2011.

14. Antoine Gaubil, *Correspondance de Pékin, 1722 – 1759*, Genève: Droz, 1970.

15. Antonella Romano, *Impressions de Chine. L'Europe et l'englobement du monde (XVIe-XVIIIe siècles)*, Paris: Fayard, 2016.

16. Arnold, Lauren, *Princely Gifts and Papal Treasures, The Franciscan Mission of China and Its Influence on the Art of the West, 1250 – 1350*, San Francisco: Desiderata Press, 1999.

17. Audrey Seah, "The 1670 Chinese Missal: A struggle for indigenization amidst the Chinese Rites Controversy", in Anthony E. Clark (ed.), *China's Christianity: From Missionary to Indigenous Church*, Leiden: Brill 2017.

18. Augustin Colombel, "La Chine et ses nouveaux écrivains", *Etudes*, 1889, t. 43.

19. Béatrice Didier, *La musique des Lumières*, Paris: PUF, 1985.

20. Benjamin Elman, *On Their Own Terms: Science in China, 1550 – 1900*, Cambridge, Mass. : Harvard University Press, 2006.

21. Benoît Vermander, "Blessed are the Peacemakers: The Search for an East Asian Reading", in Heup Young Kim, Fumitaka Matsuoka and Anri Morimoto (eds.), *Asian and Oceanic Christianities in Conversation, Exploring Theological Identities at Home and in Diaspora*, Amsterdam/New York, NY: Rodopi, 2011.

22. Benoît Vermander, "Comment lire les classiques chinois?", *Geschichte der Germanistik*, 2017,51/52.

23. Benoît Vermander, "Dialogue, cultures et universalité", *Gregorianum*, 2015, 96(2).

24. Benoît Vermander, "Du rite, de sa production et de ses usages: pratiques et spéculations rituelles en Chine ancienne", *Archives de sciences sociales des religions*, 2015,172.

25. Benoît Vermander(ed.), *Le Christ chinois. Héritages et espérance*, Paris: DDB, 1998.

26. Benoît Vermander, "Jesuits and China", *Oxford Handbook of Global Religions online*, 2015.

27. Benoît Vermander, *La Chine ou le temps retrouvé. Les Figures de la mondialisation et l'ascension chinoise*, Louvain-la-Neuve: Academia Bruylant, 2008.
28. Benoît Vermander, *Les jésuites et la Chine: De Matteo Ricci à nos jours*, Bruxelles: Lessius, 2012.
29. Benoît Vermander, "Missionnaires jésuites en monde chinois: le tournant du Concile Vatican II", in F. Douaire-Massaudon, A. Guillemin and C. Zheng (eds.), *Missionnaires chrétiens XIXe-XXe siècle, Asie et Pacifique*, Paris: Autrement, 2008.
30. Benoît Vermander, "Prospects for the Development of Interreligious Dialogue in China: Lessons from Neighboring Asian Countries", *Lumen*, 2013, 1(1).
31. Benoît Vermander, "Scholasticism, Dialogue and Universalism",《哲学与文化》, 2010, 37(11).
32. Benoît Vermander, "Speaking of Harmony in Many Tongues: The Crafting of a Pan-Asian Theology", *Revue des sciences religieuses*, 2017, 91(2).
33. Benoît Vermander, "Theologizing in Chinese Context", *Studia Missionalia*, 1996, 45.
34. Bernard Barthet, *Science, histoire et thématiques ésotériques chez les Jésuites en France (1680-1764)*, Pessac: Presses universitaires de Bordeaux, 2012.
35. Boleslaw Szczesniak, "The Writings of Michael Boym", *Monumenta Serica*, 1949-1955, XIV.
36. Carine Defoort, "Do the ten Mohist theses represent Mozi's thought? Reading the masters with a focus on mottos", *Bulletin of the School of Oriental and African Studies*, 2014, 77.
37. Catherine Jamy, "From Louis VIV's Court to Kangxi's Court: An Institutional Analysis of the French Jesuit Mission to China (1688-1722)", in K. Hashimoto, C. Jamy and L. Skar (eds.), *East Asian Science: Tradition and Beyond*, Osaka: Kansai University Press, 1995.
38. Catherine Maire, *De la cause de Dieu à la cause de la Nation. Le jansénisme au XVIIIe siècle*, Paris: Gallimard, 1998.
39. Charles B. Jones, "Creation and Causality in Chinese-Jesuit Polemical Literature", *Philosophy East and West*, 2016, 66(4).

40. Charles R. Boxer, "Some Aspects of Western Historical Writings on the Far East, 1500–1800", in E. G. Pulleybank, W. G. Beaseely(eds.), *Historians of China and Japan*, Oxford: Oxford University Press, 1961.
41. Chen Hui-hung, "Chinese Perception of European Perspective: A Jesuit Case in the Seventeenth Century", *The Seventeenth Century*, 2009, 24(1).
42. Chen Yanrong, "The Shengjingzhijie: A Chinese Text of Commented Gospel Readings in the Encounter between Europe and China in the Seventeenth Century", *Journal of Early Modern Christianity*, 2014, 1(1).
43. Chen Yuan, *Western and Central Asians in China Under the Mongols: Their Transformation into Chinese*, Los Angeles: University of California Press, 1966.
44. Chloë Starr, *Chinese Theology: Text and Context*, New Haven: Yale University Press, 2016.
45. Christopher Dawson, *The Mongol Mission*, *Narratives and Letters of the Franciscan Missionaries in Mongolia and China in the 13th and 14th Century*, New York: Sheed and Ward, 1955.
46. Christoph Harbsmeier, "Humor in Ancient Chinese Philosophy", *Philosophy East and West*, 1989, 39(3).
47. Christoph Harbsmeier, "John Webb and the Early History of the Study of the Classical Chinese Language in the West", in Ming Wilson, John Cayley (eds.), *Europe studies China*, London: Han-Shan Tang Books, 1995.
48. Christoph Théobald, "La Révélation. Quarante ans après 'Dei Verbum'", *Revue Théologique de Louvain*, 2005, 36.
49. Christoph Théobald, *La Révélation ··· tout simplement*, Paris: Editions de l'Atelier, 2001.
50. Claudia von Collani, "Cabbala in China", in Roman Malek (ed.), *Jews in China: From Kaifeng to Shanghai*, Sankt Augustin: SteylerVerlag, 2000.
51. Claudia von Collani, "François Noël and his Treatise on God in China", *History of the Catholic Church in China: from its beginning to the Scheut Fathers and 20th century*, Leuven: Ferdinand Verbiest Institute, 2015.
52. Claudia von Collani, *P. Joachim Bouvet, S. J. : Sein Leben Und Sein Work*, Sankt Augustin: Steyler Verlag, 1985.

53. Daniel K. Gardner, "Confucian Commentary and Chinese Intellectual History", *The Journal of Asian Studies*, 1998, 57(2).
54. Danièle Elisseeff, *Moi Arcade, interprète chinois du Roi-Soleil*, Paris: Arthaud, 1985.
55. David B. Honey, *Incense at the Altar: Pioneering Sinologists and the Development of Classical Chinese Philology*, New Haven: The American Oriental Society, 2001.
56. David Mungello, *Curious Land: Jesuit Accommodation and the Origins of Sinology*, Honolulu: University of Hawaii Press, 1989.
57. David Mungello, *Leibniz and Confucianism: The Search for Accord*, Honolulu: University of Hawaii Press, 1977.
58. Diana Arghiresco, *De la continuité dynamique dans l'univers confucéen, Lecture néo-confucéenne du Zhongyong. Nouvelle traduction du chinois classique et commentaire herméneutique*, Paris: Cerf, 2013.
59. Dirk Meyer, "Structure as a Means of Persuasion as Seen in the Manuscript 'Qiong da yishi' from Tomb One, Guodian", *OriensExtremus*, 2005.
60. Donald Holzman, "The Conversational Tradition in Chinese Philosophy", *Philosophy East and West*, 1956, 6(3).
61. Dorothy Figueira, *Translating the Orient: The Reception of Sakuntala in Nineteenth Century Europe*, New York: SUNY Press, 1991.
62. Edward H. Schafer, *Pacing the Void: T'ang Approaches to the Stars*, Berkeley: University of California Press, 1977.
63. Edward H. Schafer, "What and How is Sinology?", *T'ang Studies*, 1990–1991.
64. Edward Saïd, *Orientalism*, New York: Pantheon Books, 1978.
65. Edward Slingerland, *Effortless Action: Wu-wei as Conceptual Metaphor and Spiritual Idea in Early China*, Oxford: Oxford University Press, 2003.
66. Edward Slingerland, *What Science Offers the Humanities: Integrating Body and Culture*, New York: Cambridge University Press, 2008.
67. E. G. Pulleyblank, "Review of David Honey's *Incense on the Altar*", *Journal of the American Oriental Society*, 2002, 122(3).
68. Erica Fox Brindley, *Music, Cosmology, and the Politics of Harmony in*

Early China, Albany NY: SUNY Press, 2012.
69. Eric Weil, *Logique de la philosophie*, Paris: Vrin, 1996.
70. Erik Zürcher (ed. and transl.), *Kouduorichao: Li Jiubiao's Diary of Oral Admonitions, A Late Ming Christian Journal*, 2 vols. Sankt Augustin: Nettetal, 2007.
71. Ernest LePore (ed.), *Truth and interpretation: Perspectives on the Philosophy of Donald Davidson*, New York: Basil Blackwell, 1986.
72. Eugenio Menegon, *Ancestors, Virgins and Friars, Christianity as a Local Religion in Late Imperial China*, Cambridge: Harvard University Asia Center, 2009.
73. F. Cossutta, M. Narcy, *La forme dialogue chez Platon.* Grenoble: J. Millon, 2001.
74. Federation of Asian Bishops' Conferences (FABC), *Asian Christian Perspectives on Harmony*, Hong Kong: FABC Papers, 1996,75.
75. Federation of Asian Bishops' Conferences (FABC), Christian Conference of Asia(CCA), *Living and Working Together with Sisters and Brothers of Other Faiths: An Ecumenical Consultation*, Hong Kong: FABC Papers, 1989,49.
76. Fernando Mateos, *China Jesuits in East Asia. Starting from Zero, 1949 - 1957*, Taipei: mimeographed, 1995.
77. F. J. Eilers (ed.), *For All The Peoples of Asia: Federation of Asian Bishops' Conferences Documents from 1992 to 1996*, Quezon City: Claretian Publications, 1997.
78. Florence C. Hsia, *Foreigners in a Strange Land: Jesuits and Their Scientific Missions in Late Imperial China*, Chicago: University of Chicago Press, 2010.
79. Frances Wood, *Did Marco Polo Go to China?*, London: Secker & Warburg, 1995.
80. Francis X. Clooney, *Comparative Theology: Deep Learning Across Religious Borders*, Malden and Oxford: Wiley-Blackwell, 2010.
81. Franklin Perkins, *Leibniz and China: A Commerce of Light*, Cambridge, New York: Cambridge University Press, 2004.

82. François Jullien, *Un sage est sans idée, ou l'autre de la philosophie*, Paris: Seuil, 1998.
83. François Xavier, *Correspondance 1535 – 1552, lettres et documents*, traduction et édition de Hugues Didier, Paris: Desclée de Brouwer-Bellarmin, 1987.
84. François Xavier (G. Schurhammer, J. Wicki, eds.), *Epistolae S. FrancisciXaveriialiaqueeiusscripta*, Tome II, Rome: MonumentaHistorici SJ, 1985.
85. Frédéric Cossutta, "Neutralisation du point de vue et stratégies argumentatives dans le discours philosophique", *Semen*, 17, *Argumentation et prise de position: pratiques discursives*, 2004.
86. Frédéric Keck, "Une querelle sinologique et ses implications, à propos du Contre François Jullien de Jean-François Billeter", *Esprit*, 2009, 352(2).
87. Gabriel de Magaillans [Magalhães], *Nouvelle Relation de la Chine, Contenant la description des Particularitez les Plus Considérables de ce Grand Empire*, Paris: Claude Barbin, 1688.
88. George Dunne, *Generation of Giants: the story of the Jesuits in China in the last decades of the Ming dynasty*, Notre Dame: University of Notre Dame Press, 1962.
89. George Kennedy, *Comparative Rhetoric: An Historical and Cross-cultural Introduction*, New York: Oxford University Press, 1998.
90. Gianni Criveller, *Preaching Christ in Late Ming China: The Jesuits' Presentation of Christ from Matteo Ricci to Giulio Aleni*, Taipei: Taipei Ricci Institute, 1997.
91. Gianni Criveller, "The Background of Matteo Ricci: The Shaping of his Intellectual and Scientific Endowment", *Portrait of a Jesuit: Matteo Ricci*, Macao: Macao Ricci Institute, 2010.
92. Gildas Salmon, *Les structures de l'esprit. Lévi-Strauss et les mythes*, Paris: PUF, 2013.
93. Gilles Deleuze, *Le Bergsonisme*, Paris: PUF, 1998(1966).
94. Gottfried Wilhelm Leibniz, *Discours sur la théologie naturelle des Chinois plus quelques écrits sur la question religieuse de Chine*, traduit et annoté par

Christiane Frémont, Paris: L'Herne, 1987.
95. Gottfried Wilhelm Leibniz, *Vernunftprinzipien der Natur und der Gnade: Monadologie*, Hamburg: Meiner, 1982.
96. Gregory Nagy, "Homère comme modèle classique pour la bibliothèque antique: les métaphores du corpus et du cosmos", in Luce Giard et Christian Jacob (eds.), *Des Alexandrines I: Du livre au texte*, Paris: Bibliothèque nationale de France, 2001.
97. Gustaaf Schegel, *La loi du parallélisme en style chinois: démontrée par la préface du Si-yü ki*, Leiden: EJ Brill, 1896.
98. Guy Strousma, "Thomas Hyde and the Birth of Zoroastrian Studies", *Jerusalem Studies in Arabic and Islam*, 2002, XXVI.
99. Han Qi, "F. Furtado (1587 - 1653) S. J. and His Chinese Translation of Aristotle's Cosmology", *História das Ciências Matemáticas: Portugal e o Oriente*, Fundacão Oriente, 2000.
100. Han Qi, "Sino-British Scientific Relations through Jesuits in the seventeenth and eighteenth centuries", in M. Cartier (ed.), *La Chine entre amour et haine*, Paris: Desclée de Brouwer, 1998.
101. Hans-Georg Gadamer, *Wahrheit und Methode* (in *Gesammelte Werke*, I), Tübingen: J. C. B. Mohr, 1990(1960).
102. Harriet T. Zurndorfer, *China Bibliography: A Research Guide to Reference Works about China Past and Present*, Leiden: Brill, 1995.
103. Henri Bernard-Maître, "Un dossier bibliographique de la fin du XVIIème siècle sur la question des termes chinois", *Recherches de Sciences Religieuses*, 1949, XXXVI.
104. Henri Dugout, "La situation politique actuelle de la Chine", *Etudes*, février 1922, t. 170.
105. Henri Hubert, Marcel Mauss, *Essai sur la nature et la fonction du sacrifice*, Paris: PUF, 2016(1898).
106. Henri Laux, *Imagination et religion chez Spinoza: La potestas dans l'histoire*, Paris: Vrin, 1993.
107. Heup Young Kim, *A Theology of Dao*, Maryknoll NY: Orbis Books, 2017.

108. Huilin Yang, Daniel H. N. Yeung, *Sino-Christian Studies in China*, Newcastle, UK: Cambridge Scholars Press, 2006.

109. Huiyi Wu, *Traduire la Chine au XVIIIe siècle: Les jésuites traducteurs de textes chinois et le renouvellement des connaissances européennes sur la Chine (1687 - ca. 1740)*, Paris: Honoré Champion, 2017.

110. Irene Eber et al. (ed.), *Bible in Modern China: The Literary and Intellectual Impact*, Sankt Augustin: SteylerVerlag, 1999.

111. Isabelle Landry-Deron, *La Preuve par la Chine: la Description de J.-B. Du Halde, jésuite, 1735*, Paris: éditions de l'école des hautes études en sciences sociales, 2002.

112. Jacques Derrida, *L'Ecriture et la différence*, Paris: Seuil, 2014(1967).

113. Jacques Gernet, *Chine et Christianisme: action et réaction*, Paris: Gallimard, 1982.

114. Jacques Gernet, "'Della Entrata della Compagnia di Giesù e Cristianità nella Cina de Matteo Ricci' (1609) et les remaniements de sa traduction latine (1615)", *Académie des Inscriptions and Belles Lettres. Comptes Rendus*, 2003.

115. James A. Sanders, *Torah and Canon* (2nd edition), Eugene, OR: Cascade Books, 2005.

116. Jean-Baptiste du Halde, *Description géographique, historique, chronologique, politique, et physique de l'empire de la Chine et de la Tartarie chinoise, enrichie des cartes générales et particulières de ces pays, de la carte générale et des cartes particulières du Thibet, & de la Corée; & ornée d'un grand nombre de figures & de vignettes gravées en taille douce*, 4 vols., La Haye: H. Scheurleer, 1736.

117. Jean-Claude Martzloff, *Histoire des mathématiques chinoises*, Paris: Masson, 1988.

118. Jean de Plan Carpin, *Histoire des Mongols*, Dom J. Bevquet et Louis Hambis (trad.), Paris: Maisonneuve, 1965.

119. Jean-François Billeter, "Un fragment philosophique du IVe siècle avant notre ère: Le faisan de Zhuangzi", *études chinoises*, printemps-automne 1999, XVIII.

120. Jean Grondin, *L'universalité de l'herméneutique*, Paris: PUF, 1993.
121. Jean-Louis Chrétien, "La sagesse apprise au pied de la croix", *Christus*, 2004,203.
122. Jean-Paul Wiest, "Les jésuites français et l'image de la Chine au XIXème siècle", in Michel Cartier (ed.), *La Chine entre amour et haine*, Paris: Desclée de Bouwer, 1998.
123. Jeffrey D. Burson, "Unlikely tales of Fo and Ignatius: Rethinking the Radical Enlightenment through French appropriation of Chinese Buddhism", *French Historical Studies*, 2015,38(3).
124. J. E. Tiles, "Quaestio Disputata De Rebus Scholasticis", *Philosophy East and West*, 2000, 50.
125. Jiyou Paul Wang, *Le premier concile plénier chinois, Shanghai 1924. Droit canonique missionnaire forgé en Chine*, Paris: Cerf, 2010.
126. J. Metzel, *Die Synoden in China, Japan und Korea, 1570 - 1931*, Paderborn: Verlag Ferdinand Schoningh, 1980.
127. Joachim Bouvet, *Journal des voyages*, Claudia von Collani (ed.), Taipei: Taipei Ricci Institute, 2005.
128. Joachim Ritter, *Historisches Wörterbuch der Philosophie*, Darmstadt: Wissenschaftliche Buchgesellschaft, 1971.
129. John B. Cobbs, Christopher Ives (eds.), *The Emptying God: A Buddhist-Jewish-Christian Conversation*, Maryknoll NY: Orbis Books, 1990.
130. John B. Henderson, *Scripture, Canon and Commentary: A Comparison of Confucian and Western Exegesis*, Princeton: Princeton University Press, 1991.
131. John Chalmers, "Is Sinology a Science?", *The China Review*, 1873,2(3).
132. John Fairbank, *China: A New History*, Cambridge: Belknap Press of Harvard University Press, 1992.
133. John Fairbank, *Chinabound: A Fifity-Year Memoir*, New York: Harper & Row, 1982.
134. John Fairbank, *The United States and China*. 4th edition, Cambridge MA: Harvard University Press, 1983.
135. John Fairbank, *Trade and Diplomacy on the China Coast: The Opening of*

the Treaty Ports, 1842 – 1854. 2 vols. Cambridge MA: Harvard University Press, 1953.

136. John Falconer et al., *Catalogue of the Collections of Sir Aurel Stein in the Library of the Hungarian Academy of Sciences*, Budapest: British Museum Press, 2002.

137. John Lagerwey, *China: A Religious State*, Hong Kong: Hong Kong University Press, 2010.

138. John M. Lindbeck, *Understanding China: An Assessment of American Scholarly Resources*, New York: Praeger Publishers, 1971.

139. John S. Major et al. (transl.), *The Huainanzi: A Guide to the Theory and Practice of Government in Early Han China*, New York: Columbia University Press, 2010.

140. John Witek, *Controversial Ideas in China and Europe: a Biography of Jean-François Foucquet S. J. (1665 – 1741)*, Rome: InstitutumHistoricum S. I., 1982.

141. John Witek, "Principles of Scholasticism in China: A Comparison of GuilioAleni'sWanwuZhenyuan with Matteo Ricci's TianzhuShiyi", in Lippiello, Tiziana, and Roman Malek (eds.), *Scholar From the West: Giulio Aleni S. J. (1582 – 1649) and the Dialogue between Christians and China*, Nettethal: SteylerVerlag, 1997.

142. Joël Thoraval, "De la magieàla 'raison': Hegel et la religion chinoise", in Michel Cartier (ed.), *La Chine entre amour et haine*, Paris: Desclée de Brouwer, 1998.

143. Jonathan Spence, *The Memory Palace of Matteo Ricci*, New York: Viking, 1984.

144. Jose Ignacio Cabezon(ed.), *Scholasticism: Cross-cultural and Comparative Perspectives*, Albany NY: SUNY Press, 1998.

145. Jose Kuttianimattathil, *Practice and Theology of Interreligious Dialogue*, Bangalore: KristuJioty Publications, 1995.

146. Jose Mario Francisco, "The Mediating Role of Narrative in Inter-religious Dialogue: Implications and Illustrations from the Philippine Context", in E. A. DeVido, BenoîtVermander (eds.), *Creeds, Rites and Videotapes*,

Narrating religious experience in East Asia, Taipei: Taipei Ricci Institute, 2004.

147. Joseph de Servière, *Histoire de la mission du Kiang-nan*, Tome I. Shanghai: Imprimerie de T'ou sè wè, 1914.

148. Joseph de Prémare, *Vestiges des principaux dogmes chrétiens, tirés des anciens livres chinois, avec reproduction des textes chinois, par le P. de Prémare, jésuite, ancien missionnaire en Chine. Traduits du latin, accompagnés de différents compléments et remarques par MM. A. Bonnetty et Paul Perny*, Paris: Bureau des Annales de philosophie Chrétienne, 1878.

149. Joseph Frèches, *La sinologie*, Paris: PUF, 1975.

150. Joseph Moingt, *Dieu qui vient à l'homme. De l'apparition à la naissance de Dieu*, II, Paris: Cerf, 2007.

151. Joseph Moingt, *Figures de théologiens*, Paris: Cerf, 2013.

152. Joseph Needham, *A Selection from the Writings of Joseph Needham*, chosen, Jefferson, London: McFarlan, 1990.

153. Joseph Needham (dir.), *Science in Traditional China*, Cambridge: Harvard University Press & Hong Kong: The Chinese University Press, 1981.

154. Joseph Needham, *Sciences and Civilisation in China*, Vol. VII: 2, édité par K. G. Robinson, Cambridge: Cambridge University Press, 2004.

155. Joseph Sebes, "Les prédécesseurs de Ricci", in Michel Masson (ed.), *Matteo Ricci, un jésuite en Chine. Les savoirs en partage au XVIIème siècle*, Paris: Editions facultés jésuites de Paris, 2011(1988).

156. Journal Editorial Office, "*On New Sinology*", *China Heritage*, 2005, https://chinaheritage.net/journal/on-new-sinology/.

157. Jürgens Habermas, *Moral Consciousness and Communicative Action*, C. Lehnardt, S. Weber Nicholsen (transl.), Cambridge: MIT Press, 1991.

158. Jürgens Habermas, *The Theory of Communicative Action*, Thomas McCarthy (transl.), Boston: Beacon, 1987.

159. Kenneth S. Latourette, *A History of Christian Missions in China*, NewYork: McMillan Cie, 1929.

160. Kevin Chang, "Dongfang Xue: European Philology in Republican China",

Geschichte der Germanistik, 2016, 50(49).

161. Knud Lundbaek, *Joseph de Prémare (1666 - 1736), s. j.: Chinese Philology and Figurism*, Aarhus: Aarhus University Press, 1991.

162. Knud Lundbaek, "Joseph Premare and the Name of God in Chinese", in David Mungello (ed.), *The Chinese Rites Controversy: Its History and Meaning*, Sankt Augustin: SteylerVerlag, 1994.

163. Kosuke Koyama, *Water Buffalo Theology*, Maryknoll NY: Orbis Books, 1974.

164. Lardinois Olivier, Fernando Mateos and Edmund Ryden (eds.), *Directory of the Jesuites in China from 1842 - 1955*, Taipei: Taipei Ricci Institute, 2019.

165. Laurence G. Thompson, "American Sinology, 1830 - 1920: A Bibliographical Survey", *Tsinghua Journal of Chinese Studies* (new series), 1961, 2(2).

166. Liam M. Brockey, *Journey to the East: The Jesuit Mission to China, 1579 - 1724*, Cambridge: Harvard University Press, 2007.

167. Lionel Jensen, *Manufacturing Confucianism: Chinese Traditions and Universal Civilization*, Durham: Duke University Press, 1997.

168. Li Qiuling, "Historical Reflections on 'Sino-Christian Theology'", *China Study Journal*, Spring-Summer 2007.

169. Li Tiangang, "Chinese Renaissance: The Role of Early Jesuits in China", in Stephen Huhalley Jr., Xiaoxin Wu (eds.), *China and Christianity, Burdened Past, Hopeful Future.* New York: Sharpe, 2001.

170. Liu Yu, *Harmonious Disagreement: Matteo Ricci and His Closest Chinese Friends*, New York: Peter Lang, 2015.

171. Louis Lecomte, *Un Jésuite à Pékin, Nouveaux mémoires sur l'état présent de la Chine 1687 - 1692*, Paris: Phébus, 1990(1701).

172. Louis Pfister, *Notices biographiques et bibliographiques sur les jésuites de l'ancienne mission de Chine*, 1552 - 1773, Shanghai: Imprimerie de la mission catholique, 1932.

173. Luce Giard, Jean-Louis Schegel, "Michel de Certeau. La mystique et l'écriture. à propos de la parution du tome II de la Fable mystique", *Esprit*,

Août-septembre 2013.

174. Ludwig Wittgenstein, *The Blue and Brown Books*, Oxford: Oxford University Press, 1969.

175. Mansel Davies(ed.), *A Selection from the Writings of Joseph Needham*, Jefferson and London: McFarlan, 1990.

176. Mao LuMing, "Studying the Chinese Rhetorical Tradition in the Present: Representing the Native's Point of View", *College English*, 2007, 69(3).

177. Marcel Granet, *Danses et légendes de la Chine ancienne*, Paris: PUF, 1994 (1926).

178. Marcel Jousse, *L'Anthropologie du geste*, Paris: Gallimard, 1978.

179. Marcia R. Ristaino, *The Jacquinot Safe Zone: Wartime Refugees in Shanghai*, Stanford: Stanford University Press, 2008.

180. Marc Kalinowski, "Les livres des jours(*rishu*) des Qin et des Han: la logique éditoriale du recueil A de Shuihudi (217 avant notre ère)", *T'oung Pao*, 2008, 94.

181. Mark T. Abate, "The Reorientation of Roger Bacon: Muslims, Mongols, and the Man Who Knew Everything", in Albrecht Classen (ed.), *Fundamentals of Medieval and Early Modern Culture: East Meets West in the Middle Ages and Early Modern Times, Transcultural Experiences in the Premodern World*, Berlin and New York: Walter de Gruyter, 2013.

182. Marlène Zarader, *Lire* Vérité et méthode *de Gadamer*, Paris: Vrin, 2016.

183. Martin Heidegger, *Sein und Zeit*, Tübingen: Max Niemeyer, 1977.

184. Martino Martini, *Opera Omnia*, I - V, Trento: UniversitàdegliStudi di Trento, 1998 - 2013.

185. Mary Douglas, *Thinking in Circles: An Essay on Ring Composition*, New Haven and London: Yale University Press, 2007.

186. Matteo Ricci, *Le sens réel de "Seigneur du Ciel"*, Thierry Meynard (introduit, traduit du chinois et annoté), Paris: Les Belles Lettres, 2013.

187. Matthieu Ricci, Nicolas Trigault, *Histoire de l'expédition chrétienne au royaume de la Chine, 1582 - 1610*, Paris: Desclée de Brouwer, 1978 (1615).

188. Michael Amaladoss, *Beyond Dialogue*, Bangalore: Asian Trading Corpo-

ration, 2008.

189. Michael Amaladoss, "Identity and Harmony", in Robert J. Schreiter (ed.), *Mission in the Third Millennium*, Maryknoll NY: Orbis Books, 2002.

190. Michel Cuypers, *Le Festin. Une lecture de la sourate al-Mā'ida*, Paris: Lethielleux, 2007.

191. Michel de Certeau, *La Fable mystique XVIe-XVIIe siècle*, Tome II, Paris: Gallimard, 2013.

192. Michel de Certeau, *La faiblesse de croire*, Paris: Seuil, 1987.

193. Michel de Certeau, *L'Ecriture de l'histoire*, Paris: Gallimard, 2002(1975).

194. Michel de Certeau, *The Writing of History*, Tom Conley (trans.), New York: Columbia University Press, 1988.

195. Michel Foucault, *Histoire de la folie à l'age classique: Folie et déraison*, Paris: Gallimard, 1972.

196. Michel Foucault, *Les mots et les choses. Une archéologie des sciences humaines*, Paris: Gallimard, 1966.

197. Michel Hulin, *Hegel et l'Orient*, Paris: Vrin, 1979.

198. Ming Wilson, John Cayley (eds.), *Europe Studies China: Papers from an International Conference on the History of European Sinology*, London: Han-Shan Tang Books, 1995.

199. M. Nicolini-Zani, "The Development of Chinese Christian Theology in the Last Decades: Between Indigenization and Contextualization", *Tripod*, Winter 2009, XXIX (155).

200. Niccolo Longobardo {id. Longobardi}, *Traité sur quelques points de la Religion des Chinois*, Paris: Louis Guérin, 1701.

201. Nicolas Standaert(ed.), *Handbook of Christianity in China*, Vol. I, 655 - 1800, Leiden: Brill, 2001.

202. Nicolas Standaert, "Jesuit Accounts of Chinese History and Chronology and their Chinese Sources", *East Asian Science, Technology and Medicine*, 2012, 35.

203. Nicolas Standaert, "The Classification of Sciences and the Jesuit Mission in Late Ming China", in Jan A. M. De Meyer, Peter M. Engelfriet (eds.), *Linked Faiths: Essays on Chinese Religions and Traditional Culture in*

Honour of Kristofer Schipper, Leiden: Koninklijke Brill NV, 2000.

204. Nicolas Standaert, *The Intercultural Weaving of Historical Texts: Chinese and European Stories about Emperor Ku and His Concubines*, Leiden: Brill, 2016.

205. Nicolas Standaert, *The Interweaving of Rituals: Funerals in the Cultural Exchange between China and Europe*, Seattle: University of Washington Press, 2008.

206. Nicolas Standaert, "The Jesuit Presence in China (1580 – 1773): A Statistical Approach", *Sino-Western Cultural Relations Journal*, 1991, XIII.

207. Nicolas Standaert, "The Spiritual Exercises of Ignatius of Loyola in the China Mission of the 17th and 18th Centuries", *ArchivumHistoricumSocietatisIesu*, 2012,161.

208. Nicolas Standaert, "The Study of the Classics by Late Ming Christian Converts", in Denise Gimpel, Melanie Hanz (eds.), *Cheng-All in Sincerity: Festschrift in Honour of Monika Übelhör*, Hamburg: Hamburger SinologischeGesellschaft, 2001.

209. Nicolas Standaert, *Yang Tingyun, Confucian and Christian in Late Ming China: His Life and Thought*, Leiden: Brill, 1988.

210. Nillofar Haeri, *Sacred Language, Ordinary People: Dilemmas of Culture and Politics in Egypt*, New York: Palgrave Macmillan, 2003.

211. Noël Golvers (ed.), *The AstronomiaEuropaea of Ferdinand Verbiest, S. J. (Dillingen, 1687)*, Sankt Augustin: SteyerVerlag, 1993.

212. Norman J. Girardot, "'Finding the Way': James Legge and the Victorian Invention of Taoism", *Religion*, 1999,29(2).

213. Norman J. Girardot, *The Victorian Translation of China: James Legge's Oriental Pilgrimage*, Berkeley: University of California Press, 2002.

214. Northrop Frye, *Anatomy of Criticism: Four Essays*, Princeton: Princeton University Press, 1957.

215. Pan Feng-Chuan, "Filial Piety, the Imperial Works, and Translation: Pierre-Martial Cibot and The Book of Filial Piety", in Lawrence Wang-chi Wong, Bernhard Fuehrer (eds.), *Sinologists as Translators in the Seventeenth to Nineteenth Centuries*, Hong Kong: The Chinese University Press/Research

Centre for Translation, CUHK, 2016.
216. Paola Calanca, *La Chine populaire face aux jésuites (1582 – 1723). Le début d'une réévaluation historique*, Paris: INALCO, 1988.
217. Pascale D'Ellia (ed.), *Fonti Ricciane*, Rome: La Libreria dello Stato, 1942 – 1949.
218. Pascale Girard, "La Chine de Mendoza d'après son Historia del Gran Reino de la China: entité géographique ou motif prophétique?", *Actes du VIIème Colloque de Sinologie de Chantilly*, Taipei-Paris: Institut Ricci, 1995.
219. Patrick Goujon, *Prendre part à l'intransmissible, la communication spirituelle à travers la correspondance de Jean-Joseph Surin*, Grenoble: Jérôme Millon, 2008.
220. Paula Findlen (ed.), *Athanasius Kircher: The Last Man Who Knew Everything*, NewYork: Routledge, 2004.
221. Paul A. Varg, *Missionaries, Chinese and Diplomats, The American Protestant Missionary Movement in China, 1890 – 1952*, Princeton: Princeton University Press, 1958.
222. Paul Beauchamp, *Le récit, la lettre et le corps*, Paris: Cerf, 1982.
223. Paul Beauchamp, *L'un et l'autre Testament*, Tome I, Paris: Cerf, 1977.
224. Paul Demiéville, "Aperçu historique des études sinologiques en France", *Acta Asiatica*, 1966, 11.
225. Paul Evans, *John Fairbanks and the American Understanding of Modern China*, New York: Basil Blackwell, 1988.
226. Peter M. Engelfriet, *Euclid in China: The Genesis of the First Chinese Translation of Euclid's* Elements Books I – VI (*Jiheyuanben*, Beijing, 1607) *and its Reception up to 1723*, Leiden: Brill, 1998.
227. Peter Ochs, "The Logic of Indignity and the Logic of Redemption", in R. Kendall Soulen, Linda Woodhead (eds.), *God and Human Dignity*, Grand Rapids, MI: Eerdmans, 2006.
228. Peter Ochs, "The Society of Scriptural Reasoning: The Rules of Scriptural Reasoning", *Journal of Scriptural Reasoning*, 2002, 2(1).
229. Philip C. Almond, *The British Discovery of Buddhism*, Cambridge: Cambridge University Press, 1998.

230. Pierre Gibert, *L'Invention critique de la Bible*, xve - xviie siècle, Paris: Gallimard, 2010.
231. Pierre Hadot, *Exercices spirituels et philosophie antique*, Paris: Albin Michel, 2002.
232. Pierre Ryckmans, "Introduction", in *Les Entretiens de Confucius*, Pierre Ryckmans (traduit, présenté et annoté), Paris: Gallimard, 1987.
233. Pierre Teilhard de Chardin, *Lettres à Edouard Le Roy (1921 - 1946), Maturation d'une pensée*, Paris: Editions facultés jésuites de Paris, 2008.
234. Pierre Teilhard de Chardin, *Oeuvres*, Tome 11, Paris: Seuil, 1973.
235. Raimon Panikkar, *Myth, Faith and Hermeneutics*, New York: Paulist Press, 1979.
236. Raimon Panikkar, *The Intrareligious Dialogue*, New York: Paulist Press, 1999.
237. Raymond Schwab, *The Oriental Renaissance: Europe's rediscovery of India and the East, 1680 - 1880*, New York: University of Columbia Press, 1984.
238. R. G. Tiedemann (ed.), *Handbook of Christianity in China*, Vol II: 1800-present, Leiden: Brill, 2010.
239. Richard Lynn, *The Classic of Changes: A New Translation of the I Ching as Interpreted by Wang Bi*, New York: Columbia University Press, 1994.
240. Rippa, Matteo, *Giornale I - II*, Naples: Istituto Universitario Orientale, 1991 - 1996.
241. Rita Widmaier, "Leibniz and China: From Natural Theology to True Philosophy", *Actes du vi^e Colloque International de Sinologie Chantilly 1989*, Edward J. Malatesta et Yves Raguin (dir.), Taipei, Paris, San Francisco: Institut Ricci, 1995.
242. Rémi Matthieu (trad.), *Etude sur la mythologie et l'ethnologie de la Chine ancienne. Traduction annotée du Shanhai jing*, Vol. I et II, Paris: Collège de France, Institut des hautes études chinoises, 1983.
243. Rémi Matthieu (trad.), *élégies de Chu: Chu ci. Attribuées à Qu'Yuan et autres poètes chinois de l'Antiquité (ive siècle av. J.-C. -iie siècle apr. J.-C.)*, Paris: Gallimard, 2004.

244. Roger Chartier, *On the Edge of the Cliff*, Baltimore: John Hopkins University Press, 1997.
245. Roland Meynet, "Rhétorique biblique, rhétorique de l'énigme", *Rhetorica: A Journal of the History of Rhetoric*, 2015,33.
246. Roland Meynet, *Traité de rhétorique biblique*, Paris: Lethielleux, 2007.
247. Roman Malek, "The Christian Carrière of King Cheng-Tang", in Denise Aigle et al. (eds.), *Miscellanea Asiatica, Mélanges enl'honneur de Françoise Aubin*, Sankt Augustin: SteylerVerlag, 2010.
248. R. Po-chia Hsia, *A Jesuit in the Forbidden City, Matteo Ricci, 1552 – 1610*, Oxford: Oxford UiversityPress, 2010.
249. Rudolf Pfeiffer, *History of Classical Scholarship: From the Beginning to the End of the Hellenistic Age*, Oxford: Oxford University Press, 1968.
250. Rudolf Wagner, *The Craft of a Chinese Commentator: Wang Bi on the Laozi*, New York: SUNY Press, 2000.
251. Rupert Hodder, *In China's Image, Chinese Self-Perception in Western Thought*, London: MacMillan, 2000.
252. Sabine Schmidtke(ed.), *Oxford Handbook of Islamic Theology*, Oxford: Oxford Uiversity Press, 2016.
253. Sarah Allan, Crispin William (eds.), *The Guodian Laozi: Proceedings of the International Conference, Dartmouth College, May 1998*, Berkeley: Society for the Study of Early China and Institute of East Asian Studies, University of California, 2000.
254. Sarah Allan, *The Way of Water and the Sprouts of Virtue*, Albany NY: SUNY Press, 1997.
255. Sarah Queen, Michael Puett, *The Huainanzi and Textual Production in Early China*, Leiden: Brill, 2014.
256. Sophie Houdard, *Les invasions mystiques*, Paris: Les Belles Lettres, 2008.
257. Sophie Ling-chia Wei, "Jesuit Figurists' Written Space: Figurist Imitation of Chinese Literati in Their Re-interpretation of The Book of Changes", *Translation Spaces*, 2016,5(2).
258. Susan Cherniack, "Book Culture and Textual Transmission in Sung China", *Harvard Journal of Asiatic Studies*, 1994,54(1).

259. Theodore N. Foss, "A Western Interpretation of China: Jesuit Cartography", in Charles E. Ronan, Bonnie B. C. Oh (eds.), *East Meets West: the Jesuits in China 1582 - 1773*, Chicago: Loyola University Press, 1988.
260. Thierry Meynard, "Aristotelian Ethics in the Land of Confucius: A Study on Vagnone's Western Learning on Personal Cultivation", *AntiquorumPhilosophia*, 2013,7.
261. Thierry Meynard, "François Noël's Contribution to the Western Understanding of Chinese Thought: Taijisivenatura in the Philosophiasinica (1711)", *DAO: A Journal of Comparative Philosophy*, Summer 2018, Vol. 17(2).
262. Thierry Meynard, "The First Treatise on the Soul in China and its Sources", *RevistaFilosófica de Coimbra*, 2015,47.
263. Thierry Meynard(trad. et éd.), *Confucius SinarumPhilophus (1987). The First Translation of the Confucian Classics. Latin translation (1658 - 1660) of the Chinese by Prosper Intorcetta, Christian Herdtrich, FranqoisRougemont, and Philippe Couplet*, Rome: MonumentaHistoricaSocietatisIesu, 2011.
264. Urs App, *The Birth of Orientalism*, Philadelphia: University of Pennsylvania Press, 2010.
265. Virgile Pinot, *La Chine et la formation de l'esprit philosophique en France (1640-1740)*, Paris: Geuthner, 1932.
266. William Theodore de Bary(ed.), *Self and Society in Ming Thought*, New York: Columbia University Press, 1970.
267. Xiaoye You, "The Way, Multimodality of Ritual Symbols, and Social Change: Reading Confucius's Analects as a Rhetoric", *Rhetoric Society Quarterly*, 2006,36(4).
268. Xing Lu, *Rhetoric in Ancient China, Fifth to Third Century: A Comparison with Classical Greek Rhetoric*, Columbia: University of South Carolina Press, 1998.
269. Yang Xiong, *Maîtres mots*, Béatrice L'Haridon (traduction, notes et commentaires), Paris: Les Belles Lettres, 2010.

270. Yves de Thomaz de Bossierre, *Jean-François Gerbillon* (1654 - 1707), Leuven: Ferdinand Verbiest Foundation, 1994.
271. Yves Lenoir, Nicolas Standaert (eds.), *Les danses rituelles chinoises d'après Joseph-Marie Amiot*, Namur: Presses Universitaires de Namur et Editions Lessius, 2005.
272. Zhu Xi, Lu Jiuyuan, *Une controverse lettrée: correspondance philosophique sur le Taiji*, texte présenté, traduit et annoté par Roger Darrobers et Guillaume Dutournier, Paris: Les Belles Lettres, 2012.

图书在版编目(CIP)数据

诠释三角：汉学、比较经学与跨文化神学的形成与互动／(法)魏明德著；谢华等译. —上海：复旦大学出版社，2021.12
("比较经学与跨宗教对话"研究丛书／李天纲主编)
ISBN 978-7-309-15978-3

Ⅰ.①诠… Ⅱ.①魏… ②谢… Ⅲ.①汉学-研究 ②经学-研究 ③神学-研究 Ⅳ.①K207.8 ②Z126.27 ③B972

中国版本图书馆 CIP 数据核字(2021)第 219323 号

诠释三角：汉学、比较经学与跨文化神学的形成与互动
(法)魏明德 著 谢 华 等译
责任编辑／黄 丹

复旦大学出版社有限公司出版发行
上海市国权路 579 号 邮编：200433
网址：fupnet@fudanpress.com http://www.fudanpress.com
门市零售：86-21-65102580 团体订购：86-21-65104505
出版部电话：86-21-65642845
上海四维数字图文有限公司

开本 700×1000 1/16 印张 19.25 字数 277 千
2021 年 12 月第 1 版第 1 次印刷

ISBN 978-7-309-15978-3/K·769
定价：88.00 元

如有印装质量问题，请向复旦大学出版社有限公司出版部调换。
版权所有 侵权必究